अरस्तू

अरस्तू

सुकेश कुमार

ज्ञान गंगा, दिल्ली

प्रकाशक : ज्ञान गंगा, 2/42, अंसारी रोड, दरियागंज, नई दिल्ली-110002
सर्वाधिकार : सुरक्षित / संस्करण : 2026 / मूल्य : पाँच सौ पचास रुपए
मुद्रक : नरुला प्रिंटर्स, दिल्ली ISBN 978-93-80183-93-0

ARASTU *by* Shri Sukesh Kumar ₹ 550.00
Published by **Gyan Ganga,**
2/42, Ansari Road, Daryaganj, New Delhi-110002

दो शब्द

अरस्तू (ई.पू. 384–322) का जन्म यूनान के एक राज्य मेसेडोनिया के प्रसिद्ध नगर स्टेजीरा में हुआ था। उनके पिता राजा फिलिप के यहाँ चिकित्सक थे। अरस्तू ने अन्य विषयों के अध्ययन के साथ-साथ चिकित्सा शास्त्र का भी गहन अध्ययन किया था। एथेंस में प्लेटो (अफलातून) की अकादमी में अरस्तू के प्रवेश (17वें या 30वें वर्ष) के समय के विषय में मतभेद हैं, फिर भी यह कहा जा सकता है कि उन्हें प्लेटो का पर्याप्त सान्निध्य मिला।

प्राय: यह माना जाता है कि एथेंस ने अरस्तू सदृश शिष्य और प्लेटो सदृश गुरु दूसरा उत्पन्न नहीं किया। अरस्तू की विभिन्न विषयों के निरीक्षण और खोज में अत्यंत रुचि थी। प्लेटो की मृत्यु के उपरांत अरस्तू का अकादमी से नाता टूट गया और वह एशिया माइनर में हरमियस के पास चले गए। वहाँ उनका हरमियस की भतीजी से विवाह हो गया। कुछ ही समय के पश्चात् ईरान के राजा ने हरमियस को युद्ध में मारकर उसका राज्य हड़प लिया, तब अरस्तू पुन: राजा फिलिप के आमंत्रण पर मेसेडोनिया में उसके पुत्र सिकंदर को पढ़ाने हेतु गए। अरस्तू लगभग ई.पू. 334 में पुन: एथेंस लौटे और प्लेटो की अकादमी से अलग लिसियम नामक विद्यालय की स्थापना की। वहीं अरस्तू ने अपना शेष जीवन व्यतीत किया।

अध्ययपन-अध्यापन की दृष्टि से अरस्तू की विशेष रुचियाँ क्या-क्या थीं, यह कहना अत्यंत कठिन है। राजनीति, इतिहास, न्याय, मनोविज्ञान, कविता, नाटक, ज्योतिष, भौतिकी, चिकित्सा, गणित, प्राणी विज्ञान आदि ऐसा कोई भी विषय नहीं है, जो उनके अध्ययन क्षेत्र से बाहर हो और जिस पर उन्होंने अपनी

लेखनी न चलाई हो। कहा जाता है कि प्लेटो की दोनों आँखें आकाश की ओर लगी रहती थीं, जबकि अरस्तू की एक आँख आकाश की ओर और दूसरी आँख पृथ्वी की ओर लगी रहती थी। यद्यपि प्लेटो और अरस्तू दोनों ही दार्शनिक थे, किंतु अरस्तू एक तत्त्वज्ञानी होने के साथ ही एक वैज्ञानिक भी थे। वह तत्त्वज्ञान में भी वैज्ञानिक विधि का प्रयोग करते थे।

जहाँ तक अरस्तू के तत्त्वज्ञान संबंधी विचारों का प्रश्न है, यह तो स्पष्ट ही है कि अरस्तू अपने गुरु के विचारों की आलोचना करते हुए आगे बढ़ते हैं। प्लेटो की मान्यता थी कि दृश्य जगत् की एक श्रेणी की समस्त वस्तुएँ एक प्रत्यय की प्रतिनिधि होती हैं। दृश्य जगत् की वस्तुएँ नश्वर हैं, जबकि प्रत्यय शाश्वत हैं। इस प्रकार प्लेटो ने अनजाने में द्वैतवाद की स्थापना कर दी।

अरस्तू ने यह तो अनुभव किया कि कोई वस्तु है, जिसके कारण सभी मनुष्य मनुष्य हैं, सभी त्रिभुज त्रिभुज हैं और सभी गाएँ गाएँ हैं, किंतु उन्होंने प्लेटो के इस सिद्धांत को अस्वीकार कर दिया कि एक श्रेणी या जाति से संबंधित समस्त वस्तुएँ उस जाति से संवाद रखनेवाले शाश्वत प्रत्यय द्वारा निर्मित की जाती हैं। अनित्य वस्तु नित्य प्रत्यय से कैसे जन्म पा सकती है?

अरस्तू के राजनीतिक विचारों पर प्लेटो की कृति 'लॉज' का प्रभाव भी दिखाई देता है। कारण 'रिपब्लिक' प्लेटो की युवावस्था की रचना है और 'लॉज' उनकी परिपक्वावस्था की। सिजविक ने तो यहाँ तक लिखा है कि जहाँ पर प्लेटो का चिंतन समाप्त होता है, वहाँ से अरस्तू की चिंतनधारा आरंभ होती है। अरस्तू ने प्लेटो के दार्शनिक शासक का सिद्धांत और सामाजिक व्यवस्था संबंधी विचारों की इतनी कटु आलोचना की कि प्लेटो को स्वयं यह कहना पड़ा कि अरस्तू उस बछड़े के समान है, जो माता के दूध को चूसकर सुखा देने के उपरांत माता को ही लात मारने लगता है। अरस्तू ने देखा कि मानवजाति की स्थिति निरंतर बदलती रहती है। भले ही उद्‌देश्य एक ही हो, तो भी साधनों में परिवर्तन होता रहता है। राज्य का काम अपने नागरिकों की रक्षा करना, उनके जीवन को सुखी-समृद्ध बनाना और सदाचरण की परिस्थितियों को सुगम बनाना है। अरस्तू राज्य को एक विकासशील प्रकृतिजन्य एवं राजनीतिक समुदाय मानते हैं।

अरस्तू ने अपने प्रमुख ग्रंथ 'पॉलिटिक्स' के तीसरे भाग में राज्यों के

वर्गीकरण का उल्लेख किया है। यह उल्लेखनीय है कि राज्यों का उनका वर्गीकरण संविधानों का वर्गीकरण ही है। अरस्तू यह मानते हैं कि राज्यों अथवा उसके संविधानों का स्वरूप एक निश्चित प्रक्रम में परिवर्तित होता रहता है। राजतंत्र विकृत होने पर स्वेच्छाचारी निरंकुश तंत्र का रूप ले लेता है। स्वेच्छाचारी निरंकुश तंत्र विकृत होकर कुलीन तंत्र का, कुलीन तंत्र विकृत होकर पूँजीवादी तंत्र का स्थान ले लेता है। पूँजीवादी तंत्र विकृत होकर संयत जनतंत्र का स्थान ले लेता है। संयत जनतंत्र विकृत होकर पुनः राजतंत्र को जन्म देता है। अरस्तू संयत जनतंत्र को सर्वश्रेष्ठ मानते हैं, क्योंकि उसमें संपत्ति और स्वतंत्रता का समन्वय होता है।

इस पुस्तक में महान् दार्शनिक अरस्तू के जीवन एवं चिंतन पर प्रकाश डालने का प्रयास किया गया है।

अनुक्रम

बहुमुखी प्रतिभा के धनी अरस्तू

पाश्चात्य सभ्यता और संस्कृति का मूल स्रोत है यूनानी ज्ञान-विज्ञान, और यूनानी ज्ञान-विज्ञान की मूल प्रेरणा का केंद्र थी अरस्तू की प्रतिभा। यूनानी भाषा में अरस्तू का वास्तविक नाम है अरिस्तोतेलेस। उनका जन्म ई.पू. 384 में स्टेजीरा नगर में हुआ था। उनके पिता निकोमाजरवस मेसेडोनिया के राजा अभ्युंतस द्वितीय के राजवैद्य थे।

आरंभ में बालक अरस्तू की शिक्षा-दीक्षा पिता के निरीक्षण में हुई। कदाचित् वे अरस्तू को भी अपने ही व्यवसाय में दीक्षित करना चाहते थे, किंतु शीघ्र ही उनकी मृत्यु हो जाने के कारण अरस्तू का जीवन-मार्ग बदल गया और वह ई.पू. 368 के लगभग एथेंस में आकर उन्होंने प्लेटो के प्रसिद्ध विद्यापीठ (अकादमी) में प्रवेश ले लिया। उन्होंने लगभग बीस वर्ष तक प्लेटो का सत्संग लाभ पाया। उनके चरणों में बैठकर अनेक विद्याओं का विधिवत् अध्ययन एवं मनन और बाद में कुछ वर्षों तक अध्यापन भी किया। प्लेटो अरस्तू की प्रतिभा से अत्यधिक प्रभावित थे, उन्हें विद्यापीठ का मस्तिष्क कहा करते थे। हालाँकि अरस्तू ने प्लेटो के अनेक सिद्धांतों का दृढ़तापूर्वक खंडन किया, फिर भी गुरु-शिष्य के संबंध प्राय: उनके जीवन के अंतकाल तक मधुर ही बने रहे।

ई.पू. 348 के लगभग प्लेटो की मृत्यु के पश्चात् अरस्तू हरमियस के निमंत्रण पर एथेंस छोड़कर चले आए। उन्होंने अस्सौस नगर में अकादमी की शाखा स्थापित की। इसी वर्ष हरमियस की पोष्या कन्या के साथ विवाह किया, जिसके गर्भ से एक पुत्री का जन्म हुआ। दुर्भाग्यवश अरस्तू की पत्नी का जीवनकाल अत्यल्प रहा और उसकी मृत्यु के बाद अरस्तू स्टेजीरा की एक

महिला हरपीलिस के साथ रहने लगे, जिससे उनका विधिवत् विवाह नहीं हुआ था। हरपीलिस से भी अरस्तू के एक ही संतान हुई, जिसका नाम था निकोमाजस।

ई.पू. 343 में अरस्तू के भाग्य का सितारा चमका और मेसेडोनिया के राजा फिलिप ने उन्हें अपने राजकुमार सिकंदर का शिक्षक नियुक्त किया। सिंहासन पर आरूढ़ हो जाने के उपरांत भी सिकंदर का अरस्तू के साथ संबंध रहा। एक अनुश्रुति के अनुसार, कदाचित् अरस्तू ने इलियड काव्य का संपादन अपने शिष्य सिकंदर के लिए किया था।

एथेंस छोड़ते समय उनका यह कहना था—'मैं एथेंस इसलिए छोड़ रहा हूँ कि कहीं एथेंस की जनता दर्शन के विरुद्ध दूसरी बार अपराध न कर बैठे।' लौटने के एक वर्ष बाद ई.पू. 322 में अपनी जन्मभूमि स्टेजीरा के निकट फलकिस नामक नगरी में आंत्र रोग के कारण उनकी मृत्यु हो गई।

ई.पू. 335 में अरस्तू ने एथेंस के निकट अपोलो में अपना एक स्वतंत्र विद्यापीठ 'ल्यूकेउस' नाम से स्थापित किया, जहाँ विद्या के प्राय: सभी अंगों-उपांगों का अध्ययन-अध्यापन होता था। अरस्तू की अध्यापन शैली बड़ी विचित्र थी। वह प्राय: टहलते हुए प्रवचन किया करते थे और इसी आधार पर उनकी शिक्षा पद्धति का नामकरण हुआ है।

ई.पू. 323 में बेबीलोन में सिकंदर की मृत्यु हो गई, तभी से अरस्तू का संकटकाल आरंभ हुआ। सिकंदर तथा मेसेडोन राजवंश के साथ उनका संबंध और उनका निर्भीक स्वतंत्र जीवन-दर्शन, दोनों ही बाधक सिद्ध हुए। उस समय यह आशंका होने लगी कि कहीं उनका हाल भी सुकरात के जैसा ही न हो। इस तरह प्राणरक्षा के लिए उन्हें एथेंस से पलायन करना पड़ा।

एथेंस छोड़ते समय उनका यह कहना था—'मैं एथेंस इसलिए छोड़ रहा हूँ कि कहीं एथेंस की जनता दर्शन के विरुद्ध दूसरी बार अपराध न कर बैठे।' लौटने के एक वर्ष बाद ई.पू. 322 में अपनी जन्मभूमि स्टेजीरा के निकट फलकिस नामक नगरी में आंत्र रोग के कारण उनकी मृत्यु हो गई।

अरस्तू के व्यक्तित्व के विषय में बहुत ही कम तथ्य उपलब्ध हैं। कुछ अनुश्रुतियों के आधार पर उनके जिस स्वरूप का निर्माण हुआ है, उसके अनुसार

वह एक क्षीणकाय व्यक्ति थे। उनकी आँखें छोटी-छोटी और सिर सपाट था। बोलने में शायद वह तुतलाते थे, फिर भी कुल मिलाकर उनका व्यक्तित्व आकर्षक था और स्वभाव अत्यंत संवेदनशील।

आर्थिक दृष्टि से उनका जीवन सुखी था। अपने विद्यार्थी जीवन में उन्हें आकर्षक वस्त्र और अलंकार धारण करने में विशेष अभिरुचि थी। दार्शनिकों के विरोधी कुछ प्राचीन इतिहासकारों ने उन्हें स्त्रैण और विलासी तक कहा है। वह उपहासप्रिय और प्रत्युत्पन्नमति थे। जीवन में अभिभावकों, आश्रयदाताओं और अपने मित्रों का निरंतर संरक्षण प्राप्त होने से उनका स्वभाव भीरु, शिथिल-संकल्प और पलायनशील हो गया था, किंतु उनका हृदय मानवीय गुणों से ओत-प्रोत था।

अरस्तू ने जहाँ अपने सभी परिजनों के लिए उचित व्यवस्था की थी, वहीं दासों के लिए भी वह यह वसीयत छोड़ गए थे कि उनमें से कुछ को मुक्त कर दिया जाए और कुछ का भरण-पोषण यथावत् होता रहे।

अरस्तू ने जहाँ अपने सभी परिजनों के लिए उचित व्यवस्था की थी, वहीं दासों के लिए भी वह यह वसीयत छोड़ गए थे कि उनमें से कुछ को मुक्त कर दिया जाए और कुछ का भरण-पोषण यथावत् होता रहे।

अरस्तू की प्रतिभा बहुमुखी थी। यद्यपि भौतिक विज्ञान और उसके अंतर्गत भी प्राणी विज्ञान ही उनका मुख्य विषय था, तथापि वह अनेक विधाओं के आचार्य थे। ज्ञान विज्ञान का कोई भी ऐसा क्षेत्र नहीं था, जिसे उनकी प्रतिभा का आलोक प्राप्त न हुआ हो। कहते हैं कि अपने 62 वर्ष के जीवनकाल में उन्होंने प्राय: 400 ग्रंथों की रचना की।

□

अरस्तू के समय तक यूनानी चिंतन

अरस्तू के साहित्य से अरस्तू के चिंतन का ही नहीं बल्कि अरस्तू के समय तक के यूनानी चिंतन के सभी सूत्रों का पता चल जाता है। वह पहले पाश्चात्य विचारक थे, जिन्होंने भौतिक जगत् संबंधी अध्ययनों एवं मानवीय अध्ययनों की सीमाएँ निर्धारित करने का प्रयत्न किया था और विभिन्न विषयों के अंतर्गत ऐतिहासिक विधि का अनुसरण करते हुए अपने विचार व्यक्त किए थे। स्थान-स्थान पर वह होमर से लेकर प्लेटो तक को याद करते हैं।

वैसे तो यूनानी दर्शन का प्रारंभ तब से माना जाता है, जब ईसा पूर्व छठी शताब्दी के मध्य भाग में थेलीज नामक दार्शनिक ने जल को जगत् का मूल तत्त्व घोषित किया था। थेलीज के समय से विकसित होनेवाले भौतिक दर्शन को, अरस्तू के समय में ही प्राचीन सांस्कृतिक धारणाओं का फल माना जाने लगा था। स्वयं अरस्तू ने लिखा है कि कुछ लोगों के मत से थेलीज से बहुत पहले, पुराने जमाने के यूनानियों ने भी जल को मूल तत्त्व मानकर ओकिएनस और टेचीज अथवा जल देवता और जल देवी को संसार पिता और माता कहा था। निश्चय ही अरस्तू का संकेत होमर के इलियड नामक महाकाव्य की ओर था।

होमरकालीन कल्पनाएँ

इलियड पढ़ने से भी यही धारणा बनती है कि प्राचीन यूनानियों के सामने वे सभी समस्याएँ थीं, जिन पर आगे चलकर दार्शनिकों ने विचार किया। वे जानना चाहते थे कि संसार की उत्पत्ति कैसे हुई, मनुष्य कहाँ से आया, वह कैसे

जीवित रहता है, उसके जीवन की घटनाओं के पीछे कौन सा कारण छिपा रहता है और मरने पर कुछ शेष रहता है अथवा नहीं ?

इन प्रश्नों के ठीक-ठीक उत्तर न सोच पाने के कारण पाश्चात्य जगत् के उस युग का मनुष्य भौतिक उपादानों को साकार बनाकर अपनी जिज्ञासा शांत कर रहा था। मानवीय सृष्टि की समस्या को वह देवी-देवताओं की कल्पना से हल कर रहा था। होमरकालीन देववाद का कोई व्यवस्थित रूप नहीं था, पर इसमें कार्य-कारण संबंध की तथा नियमन की आकांक्षा छिपी हुई थी। जीवन बड़ा ही अनिश्चित था, किंतु भोले-भाले यूनानी इतना अवश्य समझ रहे थे कि जो कुछ होता है, किसी-न-किसी नियम के अनुसार होता है, किसी-न-किसी कारण से होता है।

इन प्रश्नों के ठीक-ठीक उत्तर न सोच पाने के कारण पाश्चात्य जगत् के उस युग का मनुष्य भौतिक उपादानों को साकार बनाकर अपनी जिज्ञासा शांत कर रहा था। मानवीय सृष्टि की समस्या को वह देवी-देवताओं की कल्पना से हल कर रहा था। होमरकालीन देववाद का कोई व्यवस्थित रूप नहीं था, पर इसमें कार्य-कारण संबंध की तथा नियमन की आकांक्षा छिपी हुई थी।

इसीलिए वे सभी मानवीय घटनाओं को देवताओं के मत्थे मढ़ते थे, पर दैवीय न्याय की कल्पना भी करते थे। ट्रोजन युद्ध में दो योद्धाओं के भिड़ने पर उनके विचार से वही मर रहा था जिसके भाग्य का पलड़ा 'जिक्स' के तराजू पर हलका पड़ रहा था। मरने के बाद उसकी आत्मा, जिसे वे जीवित पुरुष की छायामात्र समझ रहे थे, 'हेड्ज के देश को चली जाती थी।' ये सब विचार बहुत समय तक यूनानियों के चिंतन को प्रत्यक्ष अथवा अप्रत्यक्ष रूप से प्रभावित करते रहे।

इस समय के चिंतन में नैतिक पक्ष की बहुत कमी थी, क्योंकि मनुष्य अपने सभी कार्यों को देवताओं की इच्छा पर निर्भर मानने के कारण जहाँ उन्हें उचित कार्यों का श्रेय दे रहा था, वहीं अनुचित कार्यों का दोष भी लगा रहा था। यही कारण है कि सुकरात को ईसा पूर्व चौथी शताब्दी में सांस्कृतिक नैतिकता के विरुद्ध आवाज उठाने के अपराध में प्राणदंड भोगना पड़ा, पर यह स्थिति तो

बहुत समय बाद उत्पन्न हुई। ईसा पूर्व छठी शताब्दी तक होमरकालीन सभ्यता को ही युक्ति-युक्त बनाने के प्रयत्न होते रहे।

हेसियड का देव सृष्टि वर्णन

होमर से एक शताब्दी बाद ईसा पूर्व आठवीं शताब्दी में हेसियड नामक कवि ने सांस्कृतिक देवी-देवताओं के वंश-वृक्ष तैयार किए। उसके वर्णनों से मानवीय चिंतन में एक आवश्यक परिवर्तन की सूचना मिलती है। अब तक यूनान का मनुष्य सृष्टि की श्रृंखला में क्रम और व्यवस्था की आकांक्षा करने लगा था। इसी के फलस्वरूप हेसियड ने सृष्टि के विकास के तीन सोपान बनाए।

होमर से एक शताब्दी बाद ईसा पूर्व आठवीं शताब्दी में हेसियड नामक कवि ने सांस्कृतिक देवी-देवताओं के वंश-वृक्ष तैयार किए। उसके वर्णनों से मानवीय चिंतन में एक आवश्यक परिवर्तन की सूचना मिलती है। अब तक यूनान का मनुष्य सृष्टि की श्रृंखला में क्रम और व्यवस्था की आकांक्षा करने लगा था।

सृष्टि के पहले चरण में केऑस (शून्य), गिया (पृथ्वी) और इरास (काम) की उत्पत्ति हुई। इनमें से काम की कल्पना प्रेरक तत्त्व की कल्पना है। आगे चलकर एंपीडाक्लीज ने हेसियड के इसी काम को और होमर के डिस्कॉर्ड (द्वेष) को संयोग-वियोग के नियमों में परिणत किया। शून्य और पृथ्वी ने सृष्टि का क्रम आगे बढ़ाया।

दूसरे चरण में शून्य से अंधकार (इरेवस) और रात्रि उपजे। इन दोनों के संयोग से शून्य को भरनेवाला सूक्ष्म तरल 'ईथर' और एमरा अथवा दिन उत्पन्न हुआ। गिया अथवा पृथ्वी ने आकाश उत्पन्न किया और फिर दोनों ने मिलकर टाइटन परिवार उत्पन्न किया। इस टाइटन परिवार में ही पुरुष क्रोनॉस और ओकिएनस तथा स्त्रियाँ 'रिया' और रेधीज थीं, जिनमें से क्रोनॉस और रिया ने देव संतति तथा ओकिएनस और रेधीज ने जल परियों को उत्पन्न किया।

तीसरे चरण में देवताओं और जल परियों के संयोग से योद्धाओं की उत्पत्ति होती है और इनके पतन से धीरे-धीरे मानवीय सृष्टि का विकास होता है। इस

सृष्टि वर्णन में भावी विचारकों के लिए बहुत से संकेत थे। इसमें एक ही मूल से पूरी सृष्टि के विकास की बात थी, एक अनिश्चित स्वभाववाले पदार्थ से दो निश्चित, किंतु विरुद्ध स्वभाववाली वस्तुओं के विकास की बात थी। टाइटनों ने ही ओलंपस पर रहनेवाले देवों और भूमि पर रहनेवाली जलपरियों को उत्पन्न किया था, पर अभी एक मूल तत्त्व से शेष भौतिक वस्तुओं के विकास की बात तथा टाइटनों से मानवीय सृष्टि के विकास तक की कहानी पूरी नहीं हुई थी। ऑर्फियस के गीतों की परंपरा ने इसे पूरा करने का प्रयत्न किया।

ऑर्फियस का संगीत

सातवीं शताब्दी ईसा पूर्व के आसपास यूनान में ऑर्फियस के गीतों की परंपरा बन गई थी। लगभग प्रत्येक यूनानी कवि ऑर्फियस के नाम पर प्रचलित गीतों की कथाओं को नए गीतों का रूप दे रहा था। करुण रस का पुट मिल जाने से ये गीत बहुत लोकप्रिय हो गए थे और इन्होंने जन धारणा को बहुत प्रभावित किया था। इन गीतों में सृष्टि की कथाएँ गाई जाती थीं, किंतु डायोनीसस जैग्रियस की तथा प्रथम मनुष्य की उत्पत्ति की कहानियाँ मुख्य थीं। ये कहानियाँ संक्षेप में इस प्रकार हैं—

सातवीं शताब्दी ईसा पूर्व के आसपास यूनान में ऑर्फियस के गीतों की परंपरा बन गई थी। लगभग प्रत्येक यूनानी कवि ऑर्फियस के नाम पर प्रचलित गीतों की कथाओं को नए गीतों का रूप दे रहा था। करुण रस का पुट मिल जाने से ये गीत बहुत लोकप्रिय हो गए थे और इन्होंने जन धारणा को बहुत प्रभावित किया था।

जिपस ने डेमीटर की पुत्री पर्सीफोनी से डायोनीसस नामक पुत्र उत्पन्न किया और उसे संसार का भावी शासक नियुक्त किया। टाइटनों ने इसे नापसंद किया और एक दिन अवसर पाकर उन्होंने डायोनीसस को मारकर उसके टुकड़े किए और आपस में बाँटकर खाने लगे। अकस्मात् देवी एथीना की निगाह पड़ गई और उसने डायोनीसस के हृदय को निगलकर उसका बीज अपने में सुरक्षित कर लिया और उससे पुनः डायोनीसस की उत्पत्ति की। इस बार उसका नाम डायोनीसस जैफ्रिस पड़ा।

डायोनीसस को खा जाने के अपराध में जीयस ने अपना वज्र छोड़कर टाइटनों को भस्म कर दिया, पर यह सोचकर कि टाइटनों के शरीर में उनके पुत्र का अंश था, उन्होंने सारी भस्म इकट्ठी कर उसे प्रथम मनुष्य का रूप दिया।

इन कहानियों में मनुष्य की द्विधा प्रकृति और आत्मा के आवागमन पर विचार किया गया था क्योंकि जिस भस्म से पहला मनुष्य बना था, उसमें 'टाइटनों' की आसुरी प्रकृति और 'डायोनीसस' की देव प्रकृति के अंश थे। इसके साथ ही एक जीवन से दूसरे जीवन में जाने की बात थी। ऑर्फियस की गीत-परंपरा ने पाइथागोरस के संप्रदाय को प्रभावित किया था, इसलिए उस संप्रदाय में भी आवागमन की बात मानी जाती थी। कहा जाता है कि पाइथागोरस के मतों से एथेंस का प्रसिद्ध दार्शनिक प्लेटो भी काफी प्रभावित था।

डायोनीसस को खा जाने के अपराध में जीयस ने अपना वज्र छोड़कर टाइटनों को भस्म कर दिया, पर यह सोचकर कि टाइटनों के शरीर में उनके पुत्र का अंश था, उन्होंने सारी भस्म इकट्ठी कर उसे प्रथम मनुष्य का रूप दिया।

दर्शन की उत्पत्ति

छठी शताब्दी ईसा पूर्व तक यूनानियों में इतनी तर्क बुद्धि जाग चुकी थी कि ये अपनी सांस्कृतिक कहानियों पर आलोचनात्मक दृष्टि डालने लगे थे। इसी बीच एशिया माइनर में फारस के हमले शुरू हो गए थे। इनके कारण प्राचीन देववाद में यूनानियों का विश्वास कम हो चला था। ई.पू. 546 में लीडिया के शासक क्रीसस की हार हो जाने से भौतिक समस्याओं पर नवीन ढंग से सोचने की आवश्यकता को पूर्ण समर्थन मिल गया। कहा जाता है कि यूनानी दर्शन का जन्मदाता थेलीज क्रीसस का वैज्ञानिक परामर्शदाता था।

भौतिक दर्शन

थेलीज ने जगत् की उत्पत्ति के संबंध में विचार किया और कहा कि जल से ही संसार की सब वस्तुएँ उत्पन्न हुई हैं। इस प्रकार पहले-पहल यूनान में भौतिक दर्शन का सूत्रपात हुआ। थेलीज ने जल को संसार का मूल स्रोत मानकर

भौतिक एकतत्त्ववाद की स्थापना की थी। एनेकजिमिनीज और हेराक्वाइटिस ने वायु और अग्नि को प्राथमिक तत्त्व मानकर इसी धारा में योग दिया, किंतु एंपीडॉक्लीज ने एकतत्त्ववाद को अपर्याप्त समझकर बहुतत्त्ववाद का समर्थन किया। उसने जल, वायु और अग्नि के साथ पृथ्वी को रखकर चार तत्त्वों से जगत् की उत्पत्ति का समर्थन किया।

आगे चलकर डेमोक्रीटस ने असंख्य अणुओं से जगत् की उत्पत्ति बतलाई, किंतु यूनानी दर्शन में एंपीडॉक्लीज का मत ही मान्य रहा। अरस्तू ने भी चार तत्त्वों के गत को ही स्वीकार किया था। अणुवाद को स्वीकृति न प्राप्त होने का विशेष कारण यह था कि अणुवादियों ने विभिन्न अणुओं में गुण-भेद नहीं माना था। अणुओं से उत्पन्न वस्तुओं के स्वभाव का भेद उन्होंने अणुओं के आकार, क्रम तथा स्थिति के भेदों पर निर्भर माना था। इसीलिए यूनानी दर्शनकाल में इस मत को मान्यता प्राप्त न हो सकी।

प्राचीन यूनानी भौतिकवाद में एक बड़ी कमी यह थी कि इसमें गति की व्याख्या नहीं हो पाई थी। एनेकजिमिनीज ने वायु के घन और विरल होने से जल तथा अग्नि की उत्पत्ति का अनुमान किया था। हेराक्लाइटस ने अग्नि से सभी वस्तुओं का और सभी वस्तुओं का अग्नि में रूपांतर होना ही उत्पत्ति और विनाश का अर्थ बतलाया था। एंपीडॉक्लीज ने संयोग और वियोग को उत्पत्ति और विनाश का माध्यम माना था।

प्राचीन यूनानी भौतिकवाद में एक बड़ी कमी यह थी कि इसमें गति की व्याख्या नहीं हो पाई थी। एनेकजिमिनीज ने वायु के घन और विरल होने से जल तथा अग्नि की उत्पत्ति का अनुमान किया था। हेराक्लाइटस ने अग्नि से सभी वस्तुओं का और सभी वस्तुओं का अग्नि में रूपांतर होना ही उत्पत्ति और विनाश का अर्थ बतलाया था। एंपीडॉक्लीज ने संयोग और वियोग को उत्पत्ति और विनाश का माध्यम माना था। किसी ने इस बात पर विचार नहीं किया था कि गति क्यों होती है और कैसे होती है ? अणुवादियों ने गति को अणु धर्म मानकर इस समस्या को ही समाप्त कर देना उचित समझा था।

बुद्धिवाद

अपनी अपूर्णता के कारण यूनान में भौतिकवाद उस काल में पनप न सका। इसका एक कारण यह भी था कि पुराने देववाद का प्रभाव अभी बहुत कम नहीं हो पाया था, फिर भौतिक जगत् का ज्ञान इतना अपूर्ण था कि दार्शनिकों को अपनी गुत्थियों को सुलझाने के लिए बौद्धिक प्रत्ययों का सहारा लेना ही पड़ता था। इसलिए जहाँ दार्शनिकों के एक समूह ने जल, वायु आदि भौतिक तत्त्वों का प्राथमिक अस्तित्व माना, वहीं दूसरी धारा ने प्राथमिक अस्तित्व को असीम, सत्, विज्ञान आदि नाम दिए।

इस बुद्धिवादी परंपरा का भौतिकवाद के साथ ही जन्म हुआ था। एनेकजिमैडर ने जिस समय असीम को संसार का स्रोत कहा था, लगभग उसी समय थेलीज और एनेकजिमिनीज जल और वायु को परम तत्त्व बता रहे थे। इतना ही नहीं, बल्कि यूनानी दर्शन में शुद्ध भौतिकवाद खोज पाना ही कठिन है। हेराक्लाइटस अग्नि से वस्तुओं के आविर्भाव को अधोमार्ग और अग्नि से वस्तुओं के तिरोभाव को ऊर्ध्वमार्ग कहता है और सत्य ज्ञान में दोनों मार्ग की एकता का समर्थन करता है। निश्चय ही यूनानी भौतिकवादी अपने भौतिक तत्त्वों को स्थूल और सूक्ष्म दोनों रूपों में देख रहे थे, किंतु बुद्धिवाद को विशेष रूप से पाइथागोरस, पारमेनाइडीज और एनेकजागोरस ने सबक दिया।

अपनी अपूर्णता के कारण यूनान में भौतिकवाद उस काल में पनप न सका। इसका एक कारण यह भी था कि पुराने देववाद का प्रभाव अभी बहुत कम नहीं हो पाया था, फिर भौतिक जगत् का ज्ञान इतना अपूर्ण था कि दार्शनिकों को अपनी गुत्थियों को सुलझाने के लिए बौद्धिक प्रत्ययों का सहारा लेना ही पड़ता था।

पाइथागोरस

पाइथागोरस सैमोस नामक द्वीप का रहनेवाला था, किंतु ई.पू. 532 में वह दक्षिणी इटली के क्रोटोना नामक स्थान पर चला गया था। वहाँ उसने अपने धार्मिक संप्रदाय की स्थापना की थी। यह संप्रदाय गणित और संगीत के अध्ययन

पर विशेष बल देता था। यहाँ तक कि इस संप्रदाय ने संख्याओं को वस्तुओं का सार मान लिया था और आकाश को विश्व संगीत का मापक। इनमें से पहले विचार से प्लेटो का जातियों का उद्‌भव मानना संख्याओं से वस्तुओं की उत्पत्ति मानने के समान है। अरस्तू ने पाइथागोरस के विश्व संगीत के मान को ही विश्व की गति का अचल केंद्र माना था।

पाइथागोरस के मत में आत्मा के स्वतंत्र अस्तित्व और आवागमन के सिद्धांत को भी स्वीकार किया गया था। इतना ही नहीं, पाइथागोरस के अनुयायी कर्मवाद में भी निष्ठा रखते थे। प्लेटो के फीडो नामक संवाद में सुकरात पाइथागोरस के आत्मा संबंधी विचारों का ही समर्थन करता है।

पारमेनाइडीज

पारमेनाइडीज का समय ई.पू. 540 से ई.पू. 470 माना जाता है। वह हेराक्लाइटस के मत से परिचित था। इस मत में वस्तु जगत् को अग्नि का रूपांतर बताकर उसके मिथ्या होने की ओर संकेत किया गया था। पारमेनाइडीज ने बलपूर्वक उपदेश दिया कि सत् के अतिरिक्त और कुछ सत्य नहीं है। उसने सत् को अनादि, अनंत, अद्वितीय, अविनश्वर तथा सार्वभौम कहा था। उसका कथन था कि सत् अचल है। इसमें गति नहीं होती। गति अथवा परिवर्तन केवल भ्रम है। इस प्रकार उसने एक निरपेक्ष सत्य को संसार का मूलाधार बताकर आगे चलकर विकसित होनेवाले प्रत्ययात्मक अद्वैतवाद के किए मार्ग बना दिया।

पाइथागोरस के मत में आत्मा के स्वतंत्र अस्तित्व और आवागमन के सिद्धांत को भी स्वीकार किया गया था। इतना ही नहीं, पाइथागोरस के अनुयायी कर्मवाद में भी निष्ठा रखते थे। प्लेटो के फीडो नामक संवाद में सुकरात पाइथागोरस के आत्मा संबंधी विचारों का ही समर्थन करता है।

एनेकजागोरस

पारमेनाइडीज के दर्शन से प्रभावित होकर एनेकजागोरस ने कहा कि प्रारंभ में संसार बहुत ही अव्यवस्थित था, किंतु बुद्धि तत्त्व ने उत्पन्न होकर मिश्रित

पदार्थों में गति उत्पन्न की, जिससे सभी वस्तुओं ने अलग-अलग रूप ग्रहण किए। एनेकजागोरस के इस मत ने दो आवश्यक सुझाव दिए थे। एक यह था कि संसार का आदि कारण चेतन है और दूसरा यह कि गति का स्रोत, पदार्थवादियों की भाँति पदार्थों में न खोजकर उनसे बाहर खोजना चाहिए। एनेकजागोरस के सिद्धांत ने मनोविज्ञान के विकास के लिए भी स्थान बना दिया था, किंतु अभी तक यूनानी दर्शन का कोई व्यवस्थित रूप नहीं बन पाया था, केवल फुटकर विचार ढेर सारे एकत्रित हो गए थे।

प्रॉडिक्स नामक एक सोफिस्ट ने मिलते-जुलते शब्दों के अर्थों का भेद समझाने के लिए पुस्तकें लिखीं। उस समय तक यूनानी भाषा का न तो कोई कोश बना था और ही न व्याकरण। पहले-पहल सोफिस्टों के ही समय में विद्यार्थियों को ज्ञान प्राप्त कराने के निमित्त पाठ तैयार किए गए थे। इन सब कार्यों से शिक्षण पद्धति का विकास हुआ।

सोफिस्ट विचारक

ईसा पूर्व पाँचवीं शताब्दी के मध्य में यूनान में सोफिस्ट कहलानेवाले शिक्षकों का एक दल तैयार हुआ, जिसने युवकों को घूम-घूमकर संभाषण की शिक्षा देना प्रारंभ किया। ये शिक्षक धन लेकर शिक्षा देते थे, इसलिए सुकरात और प्लेटो ने इनकी बहुत निंदा की थी। वैसे इन शिक्षकों ने बहुत से ऐसे काम किए थे, जिनसे चिंतन पद्धति के विकास में सहायता मिली।

प्रॉडिक्स नामक एक सोफिस्ट ने मिलते-जुलते शब्दों के अर्थों का भेद समझाने के लिए पुस्तकें लिखीं। उस समय तक यूनानी भाषा का न तो कोई कोश बना था और ही न व्याकरण। पहले-पहल सोफिस्टों के ही समय में विद्यार्थियों को ज्ञान प्राप्त कराने के निमित्त पाठ तैयार किए गए थे। इन सब कार्यों से शिक्षण पद्धति का विकास हुआ। शिक्षण की आवश्यकता से ही व्यवस्थित ढंग से विचारों को व्यक्त करने का प्रयत्न आरंभ हुआ और व्याख्या पद्धतियों का भी विकास होने लगा।

प्रसिद्ध है कि सोफिस्ट किसी भी वाक्य का मनमाना अर्थ निकाल सकते

थे। इनके इस कार्य से विचारकों को बहुत लाभ हुआ। उनकी समझ में आया कि बिना चिंतन का मानदंड स्थिर हुए व्याख्याएँ सीमित नहीं की जा सकतीं। अरस्तू के तादात्म्य के नियम 'लॉ ऑफ आइडेंटिटी' को सोफिस्टों की व्याख्या पद्धति की प्रतिक्रिया का फल मान लेना अनुचित न होगा।

सोफिस्टों में सबसे वृद्ध प्रोटेगोरस था। वह मनुष्य को सभी मानदंडों का जन्मदाता मानने के लिए यूनानी दर्शन में प्रसिद्ध हो गया है, किंतु इस मत के कारण उसे स्थूल व्यक्तिवाद का समर्थक नहीं समझना चाहिए। उसका कथन उस समय तक विकसित सभी यूनानी मतों पर एक संक्षिप्त टिप्पणी है, तब तक किसी तार्किक शैली का विकास नहीं हुआ था। जिस विचारक की समझ में जो आया था, वही उसने उपदेश के रूप में कह दिया था। प्रोटेगोरस के कथन से सुकरात, प्लेटो और अरस्तू ने संकेत लिये और तर्क विधा का विकास हुआ।

सोफिस्टों में सबसे वृद्ध प्रोटेगोरस था। वह मनुष्य को सभी मानदंडों का जन्मदाता मानने के लिए यूनानी दर्शन में प्रसिद्ध हो गया है, किंतु इस मत के कारण उसे स्थूल व्यक्तिवाद का समर्थक नहीं समझना चाहिए। उसका कथन उस समय तक विकसित सभी यूनानी मतों पर एक संक्षिप्त टिप्पणी है, तब तक किसी तार्किक शैली का विकास नहीं हुआ था।

सुकरात

सोफिस्टो के ही काल में यूनान के प्रसिद्ध दार्शनिक सुकरात (सोक्रेटीज) का जन्म हुआ था। प्रसिद्ध इतिहासकार ग्रोटे ने सुकरात का समय ई.पू. 469 से 399 माना है। सभी मान्य विवरणों से पता चलता है कि सुकरात एथेंस नगर के एक साधारण मूर्तिकार के घर पैदा हुआ था, किंतु अपने आदर्श जीवन, सामाजिक व्यवहार तथा आत्म-त्याग के कारण उसने यूनानी दार्शनिकों में सर्वश्रेष्ठ स्थान प्राप्त किया। सुकरात ने न तो कोई नौकरी-चाकरी की और न अपने पैतृक व्यवसाय में विशेष रुचि ली। उन्होंने अपना संपूर्ण जीवन दर्शन की सेवा में लगा दिया। इसके बदले में एथेंस के जनतंत्र ने सत्तर वर्ष की उम्र में सुकरात पर अधार्मिक होने, धन लेकर शिक्षा देने और युवकों को राज्य

के विरुद्ध भड़काने के आरोप लगाए और उन्हें मृत्युदंड दिया।

सुकरात ने स्वयं कुछ नहीं लिखा था। उनके दार्शनिक विचारों को जानने के मुख्य स्रोत प्लेटो तथा अरस्तू के ग्रंथ हैं। प्लेटो के साहित्य का अध्ययन करने वाले विद्वानों के विचार से अपॉलॉजी, क्रीटो, यूथ्रीफोन, लैचेज, अयॉन, प्रोटेगोरस, कारमिडीज, लाइसिस नामक संवादों में आद्योपांत तथा रिपब्लिक के पहले भाग में सुकरात के ही विचार मिलते हैं। इसीलिए प्लेटो के उपर्युक्त संवाद सुकरातीय कहे जाते हैं। अरस्तू ने अपनी 'मेटाफिजिका' नामक तत्त्व विद्या संबंधी पुस्तक में तथा नीतिशास्त्र की पुस्तकों में सुकरात के दार्शनिक तथा नीति संबंधी विचारों के उद्धरण देकर उन पर अपनी समीक्षाएँ प्रस्तुत की हैं।

सुकरात ने स्वयं कुछ नहीं लिखा था। उनके दार्शनिक विचारों को जानने के मुख्य स्रोत प्लेटो तथा अरस्तू के ग्रंथ हैं। प्लेटो के साहित्य का अध्ययन करने वाले विद्वानों के विचार से अपॉलॉजी, क्रीटो, यूथ्रीफोन, लैचेज, अयॉन, प्रोटेगोरस, कारमिडीज, लाइसिस नामक संवादों में आद्योपांत तथा रिपब्लिक के पहले भाग में सुकरात के ही विचार मिलते हैं।

जेनोफोन की 'मेमोरेविलिया' से भी सुकरात के संबंध में बहुत सी बातें मालूम होती हैं, मगर वह पुस्तक एक भक्त के संस्मरण के रूप में है, इसलिए मतों के साक्ष्य की दृष्टि से महत्त्वपूर्ण नहीं है। जेनोफोन की पुस्तक के विपक्ष में अरिस्टोफेनीज का प्रहसन है, जिसमें सुकरात की जमकर खिल्ली उड़ाई गई है। प्लेटो की अपॉलॉजी में उक्त प्रहसन का उल्लेख मिलता है, पर प्रहसन को किसी गंभीर विचार का आधार नहीं बनाया जा सकता।

तर्कशैली का विकास

अरस्तू की 'मेटाफिजिका' में सुकरात को तर्क की आगमन पद्धति तथा सामान्य परिभाषा का आविष्कारक बतलाया गया है। प्लेटो के संवादों से तथा जेनोफोन की मेमोरेविलिया से भी अरस्तू के उक्त कथन की पुष्टि होती है। दोनों में सुकरात के संवाद हैं, जिनमें वह साहस, मिताचरण, न्याय आदि नैतिक गुणों

की परिभाषाएँ निश्चित करने के प्रयत्न करता हुआ दिखाया गया है। इन्हीं प्रसंगों से सुकरात की आगमन पद्धति का परिचय मिलता है। पहले वह किसी परिचित उदाहरण के आधार पर अपने विचारों की परिभाषा बना लेते थे, फिर वह दूसरे उदाहरण लेकर देखते थे कि उनकी पूर्वकल्पित परिभाषा ठीक है अथवा नहीं। त्रुटि दिखाई देने पर वह परिभाषा में सुधार कर लेते थे। इस प्रक्रिया को वह तब तक जारी रखते थे, जब तक उन्हें नवीन उदाहरण मिलते जाते थे।

ध्यान देकर देखें तो सुकरात की परीक्षण विधि केवल आगमनात्मक या निगमनात्मक नहीं है। वह एक ही उदाहरण का विश्लेषण कर एक सामान्य परिभाषा बना लेते थे, फिर जैसे-जैसे उस परिभाषा का अन्य उदाहरणों पर प्रयोग करते जाते थे, उनकी परिभाषा विस्तृत होती जाती थी। उदाहरण के सहारे परिभाषा का विकास होने से उनकी विधि आगमनात्मक है, किंतु चिंतन के प्रत्येक स्तर पर कल्पित परिभाषा का विशिष्ट उदाहरण पर प्रयोग करने से निगमन भी होता जा रहा है।

इसी पद्धति में द्वंद्वात्मक विधि तथा अविरोध के नियम के भी दर्शन होते हैं। परिभाषा के विकास में विभिन्न स्तरों की परिभाषा की एक श्रृंखला बनती थी। इनमें से अंतिम परिभाषा को छोड़कर शेष सभी परिभाषाओं का दिए हुए उदाहरण पर प्रयोग होने पर किसी-न-किसी तथ्य से विरोध पड़ता था, तभी उनमें सुधार की आवश्यकता होती थी। यदि अविरोध के नियम का पालन न किया जाता तो एक ही परिभाषा का उत्तरोत्तर विकास न होकर एक ही विचार की बहुत सी परिभाषाएँ प्राप्त

सुकरात की परीक्षण विधि केवल आगमनात्मक या निगमनात्मक नहीं है। वह एक ही उदाहरण का विश्लेषण कर एक सामान्य परिभाषा बना लेते थे, फिर जैसे-जैसे उस परिभाषा का अन्य उदाहरणों पर प्रयोग करते जाते थे, उनकी परिभाषा विस्तृत होती जाती थी। उदाहरण के सहारे परिभाषा का विकास होने से उनकी विधि आगमनात्मक है, किंतु चिंतन के प्रत्येक स्तर पर कल्पित परिभाषा का विशिष्ट उदाहरण पर प्रयोग करने से निगमन भी होता जा रहा है।

होतीं। विरोध के आग्रह से परिभाषा में परिवर्तन किए जाने पर नवीन परिभाषा को अस्वीकृत परिभाषा में निहित पूर्ववाद और उसके मानसिक प्रतिवाद का स-वाद मानना पड़ेगा। इसीलिए सुकरात को परिभाषा की विधि तथा आगमन और निगमन की विधियों के साथ-साथ द्वंद्वात्मक विधि और अविरोध के नियम का विकास करने का भी श्रेय मिलना चाहिए।

नैतिक चिंतन का विकास

विषय की दृष्टि से सुकरात को ही नैतिक चिंतन की प्राथमिकता स्थापित करने का श्रेय मिलना चाहिए। अरस्तू ने 'मेटाफिजिका' में उल्लेख किया है कि सुकरात ने भौतिक समस्याओं की ओर ध्यान न देकर अपने को आजीवन नैतिक परामर्शों में संलग्न रखा। अरस्तू ने यह भी लिखा है कि सुकरात का प्रयत्न नैतिक जीवन के पथ-प्रदर्शन के लिए किसी सार्वभौम सत्य की खोज करने का था। प्लेटो के 'फीडो' नामक संवाद में मृत्यु पूर्व सुकरात ने अपने उपस्थित मित्रों तथा शिष्यों से कहा है कि जब तक हम शरीर में हैं और शरीर के दुर्गुणों से हमारी आत्मा दूषित है, तब तक हमारी इच्छा पूर्ण नहीं होगी और वह है सत्य को प्राप्त करने की।

विषय की दृष्टि से सुकरात को ही नैतिक चिंतन की प्राथमिकता स्थापित करने का श्रेय मिलना चाहिए। अरस्तू ने 'मेटाफिजिका' में उल्लेख किया है कि सुकरात ने भौतिक समस्याओं की ओर ध्यान न देकर अपने को आजीवन नैतिक परामर्शों में संलग्न रखा। अरस्तू ने यह भी लिखा है कि सुकरात का प्रयत्न नैतिक जीवन के पथ-प्रदर्शन के लिए किसी सार्वभौम सत्य की खोज करने का था।

सुकरात नैतिकता का अर्थ सद्व्यवहार मात्र नहीं समझते थे। वह कर्मवाद में विश्वास करते थे और मानव जीवन को सत्य ज्ञान के अनुसंधान का माध्यम समझते थे। वह कर्म और ज्ञान के समन्वय के पोषक थे। उनके विचार से सत्य ज्ञान के अनुरूप जीवन बिताना ही सच्ची नैतिकता है।

सुकरात का ज्ञान सिद्धांत

सुकरात के विचारों को ठीक-ठीक जानने के लिए ज्ञान सिद्धांत को समझना आवश्यक है। उनके अर्थ में ज्ञान तभी प्राप्त हो सकता है, जब आत्मा मन, बुद्धि तथा इंद्रियों के बंधन से मुक्त होकर सत्य का साक्षात्कार करे। वह कहते थे कि सत्य का ज्ञान न होने के कारण ही लोग अनैतिक कर्म करते हैं। मानव बुद्धि पर उसे अधिक विश्वास नहीं था। प्लेटो के 'फीडो' में सुकरात ने कहा है—"विश्वास के योग्य प्रतीत होने पर भी मूल सिद्धांतों का भली-भाँति परीक्षण करना चाहिए। संतोषप्रद परीक्षण के बाद मानव बुद्धि पर पूरा भरोसा न करके तर्क का अनुसरण करना चाहिए। इनमें भी सरलता और स्पष्टता का अनुभव होने पर ही समझना चाहिए कि अब अधिक छानबीन की आवश्यकता नहीं है।"

सुकरात के कथन से पता चलता है कि वह सत्य ज्ञान को कितना दुरूह मानते थे। इसीलिए उन्होंने आजीवन अपने ज्ञान का परीक्षण करते रहने का सर्वदा उपदेश दिया।

सुकरात के विचारों को ठीक-ठीक जानने के लिए ज्ञान सिद्धांत को समझना आवश्यक है। उनके अर्थ में ज्ञान तभी प्राप्त हो सकता है, जब आत्मा मन, बुद्धि तथा इंद्रियों के बंधन से मुक्त होकर सत्य का साक्षात्कार करे। वह कहते थे कि सत्य का ज्ञान न होने के कारण ही लोग अनैतिक कर्म करते हैं।

सुकरात के धार्मिक विचार

वह डेल्फी के 'अपोलो' के भक्त थे और उन्हीं को अपने जीवन का पथ-प्रदर्शक मानते थे। उनका विश्वास था कि अपोलो उन्हें समय-समय पर कर्तव्य और अकर्तव्य का ज्ञान करने के लिए संकेत करते रहते थे। प्लेटो के 'अपोलॉजी' में सुकरात ने यह बात न्यायाधीशों के सामने भी कही थी। इससे पता चलता है कि वह सत्य ज्ञान की उपलब्धि के लिए परीक्षण के अतिरिक्त नैतिक जीवन बिताकर दैवीय पथ प्रदर्शन प्राप्त करना भी आवश्यक समझते थे, इसलिए वह विज्ञान को भाग्याधीन मानते थे। अरस्तू ने इसके लिए उनकी आलोचना की है, किंतु दोनों की दृष्टियों में अंतर है। सुकरात विज्ञान का अर्थ पारिमार्थिक ज्ञान और अरस्तू तार्किक ज्ञान समझते थे।

प्लेटो (ई.पू. 427-347)

सुकरात ने सबसे अधिक प्लेटो को प्रभावित किया था। वही सुकरात के शिष्यों में सबसे अधिक प्रतिभावान थे। जिस समय सुकरात को मृत्युदंड मिला था, प्लेटो की अवस्था अट्ठाईस वर्ष थी। उस समय तक प्लेटो का विचार राजनीतिक जीवन बिताने का था, किंतु सुकरात को अन्यायपूर्ण मृत्युदंड दिए जाने पर उन्होंने अपना विचार बदल लिया। अब उन्होंने अपनी शिक्षाओं के द्वारा ऐसे व्यक्ति उत्पन्न करने का संकल्प किया, जो शासन सत्ता को अपने हाथ में लेकर नैतिक राज्य की स्थापना कर सकें।

अपना कार्य पूरा करने के निमित्त सुझाव प्राप्त करने के लिए वह दस वर्ष मिस्त्र, सिमली, इटली आदि स्थानों में घूमते रहे। इसी बीच सिराक्यूज के डायोनीसियस प्रथम के संपर्क में रहकर उन्होंने तानाशाही की गतिविधि का अध्ययन किया। अंत में वह ई.पू. 389 में एथेंस वापस आए और वहाँ पर अकादमी नामक एक शिक्षण संस्था की स्थापना की।

अपना कार्य पूरा करने के निमित्त सुझाव प्राप्त करने के लिए वह दस वर्ष मिस्त्र, सिमली, इटली आदि स्थानों में घूमते रहे। इसी बीच सिराक्यूज के डायोनीसियस प्रथम के संपर्क में रहकर उन्होंने तानाशाही की गतिविधि का अध्ययन किया। अंत में वह ई.पू. 389 में एथेंस वापस आए और वहाँ पर अकादमी नामक एक शिक्षण संस्था की स्थापना की।

प्लेटो स्वयं अपनी संस्था का प्रधान बने और इस संस्था में उन्होंने सुकरात के विचारों के अनुरूप शिक्षा देना आरंभ किया। अकादमी की शिक्षा के द्वारा वह एथेंस की शासन व्यवस्था में आमूल परिवर्तन करने की अभिलाषा कर रहे थे। अकादमी के विद्यार्थियों को पहले गणित, ज्योतिष, संगीत, तर्कशास्त्र, राजनीति और नीतिशास्त्र की शिक्षा दी जाती थी। इन विषयों में पारंगत हो जाने पर उन्हें अध्यात्म के उपदेश दिए जाते थे।

बारह वर्ष तक अकादमी का संचालन करने के बाद प्लेटो ई.पू. 367 में सिराक्यूज गए। इस समय डायोनीसियस प्रथम की मृत्यु हो चुकी थी और उसका पुत्र जो अभी कम उम्र था, डायोनीसियस द्वितीय के नाम से शासन का

भार सँभाल रहा था। प्लेटो को अपना कार्य पूरा करने का अवसर दिखाई दिया। उन्होंने सोचा कि युवा शासक को प्रभावित कर नैतिक राज्य की स्थापना कराई जा सकती थी, किंतु वहाँ प्लेटो की दाल न गली और वह वापस चले गए।

फिर भी वह पाँच वर्ष तक इसी प्रयत्न में लगे रहे। ई.पू. 362 में वह अंतिम बार सिराक्यूज गए और सदैव के लिए निराश होकर लौट आए। उनकी अकादमी बराबर चल रही थी और ई.पू. 347 तक वह अपना सारा समय शिक्षण कार्य करने और संवाद लिखने में लगाते रहे।

फिर भी वह पाँच वर्ष तक इसी प्रयत्न में लगे रहे। ई.पू. 362 में वह अंतिम बार सिराक्यूज गए और सदैव के लिए निराश होकर लौट आए। उनकी अकादमी बराबर चल रही थी और ई.पू. 347 तक वह अपना सारा समय शिक्षण कार्य करने और संवाद लिखने में लगाते रहे।

प्लेटो के ग्रंथ

प्लेटो ने अपने जीवन के बयालीस वर्ष शिक्षा देने और संवाद लिखने में व्यतीत किए। परंपरा से छत्तीस संवाद प्राप्त हुए हैं, जो प्लेटो के कहे जाते हैं। इन संवादों को ईसा की पहली शताब्दी में थ्रेसाइलस नामक किसी विद्वान् ने चार-चार संवादों के नौ भागों में संगृहीत किया था, आधुनिक काल के विद्वान् इनमें से कुछ को अप्रासंगिक मानने लगे हैं मगर ए.ई. टेलर ने अट्ठाईस को और फ्रेडरिक कोपुल्स्टन ने चौबीस को निर्विवाद रूप से प्लेटो द्वारा लिखा हुआ माना है।

विद्वानों का विचार है कि प्लेटो ने अपने प्रारंभिक संवादों में सुकरात के विचार दिए हैं और बाद के संवादों में अपने विचार दिए हैं। जिन संवादों में सुकरात के विचार मिलते हैं, उनके नाम ऊपर दिए जा चुके हैं। 'सिम्पोजियम, फीडो, रिपब्लिक (पहला भाग छोड़कर), फीडस, थीटीटस, पारमेनाइडीज, सोफिस्ट, स्टेट्समेन, फिलेक्स, टाइमियस, क्रीटियस, लाज और एपीनोमिस' को प्लेटो के विचारों का द्योतक माना जाता है।

संवादों के ढाँचों से तो यह निर्णय कर पाना बड़ा कठिन है कि प्लेटो का मत किस संवाद में है, क्योंकि लाज को छोड़कर सभी में सुकरात प्रमुख वक्ता

हैं। फीडो को प्रायः सुकरातीय नहीं माना जाता, पर वही एक ऐसा संवाद है, जिसमें सुकरात के मुख से उनकी अंतिम शिक्षाएँ कहलाई गई हैं। ऐसी दशा में हमें परंपराओं पर विश्वास करना होगा।

इन संवादों से प्लेटो के भौतिक दर्शन, ज्ञान सिद्धांत, आत्मा के विज्ञान, प्रत्ययवाद, नैतिक दर्शन, राजनीति शास्त्र तथा शिक्षा, कला और सौंदर्य संबंधी विचारों का परिचय मिलता है।

प्लेटो का भौतिक दर्शन

अपने गुरु सुकरात की भाँति प्लेटो भी भौतिक विषयों की ओर से अधिकतर उदासीन ही रहे। केवल उनके 'टाइमियस' नामक संवाद में मुख्य पात्र टाइमियस सृष्टि की कथा कहता है। उनका कथन है कि ईश्वर ने सबसे पहले अग्नि, पृथ्वी, जल और वायु को, जो पहले से विद्यमान थे, तीन भागों में बाँटा। अग्नि और पृथ्वी को अलग कर उसने जल और वायु को उसके बीच में रख दिया। इस प्रकार दिखाई देनेवाले आकाश की उत्पत्ति हुई, फिर उसने आत्मा को आकाश के मध्य में रखकर नित्य जगत् की रचना की।

अपने गुरु सुकरात की भाँति प्लेटो भी भौतिक विषयों की ओर से अधिकतर उदासीन ही रहे। केवल उनके 'टाइमियस' नामक संवाद में मुख्य पात्र टाइमियस सृष्टि की कथा कहता है। उनका कथन है कि ईश्वर ने सबसे पहले अग्नि, पृथ्वी, जल और वायु को, जो पहले से विद्यमान थे, तीन भागों में बाँटा। अग्नि और पृथ्वी को अलग कर उसने जल और वायु को उसके बीच में रख दिया।

इस विवरण में आत्मा की उत्पत्ति के विषय में टाइमियस का कहना है कि ईश्वर ने अविभाज्य तथा अपरिवर्तनशील तत्त्व और विभाज्य तथा शरीरों से संबंध रखनेवाले तत्त्व से एक तीसरे प्रकार के तत्त्व का निर्माण किया, फिर इस प्रकार बने हुए तीन तत्त्वों से आत्मा का निर्माण किया। मेटा फिजिका में अरस्तू ने बतलाया है कि प्लेटो 'महत्' और 'अल्प' को नित्य तथा अनंत मानते थे। अरस्तू के ही अनुसार इन दो तत्त्वों से

जिस तीसरे तत्त्व की रचना हुई थी, वह 'देश' था।

किसी प्रकार इस विवरण से हम यही नतीजा निकाल सकते हैं कि प्लेटो के अनुसार नित्य संसार का शरीर अग्नि और पृथ्वी आदि चार स्थूल तत्त्वों से बना है। इस शरीर के चरणों में पृथ्वी और शीर्ष पर अग्नि है। बीच का भाग जल और वायुमय है। आत्मा इस शरीर का प्राण है, जो तीन तत्त्वों से बनी है।

टाइमियस के अनुसार, नित्य संसार की रचना ईश्वर के शाश्वत संकल्प के अनुसार हुई थी। इस संसार को बना लेने पर रचयिता ने इसका एक प्रतिरूप बनाने का विचार कर 'समय' उत्पन्न किया। समय में 'गति' उत्पन्न हुई, जिससे 'था', 'है' और 'होगा' अथवा भूत, वर्तमान और भविष्य के भेद उत्पन्न हो गए। अब उसने शाश्वत रचना के प्रतिरूप का सृजन किया। मूल रचना में चार तत्त्व थे, इसलिए उसने चार प्रकार के प्राणी उत्पन्न किए। ये थे—आकाश के देवता, वायु में विचरणशील पक्षी, जलचर तथा अनेक प्रकार के भूमिचर।

किसी प्रकार इस विवरण से हम यही नतीजा निकाल सकते हैं कि प्लेटो के अनुसार नित्य संसार का शरीर अग्नि और पृथ्वी आदि चार स्थूल तत्त्वों से बना है। इस शरीर के चरणों में पृथ्वी और शीर्ष पर अग्नि है। बीच का भाग जल और वायुमय है। आत्मा इस शरीर का प्राण है, जो तीन तत्त्वों से बनी है।

उक्त संवाद के विश्व रचना संबंधी प्रसंग में किसी प्रकार का विवाद नहीं है। टाइमियस कहता है, अन्य पात्र सुनते हैं। पूरे संवाद को पढ़कर यही लगता है कि प्लेटो रचना के प्रसंग में अपनी परंपरा अनुमोदित धार्मिक धारणाओं को प्रश्रय देना चाहते थे। कुल मिलाकर वह इतना ही कहना चाहते हैं कि ईश्वर ने स्थूल और सूक्ष्म तत्त्वों के संयोग से स्वर्ग का निर्माण किया, जो नित्य है, शाश्वत है, पूर्ण है, फिर उसी ने इसका अपूर्ण रूप उत्पन्न किया, जो हमारा जगत् है।

इन दोनों में सत्य और सत्य के प्रतिरूप का संबंध होने से नित्य और अनित्य का, सत् और असत् का द्वंद्व वास्तविक नहीं रह जाता। व्यवहार को परमार्थ का प्रतिरूप बताकर प्लेटो उस खाई को भर देना चाहते थे, जो हेराक्लाइटस और

पारमेनाइडीज ने परिणाम और सत्ता की समस्याएँ उठाकर पैदा कर दी थी। उन्होंने टाइमियस से कहलाया भी है कि सत्य संसार का ज्ञान बुद्धि से होता है, असत्य का इंद्रियों से, किंतु असत्य केवल भ्रम नहीं है, क्योंकि वह सत्य की छाया है। सचमुच प्लेटो का भौतिक दर्शन उसके अध्यात्मवाद की अस्पष्ट छाया है।

प्लेटो का ज्ञान सिद्धांत

'थीटीटस' नामक संवाद से प्लेटो के ज्ञान संबंधी मत का पता चलता है। सुकरात को ज्ञान की प्रकृति के विषय में जिज्ञासा होती है और वह थीटीटस और थियोडोरस नामक दो मित्रों के सहयोग से किसी-न-किसी निर्णय पर पहुँचना चाहते हैं। विचार का मार्ग बताने के लिए सुकरात अपने सहयोगियों को हेराक्लाइटस के तत्त्व विज्ञान और प्रोटेगोरस के ज्ञान-सिद्धांत का स्मरण कराते हैं। दिए हुए संकेतों की प्रेरणा से थीटीटस कहता है कि 'प्रत्यक्ष ही ज्ञान है।'

सुकरात इस विचार की आलोचना करते हैं। उनका कहना है कि प्रत्यक्ष मात्र को ही ज्ञान मान लेने पर एक तो प्रत्यक्ष से बाह्य ज्ञान की संभावना नष्ट हो जाती है, दूसरे स्मृतिजन्य ज्ञान के लिए स्थान नहीं बचता। फिर वह प्रोटेगोरस के मत की तार्किक व्याख्या करते हैं।

सुकरात इस विचार की आलोचना करते हैं। उनका कहना है कि प्रत्यक्ष मात्र को ही ज्ञान मान लेने पर एक तो प्रत्यक्ष से बाह्य ज्ञान की संभावना नष्ट हो जाती है, दूसरे स्मृतिजन्य ज्ञान के लिए स्थान नहीं बचता। फिर वह प्रोटेगोरस के मत की तार्किक व्याख्या करते हैं। उनका कथन है कि प्रत्येक व्यक्ति के प्रत्यक्ष को ज्ञान मानने पर तीन कठिनाइयाँ उत्पन्न होंगी—

1. दो व्यक्तियों के प्रत्यक्षों में भेद होने पर कोई निर्णय संभव नहीं होगा।
2. विपक्ष को असत्य सिद्ध नहीं किया जा सकेगा।
3. विपक्ष को सत्य ज्ञान मानने पर प्रोटेगोरस की व्याख्या खंडित हो जाएगी।

इन तर्कों के आग्रह से थीटीटस अपना विचार वापस ले लेते हैं और उचित

सम्मति को ज्ञान कहते हैं। इसमें भी कठिनाइयाँ प्रदर्शित की जाने पर वह कहते हैं कि उचित सम्मति के साथ ही सम्मति की तार्किक व्याख्या जोड़ देने से वह ज्ञान कहलाएगी। यह भी ठीक न ठहरने पर वह कहते हैं कि जिन वस्तुओं के संबंध में सम्मति दी जाए, उनका पारंपरिक भेद भी स्पष्ट कर दिया जाए तो वह ज्ञान होगा।

सुकरात इन सबका भी खंडन कर देते हैं और कहते हैं कि इस विषय से पता चल गया कि कौन-कौन वस्तुएँ ज्ञान से भिन्न हैं, तब वह बतलाते हैं कि—

1. आत्मा सत् और असत् की सामान्य धारणाओं में भेद करती है। अन्य धारणाओं का ज्ञान इंद्रियों से होता है।
2. सत् अथवा तत्त्व शाश्वत है।
3. इंद्रियाँ अपने विषयों का ज्ञान कर लेती हैं, किंतु उनके सार का तथा पारस्परिक विरोध का ज्ञान विश्लेषण और तुलना के द्वारा आत्मा ही करती है।
4. जन्म से ही इंद्रियों के माध्यम से आत्मा तक पहुँचते रहने पर सामान्य संवेदों के सत्य का तथा उनके प्रयोग का ज्ञान शिक्षा और अनुभव से होता है।

यहाँ पर निश्चय ही ऐंद्रिक ज्ञान और आत्मिक ज्ञान में भेद किया गया है, किंतु ऐंद्रिक ज्ञान को असत्य और भ्रम नहीं बतलाया गया है। वह केवल अपूर्ण है, पर शिक्षा और अनुभव से विकसित विश्लेषण और तुलना की शक्तियाँ उसे पूर्ण बना सकती हैं। पूर्ण होने पर वह सामान्य अथवा सार्वभौम होता है। यह प्लेटो का ज्ञान संबंधी दर्शन है।

यहाँ पर निश्चय ही ऐंद्रिक ज्ञान और आत्मिक ज्ञान में भेद किया गया है, किंतु ऐंद्रिक ज्ञान को असत्य और भ्रम नहीं बतलाया गया है। वह केवल अपूर्ण है, पर शिक्षा और अनुभव से विकसित विश्लेषण और तुलना की शक्तियाँ उसे पूर्ण बना सकती हैं।

इसमें मनोवैज्ञानिक तथ्य भी है। सीखना, धारण करना और प्रत्याह्वान को ज्ञान का अवयव बताकर स्मृति के अध्ययन के संकेत दिए गए हैं। संवेदन, प्रत्यक्ष और निर्णय तक ज्ञान का विकास बताकर सामान्य ज्ञानात्मक प्रक्रिया

का संक्षिप्त अध्ययन प्रस्तुत किया गया है। विश्लेषण और तुलना को ज्ञान का माध्यम कहकर चिंतन की प्रक्रिया के अध्ययन के सुझाव दिए गए हैं। शिक्षा और अनुभव को ज्ञान का आधार बताकर सीखने की क्रिया पीठिका बना दी गई है। कमी केवल उचित विश्लेषण की है, किंतु इस विश्लेषण के लिए शताब्दियों तक अध्ययन और चिंतन की आवश्यकता थी। प्लेटो वह पहले व्यक्ति थे, जिन्होंने भावी अध्ययन के लिए ये उपयोगी संकेत छोड़े थे।

प्लेटो का आत्मा विज्ञान

प्लेटो के सभी संवादों में आत्मा के विषय में कुछ-न-कुछ कहा गया है, किंतु 'टाइमियस', 'फीडो', 'फीड्स' और 'लाज' से मुख्य बातों का संग्रह किया जा सकता है।

'टाइमियस' के अनुसार, आदि देव ने एक अमर आत्मा को उत्पन्न किया था। उसके पुत्रों अथवा देवताओं ने उसे पहले दो भागों में बाँटकर एक भाग को सिर में और दूसरे भाग को हृदय से कंठ तक स्थान दिया। दूसरे भाग के भी दो भाग किए। इनमें से एक को कंठ से रीढ़ की हड्डी तक और दूसरे को रीढ़ की हड्डी से नाभि तक सीमित कर दिया। इस प्रकार एक आत्मा के तीन विभाग बन गए। इनमें से सिर में रहनेवाली आत्मा अमर है, शेष दो प्रकार की नश्वर। शरीर के नीचे वाले भागों में स्थित आत्मा अमर आत्मा के अधीन रहती है।

'टाइमियस' के अनुसार, आदि देव ने एक अमर आत्मा को उत्पन्न किया था। उसके पुत्रों अथवा देवताओं ने उसे पहले दो भागों में बाँटकर एक भाग को सिर में और दूसरे भाग को हृदय से कंठ तक स्थान दिया। दूसरे भाग के भी दो भाग किए। इनमें से एक को कंठ से रीढ़ की हड्डी तक और दूसरे को रीढ़ की हड्डी से नाभि तक सीमित कर दिया।

आत्मा का प्रसंग 'फीडो' में भी आया है, किंतु दूसरे रूप में। वहाँ पर शरीर और आत्मा के संबंध की चर्चा हुई है। सुकरात ने दृष्ट और अदृष्ट भेद से दो प्रकार के अस्तित्व बताए हैं। दृष्ट को परिवर्तनशील और अदृष्ट को

अपरिवर्तनशील कहा गया है। इस विभाजन के पश्चात् शरीर को दृष्ट और आत्मा को अदृष्ट अस्तित्व बताया गया है। आगे चलकर सुकरात के माध्यम से यह भी सूचित किया गया है कि शरीर और आत्मा का संयोग होते ही शरीर का धर्म आत्मा की आज्ञा का पालन करना और आत्मा का धर्म शरीर पर शासन करना हो जाता है।

फीडो में आत्मा की मृत्यु के बाद की दशाएँ भी बताई गई हैं। जीवनकाल में शरीर से उदासीन रहनेवालों की आत्मा मृत्यु के बाद ईश्वर का सान्निध्य प्राप्त करती है। यह जीवन का परम लक्ष्य है। इसके विपरीत शरीर में रहने के समय जो आत्मा शरीर से पूरा लगाव रखती है, वह बार-बार शरीरों से अपना संबंध स्थापित करती रहती है। यह मोक्ष और पुनर्जन्म की बात है।

फीडो में आत्मा की मृत्यु के बाद की दशाएँ भी बताई गई हैं। जीवनकाल में शरीर से उदासीन रहनेवालों की आत्मा मृत्यु के बाद ईश्वर का सान्निध्य प्राप्त करती है। यह जीवन का परम लक्ष्य है। इसके विपरीत शरीर में रहने के समय जो आत्मा शरीर से पूरा लगाव रखती है, वह बार-बार शरीरों से अपना संबंध स्थापित करती रहती है। यह मोक्ष और पुनर्जन्म की बात है।

इन दोनों अवस्थाओं को मानसिक दृष्टि पर निर्भर बताया गया है। प्लेटो ने सुकरात के दर्शन के अध्ययन से इस प्रकार की धारणा बन जाने को ही उक्त अध्ययन का लक्ष्य बतलाया है, किंतु मोक्ष तभी प्राप्त होता है, जब अंत समय में भी यही धारणा बनी रहे। अंत समय में जो शरीर का साथ नहीं छोड़ना चाहता, वह बार-बार जन्म लेता है और बार-बार मरता है, भले ही उसने जीवन भर शरीर से लगाव न रखा हो।

'लाज' में मृत्यु के बाद जीवनकाल के अपराधों के दंड भोगने की भी बात आई है। दूसरे जन्म में पहले जन्म में किए हुए अन्यायों का बदला चुकाने की भी बात कही गई है। 'लाज' में सुकरात नहीं है। उनका स्थान किसी अपरिचित एथेंस के निवासी ने ले लिया है। वह अपराधों की चर्चा करते हुए संबंधियों की हत्या को बहुत बड़ा अपराध बतलाता है। वही कहता है कि जीवन में जिन

अपराधों का दंड नहीं मिल पाता, उनके लिए मृत्युलोक में यातनाएँ सहनी पड़ती हैं अथवा फिर जन्म लेकर उसे उसी प्रकार मरना पड़ता है जैसे उसने पूर्वजन्म में दूसरे को मारा था।

उक्त अपरिचित के कथन का आधार गुप्त धार्मिक उपदेश है। यह प्रसंग 'लाज' के नौवें अध्याय में आया है। इसे पढ़कर प्लेटो के अपने देश की धार्मिक परंपराओं के समर्थक होने में संदेह नहीं रह जाता।

प्लेटो का प्रत्ययवाद

प्लेटो ने अपने 'पारमेनाइडीज' नामक संवाद में सुकरात, जीनो और पारमेनाइडीज की बातचीत कराई है। सुकरात जीनो से पूछते हैं, "क्या तुम यह नहीं मानते कि समानता और असमानता के प्रत्यय होते हैं? इन्हीं विरोधी प्रत्ययों के बीच तुम और मैं तथा तमाम वस्तुएँ, जिन्हें हम अनेक कहते हैं, स्थित हैं।"

प्लेटो ने अपने 'पारमेनाइडीज' नामक संवाद में सुकरात, जीनो और पारमेनाइडीज की बातचीत कराई है। सुकरात जीनो से पूछते हैं, "क्या तुम यह नहीं मानते कि समानता और असमानता के प्रत्यय होते हैं? इन्हीं विरोधी प्रत्ययों के बीच तुम और मैं तथा तमाम वस्तुएँ, जिन्हें हम अनेक कहते हैं, स्थित हैं।" जीनो उत्तर नहीं देता। तब पारमेनाइडीज सुकरात से पूछता है, "क्या तुम 'समानता' से भिन्न 'समानता के प्रत्यय' के अस्तित्व में तथा 'एक', 'अनेक' आदि के प्रत्ययों के भिन्न अस्तित्व में विश्वास करते हो?"

सुकरात ने कहा, "मैं तो समझता हूँ कि ये होते हैं।"

इस पर पारमेनाइडीज ने पूछा, "फिर तो मिट्टी, कीचड़ और बाकों आदि के भी प्रत्यय होते होंगे?"

सुकरात कुछ न कह सके तब पारमेनाइडीज ने कहा, "अभी तुम कच्चे हो।"

संभवतः सुकरात वस्तुओं और उनके प्रत्ययों के अंतर की समस्या का

निर्णय नहीं कर सके थे। प्लेटो ने यह काम पूरा किया। अरस्तू ने लिखा है कि प्लेटो को वस्तुओं में वे सभी गुण न मिल सके थे, जो परिभाषाओं के अनुसार उनमें होने चाहिए। इसीलिए परिभाषाओं को वस्तु का रूप देकर उसने उन्हें प्रत्यय कहा। इस विचार से प्लेटो का प्रत्ययवाद (थ्योरी ऑफ आइडियाज) वस्तुओं में छिपे हुए सामान्य गुण को वस्तुओं का रूप देने का प्रयत्न है। प्लेटो के प्रत्यय संसार और उसके रचयिता के बीच के रिक्त स्थान को भरने का प्रयत्न करते हैं।

प्रत्ययवाद प्लेटो की अनावश्यक सृष्टि है। आलोचना के रूप में यह कथन ठीक हो सकता है, किंतु प्लेटो ने प्रत्यय सिद्धांत के द्वारा अपनी नैतिक शिक्षा का मार्ग प्रशस्त करना चाहा था। वह कहना चाहते थे कि इस लोक से परे एक सूक्ष्म सत्ताओं का लोक है, जो सत्य है, पूर्ण है, सुंदर है। उसी लोक की वस्तुओं का आश्रय पाकर इस लोक की वस्तुएँ गुणवान होती हैं।

कहा जाता है कि प्रत्ययवाद प्लेटो की अनावश्यक सृष्टि है। आलोचना के रूप में यह कथन ठीक हो सकता है, किंतु प्लेटो ने प्रत्यय सिद्धांत के द्वारा अपनी नैतिक शिक्षा का मार्ग प्रशस्त करना चाहा था। वह कहना चाहते थे कि इस लोक से परे एक सूक्ष्म सत्ताओं का लोक है, जो सत्य है, पूर्ण है, सुंदर है। उसी लोक की वस्तुओं का आश्रय पाकर इस लोक की वस्तुएँ गुणवान होती हैं। इस प्रकार प्रत्ययों के लोक में विश्वास उत्पन्न कराकर वह मनुष्यों को उसी पूर्ण लोक के आदर्शों को अपनाने के लिए प्रेरित करना चाहते थे। प्लेटो के मतों को समझने के लिए ध्यान रखना होगा कि वह मूलत: नैतिक विचारक थे।

प्लेटो के नैतिक विचार

प्लेटो के नैतिक विचार 'फिलेक्स' और 'लाज' नामक संवादों में मिलते हैं। फिलेक्स में वह पूर्णता को नैतिक अच्छाई की प्रकृति मानते हैं और मानव जीवन की सभी अच्छाइयों को पाँच श्रेणियों में बाँटते हैं। इस श्रेणी विभाजन में उसने संतुलित मध्यम और उपयुक्त को पहला, सुघढ़, सुंदर और पूर्ण को दूसरा, बुद्धि और बुद्धिमत्ता को तीसरा, विज्ञान, कला और उचित सम्मति को

चौथा तथा सुख को पाँचवाँ स्थान दिया था।

इन अच्छाइयों की प्रकृति पर ध्यान देने से तनिक भी संदेह नहीं रह जाता कि प्लेटो बौद्धिक संतुलन को मानव जीवन का मुख्य ध्येय मानते थे। इसीलिए उन्होंने प्रथम श्रेणी की तीन अच्छाइयों में संतुलन को सर्वप्रथम स्थान दिया। उनके मत में ये सभी अच्छाइयाँ परस्पर असंबद्ध नहीं हैं, बल्कि एक ही कर्म शृंखला के विविध अंग हैं।

संतुलित मन से, योग्यायोग्य का विचार कर मध्य मार्ग का अनुसरण करनेवाले व्यक्ति के कार्य सुघढ़, सुंदर तथा पूर्ण हो सकते हैं। ऐसे ही कार्य करनेवाला व्यक्ति धीरे-धीरे बुद्धि का विकास कर बुद्धिमान बनता है, किंतु इस प्रकार कार्य करने के लिए विज्ञानों के अध्ययन की कलाओं के अभ्यास की और अनुभवी लोगों की सम्मतियों से शिक्षा प्राप्त करने की आवश्यकता होती है। यदि किसी ने निरंतर अभ्यास कर इस प्रकार कर्म करने का स्वभाव बना लिया तो निश्चय ही उसका जीवन सुखमय होगा। यही प्लेटो की नैतिक शिक्षा का वास्तविक अर्थ है।

संतुलित मन से, योग्यायोग्य का विचार कर मध्य मार्ग का अनुसरण करनेवाले व्यक्ति के कार्य सुघढ़, सुंदर तथा पूर्ण हो सकते हैं। ऐसे ही कार्य करनेवाला व्यक्ति धीरे-धीरे बुद्धि का विकास कर बुद्धिमान बनता है, किंतु इस प्रकार कार्य करने के लिए विज्ञानों के अध्ययन की कलाओं के अभ्यास की और अनुभवी लोगों की सम्मतियों से शिक्षा प्राप्त करने की आवश्यकता होती है।

प्लेटो जीवन को कला के रूप में देखते थे। पूर्णता उत्पन्न करने के लिए जिस प्रकार सामान्य कलाकार को अपनी कलाकृतियों में अधिक-से-अधिक सुघढ़ता एवं सुंदरता लाने का अभ्यास करना पड़ता है, अध्ययन और चिंतन करना पड़ता है तथा दूसरे श्रेष्ठ कलाकारों का उसके समीप रहकर अथवा उनकी कलाकृतियों को देखकर अनुकरण करना पड़ता है, उसी प्रकार जीवन के कलाकार को भी निरंतर अभ्यास की आवश्यकता होती है। उसे वैज्ञानिक का चिंतन और कलाकार का मनोयोग चाहिए, इसीलिए प्लेटो ने सबको उक्त विषयों की शिक्षा प्राप्त करने

की सलाह दी थी। प्लेटो के नैतिक उपदेश का सारांश यही है कि प्रत्येक व्यक्ति को जीवन में कलात्मक पूर्णता लाने का प्रयत्न करना चाहिए।

'लाज' की पहली पुस्तक में प्लेटो ने एक बार फिर नैतिक प्रसंग उठाया है। यहाँ वह बुद्धिमत्ता, मिताचरण, न्याय और साहस को नैतिक गुण कहते हैं। इतना ही नहीं, वह इन्हें दैवीय गुण ठहराते हैं और राज्य को ऐसी व्यवस्था करने की सम्मति देते हैं, जिससे नागरिकों में उपर्युक्त गुण उत्पन्न हो सकें। लाज में उन्होंने इन गुणों के अतिरिक्त चार मानवीय अच्छाइयाँ बतलाई हैं। ये स्वास्थ्य, सौंदर्य, शक्ति तथा अर्थ हैं। वह इन्हें व्यवस्थित जीवन में उपकारक मानते थे और इसीलिए उन्हें अर्जित करना सबके लिए आवश्यक समझते थे।

प्लेटो के संवादों में व्यावहारिक जीवन की संपन्नता के संबंध में कितने ही संकेत मिलते हैं, किंतु उनकी नैतिक शिक्षा का कोई सुव्यवस्थित रूप नहीं है। ऐसा लगता है कि विस्तृत चिंतनशील जीवन में मानवीय आचरण के जिन वांछनीय अवयवों की ओर उनका ध्यान गया, उन सबको शुभ बतलाकर उन्होंने उन्हें मानवीय आकांक्षा का विषय बताने का प्रयास किया। विभिन्न प्रसंगों में परिगणित शुभों को किसी एक ही संदर्भ में एकत्र नहीं किया।

प्लेटो के संवादों में व्यावहारिक जीवन की संपन्नता के संबंध में कितने ही संकेत मिलते हैं, किंतु उनकी नैतिक शिक्षा का कोई सुव्यवस्थित रूप नहीं है। ऐसा लगता है कि विस्तृत चिंतनशील जीवन में मानवीय आचरण के जिन वांछनीय अवयवों की ओर उनका ध्यान गया, उन सबको शुभ बतलाकर उन्होंने उन्हें मानवीय आकांक्षा का विषय बताने का प्रयास किया।

फिर भी ऐसे संकेत मिलते हैं, जिनसे यह समझा जा सकता है कि वह सभी शुभों को एक ही उद्देश्य का पूरक मानते थे और वह उद्देश्य जीवन की पूर्णता है। इसे प्राप्त करने पर ही मनुष्य का जीवन सुखमय हो सकता है।

प्लेटो के राजनीति संबंधी विचार

प्लेटो के राजनीति संबंधी विचार 'स्टेट्समैन' तथा 'लाज' में मिलते हैं। नगरों की व्यवस्था करना और नागरिकों को नैतिक मार्ग पर चलाते रहना—वह राज्य का उत्तरदायित्व समझते थे, किंतु इसे दंड विधान के द्वारा नहीं, उचित शिक्षा और निरीक्षण के द्वारा वह संभव मानते थे। इसीलिए नियामक के उत्तरदायित्व गिनाते समय उन्होंने सामाजिक तथा व्यावसायिक जीवन के नियंत्रण के अतिरिक्त वैवाहिक संबंधों से लेकर बालकों के खेलकूद और शिक्षा आदि का नियंत्रण भी उसे सौंप दिया।

प्लेटो के विचार से बालक की प्रवृत्तियाँ पैतृक गुणों पर निर्भर करती हैं। उसका स्वभाव माता और पिता के स्वभाव के योग से बनता है। इसीलिए दांपत्य के निरीक्षण के बिना वांछित स्वभाव के बालक उत्पन्न नहीं किए जा सकते।

प्लेटो के राजनीति संबंधी विचार 'स्टेट्समैन' तथा 'लाज' में मिलते हैं। नगरों की व्यवस्था करना और नागरिकों को नैतिक मार्ग पर चलाते रहना—वह राज्य का उत्तरदायित्व समझते थे, किंतु इसे दंड विधान के द्वारा नहीं, उचित शिक्षा और निरीक्षण के द्वारा वह संभव मानते थे।

'स्टेट्समैन' में उन्होंने कहा है कि शासक को ऐसे पदाधिकारी नियुक्त करने चाहिए, जो विवाह से पूर्व भावी पति और पत्नी के गुणों की जाँच कर ले। साथ ही नियमन के द्वारा इस प्रकार की जाँच के बिना होनेवाले वैवाहिक संबंधों को अवैध घोषित कर देना चाहिए। योग्य संबंधों के निर्णय के लिए उन्होंने बताया है कि वैवाहिक संबंध में साहस और नम्रता की मैत्री होनी चाहिए।

प्लेटो ने शासक के लिए शिशुओं की देखभाल का अच्छा प्रबंध करना बहुत ही आवश्यक बतलाया है। उन्होंने राज्य को शिशु गृहों का समुचित प्रबंध करने की सलाह दी है, क्योंकि शिशु की देखभाल शिक्षा का सबसे आवश्यक अंग है। विद्यालय की शिक्षा के संबंध में भी प्लेटो ने सुझाव दिए थे। उनका कथन है कि बालकों की पाठ्य पुस्तकों पर राज्य का पूर्ण नियंत्रण होना चाहिए, जिससे उनके हाथों में सभी प्रकार की पुस्तकें न जा

सकें, तभी उनमें वांछित विचार उत्पन्न किए जा सकेंगे।

प्लेटो के अनुसार, बालकों के लिए लिखी हुई गद्य की पुस्तकों में व्यवस्थित जीवन में रुचि उत्पन्न करानेवाले विचार होने चाहिए। उनकी पुस्तक में युद्धों के वर्णन बिल्कुल नहीं आने चाहिए, क्योंकि उन्हें पढ़कर बालकों में लड़ने-झगड़ने की प्रवृत्ति पैदा होती है, जो नागरिक व्यवस्था एवं शांत जीवन में बाधा पहुँचाती है। बालकों को वे ही पाठ पढ़ाए जाने चाहिए जिनसे उन्हें शांति के लाभों का ज्ञान हो।

पद्य की पुस्तकों में देवताओं की प्रार्थनाएँ, नेताओं की प्रशस्तियाँ और शुभ कर्मों में सद्गति प्राप्ति आदि विषय होने चाहिए। उनमें दूषित चरित्रों को स्थान नहीं मिलना चाहिए। राज्य को चाहिए कि कवियों के लिए नियम बना दे कि वे अपनी काव्य कृतियों में न्यायपूर्ण, सुंदर तथा शुभ चरित्रों को ही स्थान दें।

पद्य की पुस्तकों में देवताओं की प्रार्थनाएँ, नेताओं की प्रशस्तियाँ और शुभ कर्मों में सद्गति प्राप्ति आदि विषय होने चाहिए। उनमें दूषित चरित्रों को स्थान नहीं मिलना चाहिए। राज्य को चाहिए कि कवियों के लिए नियम बना दे कि वे अपनी काव्य कृतियों में न्यायपूर्ण, सुंदर तथा शुभ चरित्रों को ही स्थान दें।

इस प्रकार नियंत्रित शिक्षा के द्वारा तैयार किए हुए नागरिकों के सामाजिक आचरण का निरीक्षण करने के लिए प्लेटो ने राज्य को निरीक्षक नियुक्त करने की सलाह दी थी। उन्होंने कहा था कि चरित्र निरीक्षकों को देखते रहना चाहिए कि नागरिक अपने से बड़ों का, देवभक्तों का तथा विदेशियों का सम्मान करते हैं या नहीं। उन्हें यह भी देखना चाहिए कि नागरिक अपने आपको दूसरों से बढ़कर तो नहीं समझते हैं। इस तरह प्लेटो ने राज्य को नगारिकों के शील और शिष्टाचार के निमित्त नियम बनाने और उन नियमों का पालन कराने के लिए उचित निरीक्षण का प्रबंध करने की सम्मति दी थी।

साथ ही इस कठिन उत्तरदायित्व को सफलतापूर्वक वहन कर सकने के निमित्त प्लेटो ने शासकों को उचित शिक्षा प्राप्त करने, राज्य को प्रोत्साहन देने, राज्य की सीमाओं को संकुचित रखने और अवांछित व्यक्तियों से राज्य को मुक्त

रखने की भी सम्मति दी थी। उनका कहना था कि छोटे राज्य में व्यवस्था रखना उतना ही सरल है, जितना किसी बड़े परिवार में। इसीलिए प्लेटो ने राज्य के सीमा-संकोच पर बहुत बल दिया था।

प्लेटो के विचार से शासक को बाल्यकाल से ही ऐसी शिक्षा मिलनी चाहिए कि वह संपूर्ण राष्ट्र को अपना परिवार समझ सके। उसे गणित, ज्योतिष और दर्शन का पंडित होना चाहिए। उसका बौद्धिक स्तर इतना ऊँचा होना चाहिए कि वह राष्ट्र के सभी सदस्यों की समस्याओं को समझ सके और विभिन्न परिस्थितियों में अपने कर्तव्य का पालन कर सके।

प्लेटो के विचार से शासक को बाल्यकाल से ही ऐसी शिक्षा मिलनी चाहिए कि वह संपूर्ण राष्ट्र को अपना परिवार समझ सके। उसे गणित, ज्योतिष और दर्शन का पंडित होना चाहिए। उसका बौद्धिक स्तर इतना ऊँचा होना चाहिए कि वह राष्ट्र के सभी सदस्यों की समस्याओं को समझ सके और विभिन्न परिस्थितियों में अपने कर्तव्य का पालन कर सके।

शासक में प्लेटो के अनुसार, समदृष्टि होनी चाहिए, जिससे वह सबको समान न्याय दे सके। उसमें कौशल होना चाहिए, जिससे वह नागरिकों के प्रति योग्य व्यवहार कर सके। सबसे अधिक शासक में नागरिकों के हित की कामना होनी चाहिए।

वस्तुतः प्लेटो उस राज्य की कल्पना कर रहे थे, जिसमें नागरिकों और शासक के बीच उसी प्रकार के संबंध हों, जिस प्रकार के संबंध किसी विस्तृत परिवार में परिवार के सदस्यों और परिवार के बड़े-बुजुर्गों के बीच होते हैं। वह नागरिकों में भी चराचर वही संबंध चाहते थे, जो परिवार के सदस्यों के बीच होते हैं। इन संबंधों को वह शिक्षा और नियमन से संभव मानते थे। यही उनकी राजनीति का सारभूत संदेश है।

प्लेटो के कला और सौंदर्य संबंधी विचार

प्लेटो संपूर्ण विश्व को ही एक कला के रूप में देखते थे। उन्होंने अपने 'सोफिस्ट' नामक संवाद में कलाओं की चर्चा करते हुए अपने मुख्य पात्र से

कहलवाया है कि संसार के पशु-पक्षियों, वनस्पतियों को देखकर हमें क्या विचारना चाहिए? यह कि उन्हें ईश्वर ने बनाया है अथवा यह कि उन्हें जड़ प्रकृति ने जन्म दिया है?

प्लेटो के पात्र की बात सुनकर बरबस ही शुक्राचार्य की याद आ जाती है, जिन्होंने ब्रह्मसूत्रों का भाष्य करते हुए सांख्यवादियों के विरुद्ध कहा था कि संसार में सुंदर भवन आदि देखकर तो किसी अच्छे शिल्पी की कल्पना की जाती है, किंतु शरीरों और आत्माओं से युक्त संसार को देखकर उसे जड़ प्रकृति द्वारा निर्मित कहा जाता है।

प्लेटो के पात्र की बात सुनकर बरबस ही शुक्राचार्य की याद आ जाती है, जिन्होंने ब्रह्मसूत्रों का भाष्य करते हुए सांख्यवादियों के विरुद्ध कहा था कि संसार में सुंदर भवन आदि देखकर तो किसी अच्छे शिल्पी की कल्पना की जाती है, किंतु शरीरों और आत्माओं से युक्त संसार को देखकर उसे जड़ प्रकृति द्वारा निर्मित कहा जाता है।

प्लेटो का उक्त विचार बहुत कुछ इसी प्रकार का है। वह विश्व को ईश्वर की कलात्मक प्रवृत्ति का फल मानते थे। यह प्लेटो के कला संबंधी विचारों की पहली मान्यता है। रचना और अनुकरण के भेद से वह कला के भी सदा दो रूप मानते थे।

प्लेटो के विचार से रचना में सत्य वस्तुओं की उत्पत्ति होती है और अनुकरण के द्वारा वस्तुओं की अनुकृति उत्पन्न की जाती है। ये दोनों प्रकार की कलाएँ कर्ता के भेद से दो-दो प्रकार की होती हैं। प्लेटो का प्रथम कलाकार ईश्वर है, जिसने स्वर्ग की रचना की, अमर आत्मा की रचना की और देव-सृष्टि की शुरुआत की, यह सत्य कला थी। इसी का अनुकरण कर देवताओं ने असत् संसार की उत्पत्ति की, जिसके फलस्वरूप मानवीय सृष्टि का विकास हुआ। इस प्रकार दैवीय कला के दो रूप उत्पन्न हुए। इसी का अनुकरण कर मनुष्यों ने भी दो प्रकार की कलाकृतियाँ उत्पन्न कीं। देवताओं के द्वारा निर्मित वस्तुओं का अनुकरण कर उन्होंने वस्तुओं का निर्माण किया और फिर उन वस्तुओं की आकृतियाँ भी बनाईं।

फीड्स में सुकरात कहते हैं कि पृथ्वी पर आने से पूर्व आत्मा अमरों के

बीच निवास करती थी। अचानक कोई भूल हो जाने पर उसके पंख कट गए और वह पृथ्वी पर आ गिरी। इस कथन से यह संकेत मिलता है कि स्वर्ग से उतरी हुई आत्मा में दैवीय संस्कार रहते हैं। उन्हीं संस्कारों के आधार पर उसे इस भूलोक में जहाँ कहीं स्वर्गिक सौंदर्य की झलक मिलती है, वह आकृष्ट होती है और स्मृति से उसका सादृश्य उत्पन्न करने की कोशिश करती है। इस प्रकार मानवीय रचना होती है। यह रचना वस्तुतः देवताओं का अनुकरण है।

□

यूनानी चिंतन-धारा में अरस्तू का महत्त्व

ग्रीक दर्शन के किसी भी इतिहास को पढ़ने से यह पता चलता है कि यूनानी चिंतन-धारा में सबसे अधिक महत्त्वपूर्ण स्थान सुकरात, प्लेटो और अरस्तू की गुरु-शिष्य परंपरा का है। एक भारतीय लेखक ने तो यहाँ तक कहा है कि इस प्रकार के श्रेष्ठ चिंतकों की तीन पीढ़ियाँ अन्यत्र सारे संसार में कहीं नहीं मिलतीं। इसमें कोई संदेह नहीं कि अगर यूनानी दर्शन में से सुकरात, प्लेटो और अरस्तू को निकाल दिया जाए तो कुछ शेष नहीं रह जाता। सुकरात से पूर्व का चिंतन यूनानी दर्शन की पूर्व पीठिका है और अरस्तू के पश्चात् का चिंतन निर्वाण की ओर अग्रसर होते हुए दीपक की टिमटिमाहट है, जो प्लेटो की रचनाओं में निर्वाण से पूर्व अंतिम बार भभककर बुझ जाती है।

इन तीन गुरु-शिष्यों से संसार को जो प्रकाश मिला है, वह मानव जाति की अमूल्य निधि है। इनमें से सुकरात ने तो कुछ लिखा ही नहीं, उसकी तुलना कबीर दास से की जा सकती है, जिन्होंने कहा था कि 'मसि कागद डूबो नहीं कलम गह्यो नहिं हाथ।' पर इसमें भी कोई संदेह नहीं कि एक समय समग्र एथेंस नगर सुकरात के संवादों से आंदोलित हो उठा था। अपनी अंतरात्मा की पुकार का अनुसरण करते हुए उन्होंने अन्य सब व्यवसायों को धता बताकर सत्य, सदाचार और न्याय इत्यादि की खोज को ही अपने जीवन का लक्ष्य बनाया। इस खोज में उन्होंने निर्ममतापूर्वक बड़े-बड़ों की धारणाओं का खोखलापन उद्घाटित किया। अंत में उन्हें अपने विचार स्वातंत्र्य का मूल्य चुकाना पड़ा। एथेंस ने अपने आलोचक को क्षमा नहीं किया। लोक न्यायालय ने सुकरात के शरीर को विष का प्याला पिलाकर मिटा दिया, पर उनके सत्यान्वेषण ने उन्हें अमरता प्रदान

की। मनुस्मृति में ब्राह्मण के लिए जो आदेश निम्नलिखित श्लोक में मिलता है, वह सुकरात के जीवन में अक्षरशः चरितार्थ हुआ—

सम्मानाद् ब्राह्मणो नित्यमुद्विजेद्विषादिव।
अमृतस्येय चाकांक्षेदपमानस्य सर्वदा॥

सुकरात का शिष्य प्लेटो यह सब देखकर कितना खिन्न हुआ होगा—यह कल्पना करने का विषय है, पर जिस लोक-विक्षोभ ने सत्यान्वेषक सुकरात के प्राण ले लिये, वह क्या प्लेटो और सुकरात के घनिष्ठ संबंध से परिचित नहीं था? इसीलिए कुछ समय तक प्लेटो को अपने प्राणों की रक्षा के लिए एथेंस को त्यागना पड़ा। उन्होंने अपना जीवन अपने गुरु के उद्‌देश्य की पूर्ति के लिए उत्सर्ग कर दिया।

प्लेटो ने कहा कि जब तक नगरों के शासक विचारवान दार्शनिक नहीं होंगे, तब तक अन्याय का अंत और शांति की प्राप्ति नहीं हो सकती। इस सिद्धांत को कार्यान्वित करने के लिए प्लेटो ने क्या-क्या कष्ट नहीं सहे। वह एथेंस के संभ्रांत परिवारों से संबद्ध थे एवं उनके संबंधियों का नगर की राजनीति में बोलबाला था। अगर वह चाहते तो राजनीति में सक्रिय भाग लेकर उच्च पद प्राप्त कर सकते थे, पर उन्होंने सब महत्त्वाकांक्षाएँ त्यागकर शिक्षक और लेखक के जीवन का वरण किया।

प्लेटो ने कहा कि जब तक नगरों के शासक विचारवान दार्शनिक नहीं होंगे, तब तक अन्याय का अंत और शांति की प्राप्ति नहीं हो सकती। इस सिद्धांत को कार्यान्वित करने के लिए प्लेटो ने क्या-क्या कष्ट नहीं सहे। वह एथेंस के संभ्रांत परिवारों से संबद्ध थे एवं उनके संबंधियों का नगर की राजनीति में बोलबाला था।

जब प्लेटो को ऐसा अवसर प्राप्त होता प्रतीत हुआ कि वह ग्रीक जगत् की राजनीति को अपने आदर्शों की दिशा में मोड़ सकेंगे तो उन्होंने दो बार सिराक्यूज के शासकों को आदर्श शासक बनाने का प्रयास भी किया। इस उच्चाकांक्षा का उन्हें महँगा मूल्य चुकाना पड़ा। दास के रूप में बिकना पड़ा। एक प्रकार से हरिश्चंद्र की कथा की पुनरावृत्ति उनके जीवन में हुई। जब उन्होंने देखा कि समय इतना विपरीत है कि उनके विचारों को वास्तविक राजनीति में कार्यान्वित करना संभव

नहीं है तो उन्होंने यूरोप के प्रथम विश्वविद्यालय 'अकादमी' की स्थापना की और अपने राजनीतिक आदर्शों को अनूठी गद्य रचनाओं के रूप में अमरता प्रदान की।

जब प्लेटो अपने विद्यालय से दूसरी बार आदर्श राजा के निर्माण की अभिलाषा हृदय में लेकर सिराक्यूज गए हुए थे तब उनकी अनुपस्थिति में अरस्तू ने अकादमी में विद्यार्थी के रूप में प्रवेश लिया और वह लगभग 20 वर्ष अकादमी में ज्ञान संचय किया। प्लेटो इस शिष्य की प्रतिभा और परिश्रम से अत्यंत प्रभावित थे। अरस्तू विद्यालय का मस्तिष्क था और पुस्तकों का प्रेमी। अपने गुरु के प्रति उसके हृदय में अगाध श्रद्धा थी, पर जैसे-जैसे अरस्तू की प्रतिभा परिपक्वता की ओर बढ़ती गई, वैसे-वैसे दोनों के दार्शनिक विचारों का भेद भी स्पष्ट होता गया। इसके बावजूद यह बात निर्विवाद थी कि अरस्तू भी अपने गुरु और दादा गुरु की भांति विलक्षण प्रतिभा से संपन्न व्यक्ति थे।

जब प्लेटो अपने विद्यालय से दूसरी बार आदर्श राजा के निर्माण की अभिलाषा हृदय में लेकर सिराक्यूज गए हुए थे तब उनकी अनुपस्थिति में अरस्तू ने अकादमी में विद्यार्थी के रूप में प्रवेश लिया और वह लगभग 20 वर्ष अकादमी में ज्ञान संचय किया।

यूनानी राजनीति और दर्शन की किसी पुस्तक को देखा जाए तो वहाँ आरंभ में भूमिका भाग में इन पुस्तकों के विद्वान् लेखक यूनान की प्रतिभा की तुलना अन्य देशों की प्रतिभा से करते पाए जाएँगे। वे वहाँ यही कहते मिलेंगे कि यूनानी मस्तिष्क अथवा बुद्धि की विशेषता उसकी युक्तियुक्तता अथवा विवेक परायणता है अर्थात् यूनानी बुद्धि लॉजिकल है, रेशनल है। पर जब हम उसी यूनानी मस्तिष्क के व्यवहार को देखते हैं तो हमें इन मनीषियों का दावा निराधार प्रतीत होता है। सुकरात को एथेंस के न्यायालय द्वारा विषपान द्वारा प्राणदंड दिया जाना, प्लेटो को दास रूप में बेचा जाना और अरस्तू जैसे प्रकांड एवं प्रतिभाशाली विद्वान् को अकादमी का प्रधान न बनाकर स्यूनियस जैसे साधारण व्यक्ति को यह पद देना, सिकंदर का विश्वविजय की महत्त्वाकांक्षा धारण करके अपने पर भी संयम न रख सकना एवं इसी कारण अकाल काल कवलित हो जाना इत्यादि कितने ही प्रमाण यूनान के इतिहास से

ऐसे प्रस्तुत किए जा सकते हैं, जो यह स्पष्ट सिद्ध करते हैं कि व्यक्तियों की बात दूसरी है, सामूहिक रूप से यूनानी प्रतिभा विवेकशील नहीं थी। तभी तो अरस्तू को सिकंदर की मृत्यु के बाद (एथेंसवासी कहीं दर्शन के प्रति दूसरी बार अपराध न कर बैठें इसलिए) एथेंस को त्याग देना पड़ा।

हालाँकि अरस्तू को अपने विद्या मातृ मंदिर 'अकादमी' में उचित सम्मान प्राप्त नहीं हुआ, उन्होंने अपने अध्यवसाय से तथा अपने शिष्य सिकंदर और मित्रों की सहायता से एक दूसरा विद्यालय स्थापित किया और वहाँ पर एक नवीन वैज्ञानिक शोध प्रक्रिया आरंभ की। जीवन के अंतिम बीस वर्षों में उन्होंने अपने विविध विषयों के ग्रंथों के रूप में प्रथम ज्ञानकोष का निर्माण किया। इस समग्र उद्योग से उनके द्वारा वह ज्ञान ज्योति जलाई गई, जो सैकड़ों वर्षों तक पाश्चात्य देशों में मानव के जीवन पथ को आलोकित करती रही।

पाश्चात्य जगत् में आज जिस सभ्यता का बोलबाला है, उसकी जड़ें प्राचीन यूनान की सभ्यता में निहित हैं। यह यूनानी सभ्यता अरस्तू की प्रतिभा में अधिकतम आत्मचेतना को प्राप्त हुई, इसीलिए आज के पाश्चात्य जगत् को समझने के लिए अरस्तू को समझना आवश्यक है। आज का युग विज्ञान का युग है और अरस्तू ने संसार को सबसे पहली वैज्ञानिक परिभाषा दी थी।

पाश्चात्य जगत् में आज जिस सभ्यता का बोलबाला है, उसकी जड़ें प्राचीन यूनान की सभ्यता में निहित हैं। यह यूनानी सभ्यता अरस्तू की प्रतिभा में अधिकतम आत्मचेतना को प्राप्त हुई, इसीलिए आज के पाश्चात्य जगत् को समझने के लिए अरस्तू को समझना आवश्यक है।

यूरोप का कोई नवीन और प्राचीन दर्शन-प्रस्थान ऐसा नहीं, जो बिना अरस्तू के संदर्भ के भली-भाँति समझा जा सके। चाहे डाइलेक्टिकल मैटीरियलिज्म (द्वंद्वात्मक भौतिकवाद) हो, चाहे फिलासफी ऑफ ऑर्गेनिज्म (अवयवी दर्शन) हो, सबके कल्पना भवन की नींव अरस्तू के विचार में है—ये सब उसी वाणी का उपयोग करते हैं, जो अरस्तू ने उन्हें सिखाई है।

अनेक शताब्दियों तक ईसाई धर्म को सबसे समर्थ समर्थन अरस्तू के तर्क शास्त्र और परा विद्या से ही मिला। यदि ईसाई धर्म को यह बल न मिला होता

तो इस धर्म पर क्या बीती होती—यह कहना कठिन है। ईसाइयों के धर्म विज्ञान का नाम थियोलॉजी सीधे अरस्तू की भाषा से ही उठा लिया गया है। यही बात एक्लेलीसिया (कलीसा, चर्च) के विषय में भी कही जा सकती है। इतना ही नहीं, ईसाई धर्म अपने अनेक सिद्धांतों के लिए भी अरस्तू का ऋणी है। ईसाइयों के सभी प्रसिद्ध दार्शनिक विचारक अरस्तू के शिष्य थे। दूसरी ओर यदि इसलाम के विकास पर दृष्टिपात करें तो वहाँ पर भी बहुत कुछ इसी प्रकार की स्थिति दृष्टिगोचर होती है। अरब और स्पेन में इसलाम के स्वर्ण युग में मुसलमान विद्वानों द्वारा अरस्तू के दर्शन का व्यापक अध्ययन किया गया। अरबी भाषा में अरस्तू की बहुत सी रचनाओं का अनुवाद हुआ। आजकल ये अनुवाद अरस्तू पर शोध करनेवालों के लिए पाठ निर्धारण के साधक बन रहे हैं। सूद को अग्राह्य मानने का सिद्धांत इसलाम को अरस्तू से ही मिला प्रतीत होता है।

अनेक शताब्दियों तक ईसाई धर्म को सबसे समर्थ समर्थन अरस्तू के तर्क शास्त्र और परा विद्या से ही मिला। यदि ईसाई धर्म को यह बल न मिला होता तो इस धर्म पर क्या बीती होती—यह कहना कठिन है। ईसाइयों के धर्म विज्ञान का नाम थियोलॉजी सीधे अरस्तू की भाषा से ही उठा लिया गया है।

राजनीति और समाजनीति के क्षेत्र में भी अरस्तू ने समग्र यूरोप का पथ प्रदर्शन किया। इतिहास के अध्ययन को वैज्ञानिक रूप देने में उन्होंने पर्याप्त योगदान दिया था। एथेंस के संविधान के रूप में उन्होंने हमको विश्व के प्रथम संविधान की रूपरेखा प्रदान की है। काव्यकाल के क्षेत्र में उनका काव्यशास्त्र यूरोप के आलोचना साहित्य में सबसे अधिक व्यापक प्रभावशाली ग्रंथ रहा है। यह छोटा सा अधूरा ग्रंथ सर्वथा विलक्षण है। अरस्तू की प्रतिभा के आलोक की चमक और उसके विचारों का चक्रव्यूह हजारों वर्ष तक पश्चिम के देशों के मनीषियों के चिंतन को बंदी बनाकर अभिभूत किए रहा। आज उसका आकर्षण और उपयोगिता बिल्कुल समाप्त हो गई है—ऐसा नहीं कहा जा सकता। दांते के अमर शब्दों में—अरस्तू ज्ञानवानों के गुरु हैं।

□

तेजस्वी जीवन

अरस्तू का जन्म ई.पू. 384 में हुआ था और वह 62 वर्ष तक जीवित रहे। भारतवर्ष में उस समय नंद राजाओं का शासनकाल था। अरस्तू का जन्म स्थान स्टेजीरा (स्तागिरस) नामक नगर था, जो खास्किदिक प्रायद्वीप में स्थित था और आजकल स्ताब्रो कहलाता है। यह नगर छोटा नगर है। कुछ लोगों ने अरस्तू को इस नगर के उत्तरी क्षेत्र का निवासी होने के कारण पूर्णतया ग्रीक चरित्र से युक्त नहीं माना है, पर उनकी यह धारणा ठीक नहीं है। स्टेजीरा के निवासी शत-प्रतिशत सच्चे ग्रीक थे और यवन भाषा की एक उपभाषा बोलते थे।

अरस्तू के पिता का नाम निकोमारवस था और वह वैद्यों की पंचायत के सदस्य थे। पिता के वंशधर मेसेडोनिया से 8वीं अथवा 7वीं शताब्दी में स्टेजीरा में आ बसे थे। अरस्तू की माता का नाम फ्रैस्तिस था और उनके पूर्वज यूवोइया प्रदेश की खाल्किस नगरी से आए थे। जीवन के अंत में अरस्तू ने इसी नगरी में अपना निवास स्थान बना लिया था और यहीं उनका देहांत हुआ।

अरस्तू के पिता निकोमारवस मेसेडोनिया के राजा अभिन्तास द्वितीय के राजवैद्य और मित्र थे। ऐसा अनुमान करना असंभव नहीं है कि अरस्तू का लड़कपन मेसेडोनिया की राजधानी पैल्वास में व्यतीत हुआ होगा। अरस्तू ने जो अपने वैज्ञानिक जीवन में भौतिक विज्ञान और जीव विज्ञान के क्षेत्र में अधिक रुचि प्रदर्शित की, इसका मूल इसी वैद्यकुल में जन्म होने और बाल्यकाल में एक विख्यात वैद्य पिता के प्रभाव में रहने में छिपा हुआ है।

ऐसा कहा जाता है कि इन वैद्य परिवारों के लड़कों को उर्राही का काम बचपन से ही सिखाने की परंपरा थी। संभव है, अरस्तू ने इस दिशा में अपने

पिता की यदा-कदा सहायता भी की हो। दुर्भाग्यवश अरस्तू के बचपन में ही उनके माता-पिता—दोनों की मौत हो गई, पर ऐसा प्रतीत होता है कि उनके माता-पिता ने पर्याप्त संपत्ति छोड़ी थी। माता-पिता के गुजर जाने के बाद एक संबंधी प्रौसेनस उनका संरक्षक बना।

प्रौसेनस ने 18 वर्ष की उम्र में अरस्तू को शिक्षा प्राप्त करने के लिए एथेंस भेज दिया, जो उस समय सारे ग्रीक जगत् में शिक्षा और विद्या का श्रेष्ठ केंद्र स्थान था। अरस्तू ई.पू. 357-56 में एथेंस आए।

एथेंस में अरस्तू ने प्लेटो की 'अकादगी' नामक शिक्षा संस्था में प्रवेश किया। लगभग 19 या 20 वर्ष तक (प्लेटो की मृत्यु के समय तक) अरस्तू अकादमी के सदस्य रहे। जिस समय वह अकादमी में प्रविष्ट हुए प्लेटो सिराक्यूज गए हुए थे। चूँकि अकादमी उस समय की सबसे श्रेष्ठ शिक्षा संस्था थी, इसलिए अरस्तू ने उसमें दाखिला लिया।

एथेंस में अरस्तू ने प्लेटो की 'अकादमी' नामक शिक्षा संस्था में प्रवेश किया। लगभग 19 या 20 वर्ष तक (प्लेटो की मृत्यु के समय तक) अरस्तू अकादमी के सदस्य रहे। जिस समय वह अकादमी में प्रविष्ट हुए प्लेटो सिराक्यूज गए हुए थे। चूँकि अकादमी उस समय की सबसे श्रेष्ठ शिक्षा संस्था थी, इसलिए अरस्तू ने उसमें दाखिला लिया।

जब गुरु और शिष्य का परिचय बढ़ा तो प्लेटो ने अरस्तू के गुणों को पहचाना। वह इस होनहार शिष्य को सर्वोत्तम पढ़नेवाला और विद्यालय का मस्तिष्क कहा करते थे। अरस्तू ने इसी समय से अपने पुस्तकालय का संग्रह आरंभ कर दिया था। इतना ही नहीं, उन्होंने अपने गुरु की शैली का अनुसरण करते हुए अनेक संवादों की रचना भी की। संभवतः इन संवादों का विषय अपने गुरु के विचारों की व्याख्या करना था। दुर्भाग्यवश वे सब संवाद जिनकी शैली अत्यंत प्रभावशाली थी, अब विलुप्त हो गए हैं। माएगर इत्यादि विद्वानों ने बड़ी खोज से उनके कुछ संवादों और उनमें वर्णित सिद्धांतों को एकत्रित करने का प्रयास किया है।

आरंभिक विद्यार्थी जीवन में अरस्तू पूर्णतया प्लेटो के प्रभाव से अभिभूत थे,

पर धीरे-धीरे जैसे-जैसे उनके अपने विचार परिपक्वता को प्राप्त हुए, वैसे-वैसे उनका अपने गुरु से मतभेद प्रकट होने लगा। कहते तो यहाँ तक हैं कि मतभेद के कारण दोनों के संबंध भी पूर्ववत् अच्छे नहीं रहे। कुछ भी हो, अरस्तू की समग्र रचनाओं के प्रत्येक पृष्ठ पर प्लेटो के प्रभाव की छाप स्पष्ट देखी जा सकती है। मतभेद हो जाने पर भी अरस्तू ने अपने गुरु के जीवनकाल में 'गुरुकुल' को नहीं छोड़ा और आजीवन वह प्लेटो के प्रति श्रद्धावान ही बने रहे।

इस विद्यार्थी जीवन के अनेक मित्र उनके अभिन्न सखा बने रहे। अकादमी कोई आजकल के ढंग की शिक्षा की संस्था नहीं थी। वह स्वतंत्र प्रकार से ज्ञान की खोज करनेवाले जिज्ञासुओं का समाज था। किसी विशेष प्रकार की विचार पद्धति का कठोर नियंत्रण उसमें नहीं चलता था। ऐसे उत्तम वातावरण में जिस प्रथम कोटि के कुशाग्र बुद्धिवाले अध्ययनशील व्यक्ति ने अपने जीवन के श्रेष्ठ वर्ष 'नून-तेल-लकड़ी' की चिंता से मुक्त रहकर केवल ज्ञानार्जन और सत्संस्कारों की उपलब्धि के निमित्त व्यतीत किए हों, उसकी मानसिक कमाई का क्या कहना!

इस विद्यार्थी जीवन के अनेक मित्र उनके अभिन्न सखा बने रहे। अकादमी कोई आजकल के ढंग की शिक्षा की संस्था नहीं थी। वह स्वतंत्र प्रकार से ज्ञान की खोज करनेवाले जिज्ञासुओं का समाज था। किसी विशेष प्रकार की विचार पद्धति का कठोर नियंत्रण उसमें नहीं चलता था।

यह आशा करना ही व्यर्थ था कि विद्यालय का मस्तिष्क अंत तक गुरु के विचारों का दर्पण बना रहेगा। यदि ऐसा होता तो यह कहने की नौबत नहीं आती कि या तो अकादमी की शिक्षा कोरी तोता रटंत है या अरस्तू की प्रतिभा ही मौलिकताशून्य है, पर दोनों ही बातें ऐसी नहीं थीं। अरस्तू का अपना मौलिक विकास अकादमी के समय से ही आरंभ हो गया।

अपने नए मार्ग पर चल पड़ने पर भी अरस्तू कृतघ्न नहीं थे। अपने गुरु के विषय में उन्होंने एक सुंदर कविता लिखी थी। उस कविता के रहते हुए कोई व्यक्ति अरस्तू को गुरुद्रोही सिद्ध नहीं कर सकता। उस कविता की कुछ पंक्तियों का हिंदी अनुवाद इस प्रकार है—

'वह नर था, दुर्जन को करना जिसका नामोच्चार नहीं,
और प्रशंसा का भी जिसकी है उनको अधिकार नहीं।
वाचा और कर्मणा जिसने प्रथम व्यक्त यह किया विचार,
जो है साधु सुखी है सोई, और सभी निष्फल निःसार।
हाय! नहीं कोई हममें है, उसकी समता करने योग्य।'

अकादमी को छोड़ने से पूर्व संभवतया अरस्तू ने प्राकृतिक विज्ञान का अत्यंत गंभीर अध्ययन स्वयं आत्मप्रेरणा से किया था। शायद उन्होंने कुछ शिक्षण कार्य भी आरंभ कर दिया था, पर उनके भाषण 'रेतोरिक' के विषय पर थे। इनमें उन्होंने सुकरात के इस शिष्य के विचारों का खंडन किया था, तथापि वह स्वयं सुकरात की पद्धति से बहुत प्रभावित थे।

ऐसा भी संभव है कि अकादमी के निवासकाल की समाप्ति के आसपास उनके उपलब्ध ग्रंथों में से कुछ की रचना आरंभ हो चुकी थी। इन सब तथ्यों के आधार पर यह कहा जा सकता है कि प्लेटो के देहांत के समय अकादमी में अरस्तू से अधिक योग्य व्यक्ति कोई नहीं था।

ऐसा भी संभव है कि अकादमी के निवासकाल की समाप्ति के आसपास उनके उपलब्ध ग्रंथों में से कुछ की रचना आरंभ हो चुकी थी। इन सब तथ्यों के आधार पर यह कहा जा सकता है कि प्लेटो के देहांत के समय अकादमी में अरस्तू से अधिक योग्य व्यक्ति कोई नहीं था।

ई.पू. 348-47 में प्लेटो की मृत्यु के पश्चात् प्लेटो के उत्तराधिकारी के पद पर स्यूनियस नियुक्त हुआ, जो दर्शनशास्त्र को गणित में रूपांतरित करने के लिए तुला रहता था। अरस्तू इस प्रवृत्ति के विरोधी थे, फिर एथेंस का राजनीतिक वातावरण भी परदेसियों के लिए खासकर मेसेडोनिया से संबंध रखनेवाले व्यक्तियों के लिए कुछ विक्षुब्ध हो उठा था। इसीलिए अरस्तू को अकादमी में बने रहना रुचिकर प्रतीत नहीं हुआ। वह अपने एक सहपाठी खैनोक्रातोस के साथ एथेंस से अस्सौस नामक नगर में चले गए और वहाँ पर अकादमी की एक शाखा स्थापित की। यहाँ आने के लिए उन्हें अतार्नेयस के शासक हरमियस ने आमंत्रित किया था, जो स्वयं एक समय अकादमी में शिक्षार्थी के रूप में रह चुका था।

हरमियस जन्म से एक दास था, पर अपनी योग्यता और कर्मठता के आधार पर उन्नति करते-करते अतार्नेयस का राजा बन गया था। अस्सौस की विद्वत्मंडली उसी के संरक्षण में एकत्रित हुई थी। अपने मित्रों के प्रभाव से हरमियस दर्शन प्रेमी अथवा दार्शनिक बन गया।

इस अनुकूल वातावरण में अरस्तू ने तीन वर्ष व्यतीत किए। इन्हीं दिनों हरमियस की भांजी और गोद ली हुई पुत्री पीथियस के साथ अरस्तू का विवाह भी हो गया। इस संबंध से अरस्तू की पुत्री का जन्म हुआ, जिसका नाम माता के नाम पर पीथियस ही रखा गया। अरस्तू की प्रथम पत्नी का देहांत थोड़े समय पश्चात् हो गया। तदुपरांत उन्होंने स्टेजीरा की एक स्त्री हरपीलिस को बिना विधिवत् विवाह के अपनी जीवन सहचरी बना लिया। हरपीलिस से एक पुत्र का जन्म हुआ, जिसका नाम निकोमारवस था।

अस्सौस से अरस्तू लैस्बोस द्वीप के नगर मितीलेन चले गए। संभव है कि उन्होंने अकादमी के सहपाठी थियोफ्रास्तस ने अरस्तू के लिए मितीलेन में अच्छे निवास स्थान की व्यवस्था कर दी हो। एक दूसरा कारण यह हो सकता है कि इसी समय के लगभग अरस्तू की रुचि जलचर जीवों के अध्ययन की ओर बढ़ी, इसीलिए उन्होंने चारों ओर समुद्र से घिरे हुए द्वीप को अपना निवास स्थान बनाना अधिक अच्छा समझा हो।

अरस्तू के प्राणिविद्या संबंधी ग्रंथों में इस समय के निरीक्षण-परीक्षण का परिणाम भली प्रकार दृष्टिगोचर होता है। इसी समय के आसपास अरस्तू ने तत्त्व दर्शन और भौतिक विज्ञान के ग्रंथों की रूपरेखा प्रस्तुत की होगी, इस प्रकार का निष्कर्ष आधुनिक शोध के आधार पर सामने आया है।

अरस्तू के प्राणिविद्या संबंधी ग्रंथों में इस समय के निरीक्षण-परीक्षण का परिणाम भली प्रकार दृष्टिगोचर होता है। इसी समय के आसपास अरस्तू ने तत्त्व दर्शन और भौतिक विज्ञान के ग्रंथों की रूपरेखा प्रस्तुत की होगी, इस प्रकार का निष्कर्ष आधुनिक शोध के आधार पर सामने आया है।

ई.पू. 343 में अरस्तू का जीवन एक नवीन दिशा में मुड़ा। मेसेडोनिया के

राजा फिलिप के निमंत्रण पर वह राजकुमार सिकंदर के गुरुपद पर नियुक्त हुए। राजभवन पैल्का नामक स्थान पर था। इस समय राजकुमार की अवस्था केवल 13 वर्ष थी। इस पद की उपलब्धि से अरस्तू के सम्मान और प्रभाव में वृद्धि अवश्य हुई होगी। फिलिप तो संभवत: अरस्तू को बाल्यकाल से ही राजवैद्य निकोरमारवस के पुत्र रूप में जानता था और आगे चलकर उनके विस्तृत और विलक्षण ज्ञानार्जन की कथा भी सुनी होगी। इसीलिए अपने पुत्र के लिए उसने अरस्तू को श्रेष्ठ अध्यापक समझकर अपने यहाँ बुलाया होगा। अरस्तू ने भी अपने प्रभाव का उपयोग अपने जन्म स्थान स्टेजीरा, अपने गुरुकुल एथेंस और अपने मित्र थियोफ्रास्तस के जन्म स्थान एटेसस की ओर से फिलिप के रोग का निवारण करने के लिए किया। कहते हैं उनका मित्र थियोफ्रास्तस भी उनके साथ पैल्ला गया था।

इस बात का कोई स्पष्ट वर्णन नहीं मिलता कि अरस्तू का प्रभाव सिकंदर के जीवन पर कितना और कैसा पड़ा। संभवतया उन्होंने अपने शिष्य को होमर के काव्य और नाटककारों की रचनाएँ मुख्य रूप से पढ़ाई होंगी। उस समय की शिक्षा में इन्हीं ग्रंथों को सर्वोपरि स्थान प्राप्त था। परंपरागत किंवदंती है कि अरस्तू ने अपने शिष्य के लिए होमर के इलियड नामक महाकाव्य का संपादन किया था और 'एकराजतंत्र' एवं 'उपनिवेश' नामक दो ग्रंथों की रचना की थी।

इस बात का कोई स्पष्ट वर्णन नहीं मिलता कि अरस्तू का प्रभाव सिकंदर के जीवन पर कितना और कैसा पड़ा। संभवतया उन्होंने अपने शिष्य को होमर के काव्य और नाटककारों की रचनाएँ मुख्य रूप से पढ़ाई होंगी। उस समय की शिक्षा में इन्हीं ग्रंथों को सर्वोपरि स्थान प्राप्त था।

संभव है कि पैल्ला के दरबार और मिथैजा के कोट में निवास करते हुए अरस्तू के मन में धीरे-धीरे राजनीति के अध्ययन का बीज आरोपित हुआ हो तथा उन्होंने सभी उपलब्ध राज्य व्यवस्थाओं के संग्रह और अध्ययन की योजना बनाई हो, पर यह सब कल्पना की बातें हैं। वास्तविकता यह है कि अरस्तू और सिकंदर के इस समय के संबंध के विषय में प्रामाणिक जानकारी उपलब्ध नहीं

है। संभव है कि दोनों के मध्य में घनिष्ठता का प्रादुर्भाव नहीं हुआ।

ई.पू. 340 में सिकंदर अपने पिता के स्थान पर शासक नियुक्त हुआ और उसकी शिक्षा की समाप्ति हो गई। अरस्तू का यहाँ रहने से जो सबसे ठोस काम हुआ, वह था—अंतिपातेर नामक सरदार की मित्रता। जब सिकंदर एशिया की विजय के अभियान पर गया तो वह यूनान में अंतिपातेर को अपना स्थानापन्न शासक नियुक्त कर गया और उस समय वह समग्र यूनान में सबसे महत्त्वपूर्ण व्यक्ति बन गया।

ई.पू. 340 में अरस्तू अपने जन्म स्थान में आकर बस गए। कुछ समय पश्चात् ई.पू. 335-34 में फिलिप की मृत्यु के पश्चात् अरस्तू पुनः एथेंस लौट आए। इस समय से उनके जीवन का सबसे महत्त्वपूर्ण भाग आरंभ हुआ। एक ओर उनके शिष्य ने अपने पिता के सिंहासन को प्राप्त किया, दूसरी ओर सिकंदर के गुरु ने ज्ञान विजय आरंभ की।

ई.पू. 340 में अरस्तू अपने जन्म स्थान में आकर बस गए। कुछ समय पश्चात् ई.पू. 335-34 में फिलिप की मृत्यु के पश्चात् अरस्तू पुनः एथेंस लौट आए। इस समय से उनके जीवन का सबसे महत्त्वपूर्ण भाग आरंभ हुआ। एक ओर उनके शिष्य ने अपने पिता के सिंहासन को प्राप्त किया, दूसरी ओर सिकंदर के गुरु ने ज्ञान विजय आरंभ की।

शीघ्र ही सिकंदर विश्वविजय की ओर बढ़ा और उसका गुरु अरस्तू ज्ञान विजय की ओर। एक बार पुनः अकादमी के मुख्याधिष्ठाता का पद खाली हुआ, पर अकादमी ने अरस्तू की ओर दृष्टिपात न करके उनके साथी खैनोक्रातेस को मुख्याधिष्ठाता चुना। हालाँकि अरस्तू ने इतने पर भी अकादमी से अपना संबंध नहीं तोड़ा, फिर भी उन्होंने ई.पू. 335 में अपना स्वतंत्र विद्यालय स्थापित कर लिया।

एथेंस नगर के उत्तर-पूर्व की ओर के उपनगर अपोलो में लीकेयस का मंदिर था। यहीं अरस्तू ने अपना विद्यालय आरंभ किया। मंदिर के नाम पर इसका नाम भी लीकेयस पड़ा। संस्कृत में इसको वृकेश्वर विद्यालय कह सकते हैं, क्योंकि

लीकेयस संस्कृत के वृक शब्द का सजातीय है। सुकरात किसी समय इस स्थान पर प्रायः घूमने-फिरने आया करते थे। परदेशियों को एथेंस में अचल संपत्ति खरीदने का अधिकार नहीं था, इसीलिए अरस्तू ने यहाँ कुछ मकान किराए पर लेकर अपने विद्यालय की स्थापना की। अकादमी के कुछ अत्यंत प्रसिद्ध व्यक्ति भी उनसे आ मिले।

शिक्षण पद्धति यह थी कि प्रातःकाल अरस्तू अपने शिष्यों के साथ घूमते-टहलते हुए दर्शनशास्त्र की जटिल समस्याओं का विवेचन करते थे। इस कारण उनके दर्शन-प्रस्थान का नाम पैरीपैटेटिक (पर्यटक) पड़ गया। सायंकाल को वह अपेक्षाकृत कम जटिल विषयों पर बहुसंख्यक श्रोताओं के समक्ष व्याख्यान दिया करते थे।

शिक्षण पद्धति यह थी कि प्रातःकाल अरस्तू अपने शिष्यों के साथ घूमते-टहलते हुए दर्शनशास्त्र की जटिल समस्याओं का विवेचन करते थे। इस कारण उनके दर्शन-प्रस्थान का नाम पैरीपैटेटिक (पर्यटक) पड़ गया। सायंकाल को वह अपेक्षाकृत कम जटिल विषयों पर बहुसंख्यक श्रोताओं के समक्ष व्याख्यान दिया करते थे।

इस प्रकार अरस्तू के कुछ प्रवचन अंतरंग और जटिल होते थे और कुछ बहिरंग तथा सुबोध होते थे। इसका आशय यह नहीं है कि उनके अंतरंग प्रवचनों में कोई गूढ़ रहस्य छिपा हुआ था। वास्तविक बात यह है कि कुछ विषय जैसे कि तर्कशास्त्र, भौतिकी और पराविद्या ऐसे हैं, जो अधिक गंभीर अध्ययन की अपेक्षा करते हैं और मुट्ठी भर विद्यार्थियों को आकर्षित करते हैं। साहित्य और राजनीति इत्यादि विषय ऐसे हैं, जो अधिक जनप्रिय हैं। जनता अधिक संख्या में इनकी ओर आकृष्ट होती है और इनको समझने में अधिक माथापच्ची भी नहीं करनी पड़ती।

इस विद्यालय में अरस्तू ने अपने जीवन के लगभग बारह वर्ष व्यतीत कर अनेक महत्त्वपूर्ण कार्य पूर्ण किए। सैकड़ों हस्तलिखित पुस्तकें एकत्रित करके प्रथम पुस्तकालय स्थापित किया, जो आगे चलकर अलेक्जेंडरिया और परयामॉन के विशाल पुस्तकालयों के लिए आदर्श बना। इसी प्रकार अनेक मानचित्रों और

अद्‌भुत वस्तुओं का प्रथम संग्रहालय अथवा अजायबघर भी स्थापित किया।

कहते हैं कि अरस्तू के शिष्य सिकंदर ने उन्हें भरपूर आर्थिक सहायता प्रदान की एवं शिकारियों, बहेलियों और मछुआरों को यह निर्देश दिया कि यदि उनको अपने क्षेत्र में कोई अद्‌भुत अथवा वैज्ञानिक महत्त्व का जीव-जंतु अथवा वस्तु प्राप्त हो तो वे शीघ्रातिशीघ्र उसकी सूचना अरस्तू को दें।

अरस्तू ने विद्यालय में उस समय की सभी विधाओं और कलाओं के अध्ययन-अध्यापन का प्रबंध किया। विद्यालय के संचालन के नियम भी अरस्तू ने बनाए थे। इन नियमों के अनुसार, विद्यालय के प्रत्येक सदस्य को बारी-बारी से 10 दिन संस्था का शासन कार्य करना पड़ता था। संभव है कि इसका आशय यह भी रहा हो कि दस दिन के इस शासक को दस दिन तक किसी सिद्धांत का समर्थन और खंडन भी करना होता था।

सब सदस्य एक साथ भोजन करते थे और महीने में एक बार संभोज (सिंपोजियम) होता था जिसके नियम अरस्तू ने निश्चित किए थे। अनेक मामलों में अरस्तू का विद्यालय अकादमी की संतान था, पर कुछ अंतर भी दोनों में अवश्य था। अकादमी का झुकाव गणित की ओर अधिक था, पर लीकेयस ने जीव विज्ञान और इतिहास के विकास में अधिक योगदान दिया।

सब सदस्य एक साथ भोजन करते थे और महीने में एक बार संभोज (सिंपोजियम) होता था जिसके नियम अरस्तू ने निश्चित किए थे। अनेक मामलों में अरस्तू का विद्यालय अकादमी की संतान था, पर कुछ अंतर भी दोनों में अवश्य था। अकादमी का झुकाव गणित की ओर अधिक था, पर लीकेयस ने जीव विज्ञान और इतिहास के विकास में अधिक योगदान दिया।

जिन बारह या तेरह वर्षों में अरस्तू लोकतंत्र के अधिष्ठाता रहे, उनका सर्वोपरि कार्य था, उन व्याख्यानों की रचना जिनकी सूत्ररूप टिप्पणियों को आजकल अरस्तू के ग्रंथ कहा जाता है। इस विशाल ज्ञानयज्ञ में उनके सहयोगियों और शिष्यों ने भी अरस्तू की सहायता की थी, परंतु इस सहायता की मात्रा बहुत अधिक नहीं थी। इस समग्र रचना कार्य के लिए जिस मानसिक शक्ति और

संलग्नता की अभिव्यक्ति अरस्तू ने की, वह असाधारण किस्म की थी।

अरस्तू ने विभिन्न विज्ञानों का जो विभाजन प्रस्तुत किया, यूरोप आज तक उसको मानता चला आ रहा है। अनेक विज्ञानों के क्षेत्र का उन्होंने पूर्वापेक्षा बहुत अधिक विकास और विस्तार किया एवं तर्कशास्त्र के तो वह आद्य प्रवर्तक और शताब्दियों तक एकछत्र नियंता बने रहे।

व्यावहारिक क्षेत्र में भी अरस्तू के विद्यालय ने राजनीति और सदाचारशास्त्र की विवेचना के कारण तात्कालिक राजनीति और समाज पर अकादमी की अपेक्षा अधिक प्रभाव डाला। अकादमी के मुख्याधिष्ठाता का पद उन्हें भले ही नहीं मिला, पर जो प्रभाव और प्रतिष्ठा सुकरात और प्लेटो को अपने समय में प्राप्त थी, वह इस समय अरस्तू को प्राप्त थी और उनके प्रतिद्वंद्वी अकादमी के मुख्याधिष्ठाता की प्रतिष्ठा उनकी अपेक्षा बहुत कम थी।

पर सिकंदर के साथ अरस्तू के संबंध अंत तक अच्छे नहीं रह सके। जब वह एशिया की विजय के लिए निकला था, तब उसके साथ अरस्तू का एक संबंधी, जिसका नाम कल्किस्थेनस था, इतिहास लेखक के रूप में गया था। उस युवा ने सम्राट् के व्यवहार की आलोचना करके उसको रुष्ट कर दिया। सिकंदर ने उस पर यह दोषारोपण किया कि उसने सम्राट् की हत्या के षड्यंत्र को भड़काया था।

पर सिकंदर के साथ अरस्तू के संबंध अंत तक अच्छे नहीं रह सके। जब वह एशिया की विजय के लिए निकला था, तब उसके साथ अरस्तू का एक संबंधी, जिसका नाम कल्किस्थेनस था, इतिहास लेखक के रूप में गया था। उस युवा ने सम्राट् के व्यवहार की आलोचना करके उसको रुष्ट कर दिया।

इस आरोप के परिणामस्वरूप कल्किस्थेनस को फाँसी दे दी गई। इसके पश्चात् उसने अरस्तू को भी अपने संबंधी के दुष्कर्मों के लिए उत्तरदायी ठहराया। इसी समय वह भारतीय अभियान में ऐसा उलझा कि उसको अरस्तू के लिए दंड निर्धारण करने का अवकाश ही नहीं मिला। तो भी क्या हुआ, अरस्तू के सौभाग्य का नक्षत्र तो मानो अस्त हो चुका था।

ई.पू. 323 में सिकंदर की मृत्यु हो गई। ज्यों ही यह समाचार एथेंस पहुँचा

वहाँ मेसेडोनिया के शासन के विरुद्ध विद्रोह उठ खड़ा हुआ। हालाँकि अरस्तू को फिलिप और फिलिप के पुत्र सम्राट् सिकंदर की साम्राज्यवादी नीति के साथ कोई सहानुभूति नहीं थी। एथेंस में यह तो सभी को मालूम था कि अरस्तू का मेसेडोनिया के राजकुल से पुराना संबंध था और सिकंदर का स्थानापन्न शासक अंतियातेर उनका घनिष्ठ मित्र था।

अरस्तू को सीधे दंड नहीं दिया जा सकता था, इसीलिए उनके विरुद्ध यह आरोप लगाया गया कि उन्होंने देवापमान किया था। इस आरोप का आधार यह था कि अरस्तू ने अतार्नेयस के राजा हरमियस की ई.पू. 342–341 में हत्या के उपरांत उसकी प्रशंसा में एक कविता लिखी थी और इस कविता में अरस्तू ने अपने मित्र पर प्राय: देवत्व का मंडन किया था।

अरस्तू को सीधे दंड नहीं दिया जा सकता था, इसीलिए उनके विरुद्ध यह आरोप लगाया गया कि उन्होंने देवापमान किया था। इस आरोप का आधार यह था कि अरस्तू ने अतार्नेयस के राजा हरमियस की ई.पू. 342–341 में हत्या के उपरांत उसकी प्रशंसा में एक कविता लिखी थी और इस कविता में अरस्तू ने अपने मित्र पर प्राय: देवत्व का मंडन किया था।

यह लगभग बीस साल पहले की बात थी, पर तो भी इसको पर्याप्त दोष समझा गया। अरस्तू ने अपनी दूरदृष्टि से वातावरण को भली–भाँति समझ लिया। उन्होंने समय रहते अपने कुछ शिष्यों को साथ लेकर एथेंस का परित्याग कर दिया और चुवोइया प्रदेश की खाल्किस नामक नगरी में शरण ली।

अरस्तू का जन्मस्थान स्टेजीरा इसी नगरी का उपनिवेश था। यहाँ पहुँचने के अगले वर्ष ई.पू. 322 में 62 वर्ष की अवस्था में अरस्तू ने शरीर त्याग किया। एथेंस को त्यागते समय उन्होंने कहा था कि मैं एथेंसवासियों को दर्शनशास्त्र के विरुद्ध दूसरी बार अपराध न करने देने के लिए दृढ़संकल्प हूँ।

यूनानी दार्शनिकों के जीवन की कहानियाँ लिखनेवाले दियोगेनेस लाएर्तियस ने अरस्तू की जीवनी में उनके वसीयतनामे को उद्धृत किया है। इसके अनुसार, अरस्तू ने अपनी द्वितीय सहचरी हरपीलिस की भलमनसाहत का उल्लेख कर

उसके शेष जीवन के लिए आर्थिक प्रबंध किया था। अरस्तू अपनी प्रथम पत्नी पीथियस और उसके प्रणय को भी नहीं भुला सके थे, इसीलिए उन्होंने लिखा कि उसके अवशेष अरस्तू की ही कब्र में रखे जाएँ।

उन्होंने अपने दासों के लिए भी कुछ धन दिया था और ऐसा निर्णय किया था कि उनको बेचा न जाए। अनेक दासों को उन्होंने स्वतंत्र कर दिया था। इससे यह स्पष्ट है कि अरस्तू कोरे बुद्धिवादी ही नहीं थे, बल्कि उनका स्वभाव अत्यंत स्निग्ध और कृतज्ञतापूर्ण था।

अरस्तू की आकृति और वेशभूषा के विषय में निश्चयपूर्वक कुछ भी ज्ञात नहीं, हालाँकि इस दिशा में अटकलबाजियाँ बहुत कुछ की जाती हैं। कहते हैं कि वह खल्वाट (गंजे) हो गए थे। उनकी वाणी में हलकी तुतलाहट थी और उनको अच्छे वस्त्र धारण करने का शौक था।

अरस्तू की आकृति और वेशभूषा के विषय में निश्चयपूर्वक कुछ भी ज्ञात नहीं, हालाँकि इस दिशा में अटकलबाजियाँ बहुत कुछ की जाती हैं। कहते हैं कि वह खल्वाट (गंजे) हो गए थे। उनकी वाणी में हलकी तुतलाहट थी और उनको अच्छे वस्त्र धारण करने का शौक था।

यह भी कहा जाता है कि उनकी आँखें, छोटी-छोटी थीं और पैर पतले थे। रहन-सहन में वह अति संयमी नहीं थे। बातचीत करने में उनका स्वभाव मखौल उड़ाने का था।

उनके जीवन की गतिविधि और उनके वसीयतनामे से पता चलता है कि अरस्तू की आर्थिक स्थिति आजीवन अच्छी रही। जब तक उनकी अपने शिष्य से अनबन नहीं हुई थी, तब तक सिकंदर ने उनकी पर्याप्त सहायता की थी। जब वह अपने गुरु से रुष्ट हुआ, उसके कुछ समय पश्चात् उसकी मृत्यु हो गई। यूनान का स्थानापन्न शासक अंतियातेर अरस्तू का मित्र था। राजाओं के क्रीड़ा सहचर, सम्राट् के गुरु और शासकों के मित्र अरस्तू की आर्थिक स्थिति अच्छी होनी ही चाहिए थी।

□

अरस्तू की रचनाएँ

प्राचीन काल में अरस्तू की रचनाओं के संबंध में बड़ी अनोखी कहानियाँ प्रचलित थीं। उनकी रचनाओं की तीन पुरानी सूचियाँ मिलती हैं, पर इन सूचियों पर विचार करने से पूर्व अरस्तू के ग्रंथों की रक्षा की विचित्र कहानी जान लेना आवश्यक है। उन्होंने अपनी समग्र रचनाएँ अपने विद्यालय में अपने उत्तराधिकारी और मित्र थियोफ्रास्तस को सौंप दी थीं। थियोफ्रास्तस ने वे नेलेयस को दे दीं। नेलेयस उन्हें त्रोआद में अपने घर ले गया। यहाँ वे बहुत समय तक उसके वंशधरों के पास पड़ी रहीं। इन लोगों का विद्या और विज्ञान तथा दर्शन से कोई संबंध नहीं था, इसीलिए यह सब ज्ञान एक प्रकार से बाहरी दुनिया के लिए अज्ञात ही पड़ा रहा।

इन पुस्तकों के स्वामी यह अवश्य जानते थे कि ग्रंथ बहुमूल्य संपत्ति हैं। उस समय परगामय के राजा पुस्तकें एकत्रित करने में जुटे हुए थे। राजा के हाथ लगने से बचाने के लिए नेलेयस के वंशधरों ने इन पुस्तकों को गर्भगृह में बंद कर दिया। वहाँ सीलन और कीटों ने इन ग्रंथों को पर्याप्त हानि पहुँचाई होगी। अंत में इस संग्रह को एथेंस के एक पुस्तक प्रेमी ने मूल्य देकर ले लिया। इस सज्जन का नाम अपैलिकन था।

अपैलिकन का पुस्तक भंडार एक युद्ध में रोमन अधिनायक सुल्का को लूट के भाग के रूप में प्राप्त हुआ। यह घटना ई.पू. 86 की है। वह इस संग्रह को रोम ले गया। आखिरकार पैरेपैतेतिक विद्यालय के 11वें प्रधान आंद्रोनिकस रोड्स ने इन ग्रंथों का संपादन करके सिसरो के जीवनकाल में प्रकाशित कराया। लेखक की मृत्यु के लगभग 250 वर्ष पश्चात् उसकी रचनाएँ प्रकाश में आईं।

यह कथा स्त्रापो नामक विद्वान् के कथन पर आधारित है। कुछ आलोचकों को इसकी सत्यता पर संदेह है, पर अधिकांश विद्वान् इसको ठीक समझते हैं।

अरस्तू की रचनाओं की पुरानी सूचियों में उनके ग्रंथों की संख्या 400 बताई गई है। एक सूची दार्शनिकों के जीवनचरित लिखनेवाले दियोगेनेस लाएर्तिएस ने अरस्तू के जीवनचरित के साथ दी है। एक दूसरी सूची आंद्रोनिकस ने प्रस्तुत की है। इन दोनों सूचियों में पूर्ण साम्य नहीं है। एक तीसरी सूची हर्मिप्पस नामक विद्वान ने लगभग ई.पू. 200 में बनाई थी एवं ऐसा अनुमानित किया जाता है कि दियोगेनेस लाएर्तिएस की सूची हर्मिप्पस की सूची के आधार पर प्रस्तुत की गई थी।

इन सूचियों की परस्पर तुलना करने से यह निश्चित रूप से ज्ञात हो जाता है कि अरस्तू की बहुत सी रचनाएँ लुप्त भी हो गई हैं। प्लेटो और अरस्तू दोनों ही लेखक भी थे और मौखिक भाषण द्वारा शिक्षा देनेवाले गुरु भी।

अरस्तू की रचनाओं की पुरानी सूचियों में उनके ग्रंथों की संख्या 400 बताई गई है। एक सूची दार्शनिकों के जीवनचरित लिखनेवाले दियोगेनेस लाएर्तिएस ने अरस्तू के जीवनचरित के साथ दी है। एक दूसरी सूची आंद्रोनिकस ने प्रस्तुत की है। इन दोनों सूचियों में पूर्ण साम्य नहीं है।

अरस्तू की आरंभिक रचनाएँ तो प्लेटो के संवादों के समान वार्त्तालाप की शैली में लिखी गई थीं। उनमें अरस्तू ने अपने गुरु का अनुकरण करते हुए भाषा और शैली को साहित्यिक दृष्टि से अधिक प्रभावोत्पादक बनाने का प्रयत्न किया था। चाहे उनमें उनके गुरु के संवादों के समान अत्यधिक नाटकीय तत्त्व न रहा हो, फिर भी उनमें पर्याप्त मर्मस्पर्शिता रही होगी, तभी सिसरो और क्विंतीलियन सरीखे विद्वानों ने उनकी मुक्त कंठ से प्रशंसा की है।

संभवतया ये रचनाएँ उस समय की थीं, जब वह प्लेटो की अकादमी के सदस्य थे। उनके कुछ संवादों के नाम तक वही हैं, जो प्लेटो के संवादों के थे। जैसे पॉलिटिक्स, सौफिस्टैस, मैनेसैनस, सीपीसियॉन, ग्रील्लस इत्यादि। सयात, प्रोत्रैप्तीकस नामक संवाद, जो याएगर की दृष्टि में अत्यंत महत्त्वपूर्ण है, लगभग इसी समय लिखा गया था। यह कीप्रस द्वीप के राजा थैमिसो के लिए लिखा

गया था। यह प्राचीन काल में अत्यंत लोकप्रिय पुस्तक समझी जाती थी और इयांविलखस और सिसरो ने इसको आधार और आदर्श मानकर अपनी रचनाएँ प्रस्तुत की थीं।

इसके कुछ समय पश्चात् स्यात, दर्शनशास्त्र, अलेक्जेंडर, न्याय, कवि, धन-संपत्ति सुकुल में जन्म, प्रार्थना, शिक्षा, नेरिन्थस और परोतिकस इत्यादि लिखे गए होंगे। इनमें से कुछ के विषय में उनके नाम के अतिरिक्त और कुछ भी विदित नहीं है। इन ग्रंथों के अतिरिक्त अरस्तू ने कुछ काव्य रचना भी की थी। उनकी कविता के तीन उदाहरण मिलते हैं—इनमें कुछ काव्य रचनाएँ सच्चे कवि हृदय का परिचय देती हैं।

यह भी निश्चित रूप से ज्ञात है कि अरस्तू के द्वारा वैज्ञानिक शोध के लिए और ग्रंथ रचना के लिए बहुत सी सामग्री और टिप्पणियाँ एकत्रित की गई थीं। यह सब सामग्री भी काल के गाल में समा गई। पुरानी सूचियों में अरस्तू की उपलब्ध रचनाओं के भागों को भी स्वतंत्र पुस्तकों के रूप में प्रकट किया गया है।

यह भी निश्चित रूप से ज्ञात है कि अरस्तू के द्वारा वैज्ञानिक शोध के लिए और ग्रंथ रचना के लिए बहुत सी सामग्री और टिप्पणियाँ एकत्रित की गई थीं। यह सब सामग्री भी काल के गाल में समा गई। पुरानी सूचियों में अरस्तू की उपलब्ध रचनाओं के भागों को भी स्वतंत्र पुस्तकों के रूप में प्रकट किया गया है।

विद्वानों ने परिश्रमपूर्वक अन्य लेखकों की रचनाओं में मिलनेवाले उद्धरणों को एकत्रित करके उनके लुप्त ग्रंथों की रूपरेखा प्रस्तुत करने का प्रयास किया है। इन प्रयासों से अरस्तू के उपलब्ध और लुप्त ग्रंथों के संबंध पर भी प्रकाश पड़ा है। फिर भी अरस्तू के तत्त्वज्ञान की विश्वसनीय रूपरेखा तो उनके वर्तमान युग में मिलनेवाले ग्रंथों के आधार पर ही प्रस्तुत की जा सकती है।

प्रस्तुत ग्रंथों का विवरण विषयानुसार संक्षेप में निम्नलिखित है—

1. तर्कशास्त्र संबंधी ग्रंथ। इस शास्त्र का नाम औगनिन है। इसके भाग हैं—कैटेगोरीज, इंटरप्रीटेशियौन, प्रायर अनालीटिक्स, पोस्टीरियर अनालीटिक्स, टौपिक्स, सौफिस्टिक ऐलैंखी।

2. भौतिक शास्त्र संबंधी ग्रंथ—फिजिक्स, डी कएलो, डी गैनैरैशियोन एंड करेपशियोन मेटिरियोलोगिका।
3. एक पुस्तक का नाम डी मुण्डो है। यह सामान्य दर्शन शास्त्र की पुस्तक है। अधिकांश विद्वानों ने इसको अरस्तू की रचना नहीं माना है।
4. मनोविज्ञान के विषय में अरस्तू के कई छोटे-छोटे प्रामाणिक ग्रंथ मिलते हैं। इनके नाम इस प्रकार हैं—डी अनिमा, पार्वा नातुरालिया जिसके अंतर्गत डी सैन्सू ऐट सैंसी फिलिप्स, डी मैमोरिया एंड टिमीनी सैनिकाया, डी सौसे एंड विगिलिया, डी इनसौम्नीन, डी डिवीनीशियोन, डी लौंगीटीड्यून ऐट प्रीपीटेट वितार, डी विटा एट मौटे, रैस्पिरेशियोन, डी विटा एट मौटे के प्रथम दो अध्यायों का नाम डी जुपेंटूट ऐट सैनेक्टूट भी है।

   प्राकृतिक विज्ञान (अर्थात् जीव-जगत् संबंधी विज्ञान) के क्षेत्र में अरस्तू की रचनाएँ हैं—हिस्टोरिया अनीमालियुम, डी पार्टीवुस अनीमालियुम, डी मोटु अनीमालियुम, डी इनफैस्सु अनीमालियुम, डी गेनेरेशियोने अनीमालियुम।

   डी स्पिरेटु इस गुच्छक में अंतिम पुस्तक है, परंतु इसको अरस्तू की रचना नहीं माना जाता, क्योंकि इसमें मानवीय शरीर के कुछ ऐसे तत्त्वों का उल्लेख है, जो अरस्तू के समय तक ज्ञात नहीं थे।
5. प्राकृतिक विज्ञान (अर्थात् जीव-जगत् संबंधी विज्ञान) के क्षेत्र में अरस्तू की रचनाएँ हैं—हिस्टोरिया अनीमालियुम, डी पार्टीवुस अनीमालियुम, डी मोटु अनीमालियुम, डी इनफैस्सु अनीमालियुम, डी गेनेरेशियोने अनीमालियुम।

   अरस्तू के ग्रंथ-संग्रह में इसी विषय से संबंध रखने वाली निम्नलिखित पुस्तकें भी पाई जाती हैं, पर उनकी प्रामाणिकता संदिग्ध है—डी कॉलॉरीयुस, फीजियोग्नोमोनिका, डी प्लांटिस, डी मिराविलीवुस आउस्कुल्टाटियौनीयुस, मेकानिका। डी प्लांटिस नामक पुस्तक अरस्तू

ने लिखी अवश्य थी, पर वह नष्ट हो गई। इस समय जो पुस्तक इस नाम से उपलब्ध होती है, वह स्यात दामस्कस के निकोलाकस की रचना के अरबी अनुवाद के लैटिन अनुवाद का रूपांतर है।

प्रॉबलम्स (समस्याएँ) नाम की पुस्तक निश्चय ही अरस्तू की रचना नहीं है। शताब्दियों से प्रॉबलम्स के जो संग्रह एकत्रित होते आ रहे थे, उनमें से ही इसका संकलन किया गया था। संभवतया यह संकलन पाँचवीं या छठी शताब्दी में प्रस्तुत किया गया होगा। इनमें सबसे अधिक जनप्रिय है संगीत के प्रॉबलम्स के दो संग्रह, जो ई.पू. 300 अथवा ई.पू. 100 की रचना माने जाते हैं।

डी लीनेइस इन्सैकाविलीवुस, डी सिग्नीस और इसी का एक भाग पेंटोरूम सिटुस डी मैलिस्सो, खेनोफाने, गौर्गिया आदि रचनाएँ अरस्तू के पाश्चात्कालीन शिष्यों की रचनाएँ हो सकती हैं, पर स्वयं अरस्तू की रचनाएँ नहीं हैं। ये कुछ अन्य व्यक्तियों के द्वारा किए गए रूपांतर भी हो सकते हैं।

6. मेटाफिजिका अरस्तू की अत्यंत प्रख्यात रचना है, परंतु इसकी विभिन्न पुस्तकों का इतिहास बड़ा उलझा हुआ है।
7. सदाचार के संबंध में अरस्तू की रचनाएँ निम्नलिखित हैं—निकोमाखियन ऐथिक्स, यूदेमियन, ऐथिक्स, माग्ना मौरालिया, डी विर्टुटीवुसएट विटाइस। कुछ आलोचक यूदेमियन ऐथिक्स को अरस्तू की रचना नहीं मानते थे, पर अब इस विषय में कुछ मत परिवर्तन हो गया है। दोनों ऐथिक्स नाम वाले ग्रंथों का पारस्परिक संबंध अभी तक एक समस्या बना हुआ है। शेष दोनों पुस्तकें संभवतया अरस्तू की रचनाएँ नहीं, उनके संप्रदाय की पाश्चात्कालीन रचनाएँ हो सकती हैं।
8. राजनीति और अर्थशास्त्र के क्षेत्र में अरस्तू के निम्नलिखित ग्रंथ उपलब्ध हैं—पोलिटिक्स (पौलिटिकोन), दी अथीनियन कॉस्टीट्यूशन, औइकोनोमिका। इनमें से तीसरी पुस्तक में तीन अध्याय हैं, पर तीसरा अध्याय मूल ग्रीक भाषा में नहीं मिलता,

केवल लैटिन अनुवाद के रूप में मिलता है। वास्तव में यह पुस्तक अरस्तू की रचना है ही नहीं।

कहते हैं कि अरस्तू ने राजनीति के विस्तृत अध्ययन के लिए 158 नगर-राष्ट्रों के संविधानों को एकत्रित किया था। वे सब विकृत हो गए, पर सन् 1891 में इन संविधानों में से एथेंस का संविधान उपलब्ध हो गया। यह छोटी पुस्तक भी अनेक दृष्टियों से अत्यंत महत्त्वपूर्ण है।

9. भाषण कला, लेखन कला और काव्य कला पर अरस्तू की तीन पुस्तकें हैं—रेटोटिक्स, टेटोरिका आड अलेक्जेंड्राग और पैरी पोइतिकेस। इनमें से दूसरी पुस्तक की प्रामाणिकता संदिग्ध है। पैरी पोइतिकेस अपूर्ण रूप में उपलब्ध छोटी सी पुस्तक है, पर इस पुस्तक ने यूरोप के साहित्य पर हजारों वर्षों तक गंभीर प्रभाव डाला है।

अरस्तू ने उपर्युक्त ग्रंथों के अतिरिक्त और भी बहुत कुछ लिखा था। उन्होंने नाटकों के प्रदर्शन का पूरा इतिहास प्रस्तुत किया था, ओलंपिक खेलों के विजेताओं की सूची प्रस्तुत की थी और 158 नगर-राष्ट्रों के संविधान एकत्रित किए थे, पर वर्तमान में उनकी रचनाओं के संग्रह में यह सबकुछ नहीं मिलता।

अरस्तू ने उपर्युक्त ग्रंथों के अतिरिक्त और भी बहुत कुछ लिखा था। उन्होंने नाटकों के प्रदर्शन का पूरा इतिहास प्रस्तुत किया था, ओलंपिक खेलों के विजेताओं की सूची प्रस्तुत की थी और 158 नगर-राष्ट्रों के संविधान एकत्रित किए थे, पर वर्तमान में उनकी रचनाओं के संग्रह में यह सबकुछ नहीं मिलता। उनके ग्रंथों की जो पुरानी सूचियाँ मिलती हैं, उनमें से बहुत सी रचनाएँ भी अब नहीं मिलतीं, पर उन सूचियों के विषय में भी यह विश्वासपूर्वक नहीं कहा जा सकता कि वे उनकी ही रचनाओं की सूचियाँ हैं।

कई एक स्थलों पर तो ऐसा है कि प्रस्तुत रचनाओं के एक विभाग अथवा अध्याय को एक अलग पुस्तक का नाम देकर सूची में सम्मिलित कर लिया

गया है। फिर जब इस समय उपलब्ध एवं अरस्तू के नाम से संबद्ध अनेक ग्रंथ उनके नहीं हैं तो जो उपलब्ध नहीं हैं, उनके विषय में तो यह जानने का कोई साधन ही नहीं है कि वे उनकी रचना थीं अथवा नहीं। प्राचीन काल के विश्वास के योग्य विद्वानों के साक्ष्य द्वारा यह कहा जा सकता है कि अरस्तू का पर्याप्त साहित्य अवश्य लुप्त हो चुका है।

ऑक्सफोर्ड विश्वविद्यालय के मुद्रणालय ने अरस्तू के उपलब्ध ग्रंथों को मूल ग्रीक भाषा और अंग्रेजी अनुवाद में प्रकाशित किया है। मूल और अनुवाद दोनों ही बारह-बारह जिल्दों में है और इन दोनों ही संस्करणों की पृष्ठ संख्या लगभग 3,500 होगी।

ऑक्सफोर्ड विश्वविद्यालय के मुद्रणालय ने अरस्तू के उपलब्ध ग्रंथों को मूल ग्रीक भाषा और अंग्रेजी अनुवाद में प्रकाशित किया है। मूल और अनुवाद दोनों ही बारह-बारह जिल्दों में है और इन दोनों ही संस्करणों की पृष्ठ संख्या लगभग 3,500 होगी।

प्राचीन काल की दंत कथाओं में तो यहाँ तक कहा जाता था कि अरस्तू की रचनाएँ ऊँटों पर लदकर जाया करती थीं। इसमें कोई संदेह नहीं कि अरस्तू के ग्रंथों पर विविध भाषाओं में विपुल साहित्य का सृजन हुआ है और आज भी इस साहित्य का सृजन जारी है।

अरस्तू की शैली भी अपने ढंग की अनोखी ही है। वैसे कहने को वह कवि भी थे और प्राचीन काल में उनकी कुछ ऐसी रचनाएँ भी मिलती थीं, जो अपनी शैली के सौष्ठव के कारण अनुकरणीय मानी जाती थीं, पर इस समय उनकी जो गद्य रचनाएँ उपलब्ध हैं, उनकी शैली साहित्यिक नहीं, वैज्ञानिक ढंग की है। उनके ग्रंथों में ऐसे बहुत कम स्थल मिलेंगे, जिनको मनोरम कहा जा सके।

उनमें मनोहारी ढंग से लिखने और बोलने की क्षमता थी—यह बात उनके साहित्य के कुछ स्थलों और प्राचीन काल के विद्वानों के साक्ष्य के आधार पर निर्विवाद रूप से सिद्ध होती है। उनके विद्यमान ग्रंथों में ऐसे संकेतों की भरमार है। उनकी सभी रचनाओं से परिचित हुए बिना उनकी किसी भी रचना का मर्म भली-भाँति समझ में नहीं आ सकता।

डी.एस. मार्गोलियूथ ने अरस्तू के काव्यशास्त्र के संस्करण की भूमिका में अरस्तू की शैली की तुलना पाणिनि की सूत्रात्मक शैली से की है और दोनों की समानता विस्तारपूर्वक समझाई है। इस शैली की विचित्रता का अनुमान कुछ इस बात से लगाया जा सकता है कि न्यूमैन का पॉलिटिक्स का संस्करण मूल ग्रंथ के 224 पृष्ठों को 2,500 पृष्ठों की चार जिल्दों में समझाने का प्रयास करता है। इस प्रकार की शैली और इस प्रकार की विराट व्याख्याएँ संस्कृत भाषा के ग्रंथों में ही मिल सकती हैं।

एक समय था, जब यह समझा जाता था कि अरस्तू की रचनाएँ विकास क्रम की परिधि से परे की वस्तु हैं। लोग समझते थे कि अरस्तू ने जो लिखा है वह परिपक्व बुद्धि की उपज है, परंतु वह श्रद्धा का युग अब नहीं रहा। आलोचकों ने विशेषकर जर्मन विद्वान् याएगर ने यह स्पष्ट सिद्ध करके दिखला दिया कि अरस्तू भी अन्य मानवों के समान ही थे। उनकी बुद्धि का विकास भी अन्य लोगों के समान हुआ था एवं उनकी रचनाओं में भी विभिन्न कालों के विकास क्रम द्वारा प्राप्त विभिन्न स्तर पाए जाते हैं।

एक समय था, जब यह समझा जाता था कि अरस्तू की रचनाएँ विकास क्रम की परिधि से परे की वस्तु हैं। लोग समझते थे कि अरस्तू ने जो लिखा है वह परिपक्व बुद्धि की उपज है, परंतु वह श्रद्धा का युग अब नहीं रहा। आलोचकों ने विशेषकर जर्मन विद्वान् याएगर ने यह स्पष्ट सिद्ध करके दिखला दिया कि अरस्तू भी अन्य मानवों के समान ही थे।

इस विकास की दिशा क्या थी? इस प्रश्न का उत्तर विद्वानों ने यह दिया है कि अरस्तू ने विचारक और लेखक का अपना जीवन अपने गुरु प्लेटो की प्रतिभा के जादू के प्रभाव की छाया में आरंभ किया। धीरे-धीरे इस जादू का प्रभाव फीका पड़ता गया और अंत में जाकर उन्होंने अपना पिंड उस प्रभाव से पूर्णतया छुड़ा लिया और वह एक स्वतंत्र विचारक बन गए।

एक प्रकार से जो बात सुकरात और प्लेटो के संबंध में ठीक है, वही प्लेटो और अरस्तू के संबंध में भी सत्य है। किसी महान् व्यक्ति का प्रभाव जहाँ एक महान् प्रेरणा प्रदान करता है, वहीं चिरकाल तक हमारी श्रद्धा को भी

बाँधे रखना चाहता है। इसीलिए अरस्तू को अपने गुरु के प्रभाव से मुक्त होने में पर्याप्त समय लगा, फिर भी यह नहीं कहा जा सकता कि वह पूर्णतया उस प्रभाव से मुक्त हो ही गए।

विल ड्यूरेंट ने 'ग्रीस का जीवन' नामक अपनी पुस्तक में लिखा है—"अरस्तू ने प्रत्येक मोड़ पर प्लेटो का खंडन किया है, क्योंकि वह अपनी रचनाओं के प्रत्येक पृष्ठ पर उनके ऋणी हैं।"

इसी प्रकार टेलर ने 'अरस्तू' नामक अपनी रचना में चरितनायक की 'पराविद्या' (मेटाफिजिका) नामक कृति की आलोचना के अंत में यह बतलाया है कि यद्यपि इस ग्रंथ के आरंभ में अरस्तू ने प्लेटो का खंडन करने की प्रतिज्ञा की थी, पर अंत में ईश्वर के स्वरूप का निर्धारण करते हुए उन्हें अपने गुरु की ही वाणी बोलनी पड़ी है।

फिर भी दोनों के दृष्टिकोण में पर्याप्त मतभेद है और यहाँ तक कहा जाता है कि दार्शनिक चिंतन का समग्र क्षेत्र प्लेटो और अरस्तू की विचार-पद्धतियों में बँटा हुआ है। जो कोई भी दार्शनिक चिंतन की प्रवृत्ति रखता है, वह या तो प्लेटो की पद्धति और दृष्टि को अपनाता है अथवा अरस्तू की दृष्टि और पद्धति को।

□

अरस्तू के दार्शनिक विचार

जिस प्रकार भाषा का मुख व्याकरण है, इसी प्रकार विचार का मुख तर्कशास्त्र है। सुकरात और प्लेटो ने जिस विचार पद्धति का सूत्रपात किया था, अरस्तू ने उसको परिष्कृत और व्यवस्थित करके एक नवीन शास्त्र का रूप दे दिया। उन्होंने इसे 'अनालीतिका' नाम दिया था, पर पाश्चात्कालीन लेखकों ने उनकी तर्कशास्त्र संबंधी रचनाओं को 'और्गानन' नाम दिया।

यूरोप में यह ग्रंथ दो हजार वर्ष तक तर्कशास्त्र की एकमात्र प्रामाणिक पाठ्य पुस्तक बना रहा। अरस्तू के मत में ज्ञान का साधन ज्ञानेंद्रियाँ हैं। इनसे जो प्रत्यक्ष ज्ञान प्राप्त होता है, उसमें से एक ही प्रकार के प्रत्यक्षों से हमको जाति का ज्ञान होता है, जो व्यक्ति या वस्तु नहीं होती। समग्र अनुभव को दस प्रकारों में विभक्त किया गया है, जो कैटेगरीज कहलाते हैं—

1. असिया अथवा सी एस्ति—पदार्थ अथवा जो है।
2. पौसॉन—कितना, मात्रा।
3. पौइयॉन—कैसा, किस गुणवाला।
4. पौस ति—संबंध।
5. पू—कहाँ, स्थान।
6. पौते—कब, समय।
7. कैइस्थाइ—स्थिति।
8. एखैइन—अधिकार, रखना।
9. पौइऐइन—कर्तृत्व।
10. प्रौइस्टवैइन—कर्मत्व।

प्रत्यक्ष से प्राप्त ज्ञान के आधार पर वाक्यों की रचना होती है। तर्क में प्रयुक्त वाक्य प्रौतासिस कहलाते हैं, जो चार प्रकार के होते हैं—

1. सामान्य अथवा सार्विक।
2. विशेष।
3. विधि रूप।
4. निषेध रूप।

इन वाक्यों में कुछ परिभाषा वाक्य होते हैं। अरस्तू ने परिभाषा की परिभाषा को अत्यंत परिष्कृत रूप प्रदान किया था। यदि किसी वस्तु की जाति (गैनॉस) के कथन के साथ उस वस्तु की उपजाति के भेदक गुण का कथन कर दिया जाए तो उस वस्तु की परिभाषा उपलब्ध हो जाती है।

अरस्तू ने परिभाषा की परिभाषा को अत्यंत परिष्कृत रूप प्रदान किया था। यदि किसी वस्तु की जाति (गैनॉस) के कथन के साथ उस वस्तु की उपजाति के भेदक गुण का कथन कर दिया जाए तो उस वस्तु की परिभाषा उपलब्ध हो जाती है।

अनुमान वाक्य को सिल्कौगिस्मस कहते हैं। इसके तीन अवयव होते हैं, भारतीय अनुमान वाक्य के समान पाँच अवयव नहीं होते। इसका उदाहरण है—"सब मनुष्य मर्त्य है, सुकरात मनुष्य है, अतएव सुकरात मर्त्य है।" इस प्रकार का तर्क डिडक्टिव तर्क कहलाता है, पर अरस्तू ने इंडक्टिव तर्क का विवरण भी उपस्थित किया और व्यवहार में भी उसका उपयोग किया है।

तर्कशास्त्र में उन्होंने हेत्वाभासों का भी वर्णन किया है और उनसे बचने के उपाय भी लिखे हैं और यह सब होते हुए स्वयं अनेक हेत्वाभासों की सृष्टि भी की है। तथापि यह स्वीकार करना होगा कि वह विचार के नियमों और अनुमान की विधियों एवं अन्य तार्किक पद्धतियों के आविष्कारक होने के नाते वैज्ञानिक पद्धति के जन्मदाता थे एवं उन्होंने सर्वप्रथम वैज्ञानिक चिंतन एवं आविष्कार के निमित्त विद्वानों के सहयोग की प्रणाली का सूत्रपात किया।

अरस्तू का तर्कशास्त्र और उनका अनुमान वाक्य विचारों की व्याख्या और स्पष्टीकरण के सर्वोत्तम साधन हैं, पर वे नवीन सत्य के आविष्कार

के साधन नहीं हैं। नवीन आविष्कार के साधन के लिए पाश्चात्य जगत् को बेकन और गैलीलियो के समय तक प्रतीक्षा करनी पड़ी, फिर भी ईसाई धर्म और इसलाम को अरस्तू के तर्कशास्त्र से बहुत कुछ पथ-प्रदर्शन प्राप्त हुआ। अरस्तू के अनुमान का प्रभाव भारतीय अनुमान वाक्य के विकास पर भी पड़ा है। हालाँकि भारतीय सांख्य दर्शन की उत्पत्ति अरस्तू के समय से पूर्व हो चुकी थी, पर भारतीय अनुमान वाक्य आगे चलकर अरस्तू के सिल्कौगिस्मस के प्रभाव से विकसित हुआ, मगर इस तरह के मत को भी संदिग्ध माना जाता रहा है।

इस प्रकार वैज्ञानिक प्रक्रिया के मार्ग को प्रशस्त करके अरस्तू ने विज्ञान के क्षेत्र में क्या सिद्धि प्राप्त की? यह प्रश्न स्वाभाविक रूप से पूछा जा सकता है। उस समय विज्ञान और दर्शन साइंस और फिलासफी के क्षेत्र विभक्त नहीं हुए थे। इसीलिए अरस्तू की विज्ञान संबंधी गवेषणा की चर्चा भी उनके दार्शनिक विचारों के साथ करना अनुचित नहीं है।

इस प्रकार वैज्ञानिक प्रक्रिया के मार्ग को प्रशस्त करके अरस्तू ने विज्ञान के क्षेत्र में क्या सिद्धि प्राप्त की? यह प्रश्न स्वाभाविक रूप से पूछा जा सकता है। उस समय विज्ञान और दर्शन साइंस और फिलासफी के क्षेत्र विभक्त नहीं हुए थे। इसीलिए अरस्तू की विज्ञान संबंधी गवेषणा की चर्चा भी उनके दार्शनिक विचारों के साथ करना अनुचित नहीं है।

विज्ञान के क्षेत्र में अरस्तू ने खोज का सूत्र वहाँ से पकड़ा, जहाँ देमोक्रीतस ने उसे छोड़ा था। गणित के क्षेत्र में अरस्तू और उनके विद्यालय की रुचि और गति दोनों ही अधिक नहीं थी। इस दिशा में प्लेटो की अकादमी अधिक आगे बढ़ी हुई थी। गणित के विषय में अरस्तू ने केवल प्रारंभिक सिद्धांतों की चर्चा की है।

भौतिकी पर अरस्तू ने एक बड़े ग्रंथ की रचना अवश्य की है, पर इसमें पदार्थ, गति, स्थान, समय, सातत्य, असीम, भूमा, परिवर्तन, अंत (उद्देश्य) इत्यादि शब्दों की स्पष्ट परिभाषाएँ निश्चित करने का प्रयत्न अपेक्षाकृत अधिक किया है। उन्हें स्थिति, गुरुत्वाकर्षण, गति, गतिवृद्धि इत्यादि की समस्याओं का भान था, पर वह इनका हल प्रस्तुत करने में असफल रहे। वेग के समानांतर

चतुर्भुज का भी उन्हें कुछ आभास था। लीवर (टेक) संबंधी नियम को उन्होंने स्पष्ट वर्णित किया है।

चंद्रग्रहण के निरीक्षण के आधार पर उन्होंने यह निर्णय किया था कि आकाशीय पिंड और पृथ्वी तो निश्चय ही गोलाकार हैं। उन्हें यह भी पता था कि पृथ्वी की आयु विशाल है और इस पर अनेक युग-परिवर्तन हो चुके हैं। उनकी यह भी धारणा थी कि प्राय: सभी कलाएँ और विज्ञान बार-बार पूर्णता को पहुँचकर विनष्ट हो चुके हैं। भौमिक परिवर्तन का मुख्य कारण उनकी सम्मति में ताप है।

चंद्रग्रहण के निरीक्षण के आधार पर उन्होंने यह निर्णय किया था कि आकाशीय पिंड और पृथ्वी तो निश्चय ही गोलाकार हैं। उन्हें यह भी पता था कि पृथ्वी की आयु विशाल है और इस पर अनेक युग-परिवर्तन हो चुके हैं। उनकी यह भी धारणा थी कि प्राय: सभी कलाएँ और विज्ञान बार-बार पूर्णता को पहुँचकर विनष्ट हो चुके हैं।

इसी प्रकार उन्होंने मेघ, कुहरे, ओस, पाले, वर्षा, हिम, ओले, वायु, मेघ-गर्जन, बिजली, इंद्रधनुष और उल्का इत्यादि अनेक भौतिक तथ्यों की व्याख्या का प्रयत्न किया है। हालाँकि आज के ज्ञान की दृष्टि से उनकी व्याख्याएँ विकट एवं परिहास योग्य प्रतीत होती हैं, तथापि उनकी विशेषता यह है कि उन्होंने प्राकृतिक तथ्यों की व्याख्या प्राकृतिक हेतुओं से ही करने का प्रयत्न किया। किसी अति प्राकृतिक हेतु को स्वीकार नहीं किया।

यह पहले कहा जा चुका है कि अपनी कुलक्रमागत शिक्षा के कारण अरस्तू का झुकाव जीव विज्ञान की ओर अधिक था। इस क्षेत्र में उन्होंने बहुत अधिक श्रम और खोज की थी। अपने सम्राट् शिष्य की आर्थिक सहायता एवं अन्य शिष्यों और सहयोगियों की व्यक्तिगत वैज्ञानिक सहायता से उन्होंने एशियन सागर के तटवर्ती प्रदेशों के पशु-पक्षियों एवं लता-वृक्षों के संबंध में असंख्य तथ्य और नमूने एकत्रित किए। सिकंदर की अपने बहेलियों, शिकारियों और मछुआरों को यह आज्ञा थी कि अरस्तू को जिस पदार्थ अथवा जीव के नमूनों की अथवा जानकारी की आवश्यकता हो,

वह उपलब्ध करा दी जाए।

अरस्तू का दृष्टिकोण इस प्रकार संतुलित था कि वह तथ्यों को विलक्षण विविधता और उनमें निहित आधारभूत नियम दोनों ही के पीछे समान रूप से समर्पित थे। दोनों में से किसी की भी उपेक्षा करना उनका अभीष्ट नहीं था। उनका विचार था कि सभी प्राकृतिक पदार्थों में चमत्कारपूर्णता उपलब्ध होती है, इसीलिए जो निम्न कोटि के जीवों की उपेक्षा करता है, वह स्वयं अपनी उपेक्षा करता है।

जीवों को अरस्तू ने सरक्त और अरक्त—दो कोटियों में बाँटा, जो यद्यपि वर्तमान के मेरुदंडवाले और बिना मेरुदंडवाले जीव-विभाग से बिल्कुल तो नहीं मिलता, पर लगभग वैसा ही विभाजन माना जा सकता है। उन्होंने प्राणियों के इंद्रिय-संस्थानों और प्रवृत्तियों का भी विस्तृत वर्णन किया है। पशु, पक्षी, मछली इत्यादि के विषय में उनके रहने के स्थान, गर्भाधान के समय, स्थानांतरगमन, उनके रोग इत्यादि सभी संभव तथ्यों का विवेचन किया है।

जीवों को अरस्तू ने सरक्त और अरक्त—दो कोटियों में बाँटा, जो यद्यपि वर्तमान के मेरुदंडवाले और बिना मेरुदंडवाले जीव-विभाग से बिल्कुल तो नहीं मिलता, पर लगभग वैसा ही विभाजन माना जा सकता है। उन्होंने प्राणियों के इंद्रिय-संस्थानों और प्रवृत्तियों का भी विस्तृत वर्णन किया है।

अरस्तू ने यह भी लिखा है कि कुछ नर प्राणी भी दूध देते हैं। प्रजनन प्रक्रिया का उन्होंने बड़ा सूक्ष्म अध्ययन किया था, क्योंकि इसी के द्वारा प्रकृति व्यक्तियों का संहार और जातियों का संरक्षण करती है। इस प्रजनन विज्ञान के क्षेत्र में 18वीं शताब्दी के अंत तक अरस्तू की समता करनेवाला कोई अन्य वैज्ञानिक यूरोप में नहीं हुआ। प्राणियों की प्रवृत्तियों के दो केंद्र हैं—भोजन करना और प्रजनन करना। संतान का लिंग क्या होगा, इसके विषय में भी उन्होंने विचार किया था।

अरस्तू ने जुड़वाँ मानव संतानों के तथ्य का भी अध्ययन किया और बतलाया कि अधिक-से-अधिक पाँच शिशुओं के एक साथ जन्म का उल्लेख इतिहास में मिलता है। उन्होंने एक ऐसी माता का भी उल्लेख किया है, जिसने चार बार

में बीस बच्चों को उत्पन्न किया था।

अरस्तू ने गर्भाधान और डिंब के विकास के संबंध में भी बहुत कुछ लिखा है। मुरगी के अंडे में चूजे का विकास क्रम एक प्रयोग द्वारा अत्यंत रोचक प्रकार से वर्णित किया है। इसी के सादृश्य उन्होंने मानवीय गर्भ के विकास का भी वर्णन प्रस्तुत किया है। उन्हें जीवों के अंग सादृश्य के आधार पर समग्र प्राणिजगत् की एकता का भान था। एकाध स्थल पर तो वह आधुनिक विकासवाद के अत्यंत समीप पहुँचा प्रतीत होते हैं।

उनका कहना था कि प्रकृति के सतत् विकास में कहीं स्पष्ट सीमाएँ नहीं बनी हैं। जड़ जगत् से वनस्पति जगत्, वनस्पति जगत् से प्राणिजगत् और प्राणिजगत् से मानव जगत् में क्रमशः परिवर्तन थोड़ा-थोड़ा करके होता गया है। वह वानर अथवा वनमानुष को प्राणियों और मनुष्यों की मध्यवर्ती कड़ी मानते हैं, पर यह जो उत्क्रोतिक्रम प्रकृति में दृष्टिगोचर हो रहा है, इसकी प्रेरणा कहीं बाहर से नहीं किंतु सर्वत्र एक आंतरिक उद्देश्य की सत्ता में मिल रही है, जिसको अरस्तू ने 'ऐन्तैलैखी' कहा है।

अरस्तू ने गर्भाधान और डिंब के विकास के संबंध में भी बहुत कुछ लिखा है। मुरगी के अंडे में चूजे का विकास क्रम एक प्रयोग द्वारा अत्यंत रोचक प्रकार से वर्णित किया है। इसी के सादृश्य उन्होंने मानवीय गर्भ के विकास का भी वर्णन प्रस्तुत किया है। उन्हें जीवों के अंग सादृश्य के आधार पर समग्र प्राणिजगत् की एकता का भान था।

यह तो नितांत स्वाभाविक है कि अरस्तू ने इस क्षेत्र में बहुत सी विचित्र भूलें भी की हैं। इन भूलों में से कुछ उनके शिष्यों एवं सहयोगियों की भूलें भी हो सकती हैं। उनका 'पशुओं का इतिहास' नामक ग्रंथ जहाँ एक ओर अरस्तू के समय की दृष्टि से महान् वैज्ञानिक प्रगति का परिचायक है, वहीं आजकल की वैज्ञानिक प्रगति की दृष्टि से भूलों का भंडार भी है। उस समय मानव शरीर की चीरफाड़ को धार्मिक दृष्टि से वर्जित समझा जाता था, इसलिए मानव शरीर के आंतरिक गठन का उनका ज्ञान पशुओं के शारीरिक गठन के ज्ञान की अपेक्षा निम्न कोटि का था।

इसी कारण उन्होंने कहा है कि मनुष्य की पसलियों की संख्या आठ है, स्त्रियों के दाँत संख्या में पुरुषों के दाँतों से कम होते हैं, चेतना का स्थान मस्तिष्क नहीं, हृदय है, हृदय की धड़कन का रोग मनुष्यों को ही होता है। पशुओं के विषय में उनके कुछ भ्रांत विचारों का नमूना यह है—चूहे ग्रीष्म ऋतु में पानी पीने पर मर जाते हैं, हाथियों को केवल दो रोग होते हैं—सर्दी और अफारा, फिर भी बहुत सी बातों में इस दिशा में मनुष्य ने अभी हाल ही में ही अरस्तू से आगे कुछ ज्ञान प्राप्त किया है।

अरस्तू की जिस रचना को आज 'पराविद्या' (मेटाफिजिका) नाम दिया जाता है, अरस्तू उसको प्रथम दर्शन शास्त्र (प्रोते फिलौसोफिया) अथवा देवविद्या (हे थियोलौगिके) कहते थे। इसका विषय है, मानव विवेक की पहुँच की सीमा तक वास्तविक जगत् के मूल में निहित कारणों और सिद्धांतों की खोज करना। यही विद्या सर्वश्रेष्ठ विद्या है। शेष सब विद्याएँ मानवीय ज्ञान के विशेष विभागों से संबंध रखती हैं इसलिए एकदेशीय हैं, परंतु पराविद्या समग्र मानव के समूचे ज्ञान क्षेत्र को अपनाती है, इसलिए उसका महत्त्व अद्वितीय है। फिर अन्य सब विज्ञान कुछ आधारभूत सिद्धांतों को मानकर उनके ऊपर अपना निर्माण करते हैं, जैसे भौतिकी गति के अस्तित्व को स्वीकार करके अपना कार्य आरंभ करती है, परंतु ये विज्ञान इन सिद्धांतों की तथ्यता अथवा असत्यता के विषय में कुछ विचार नहीं कर सकते।

अरस्तू की जिस रचना को आज 'पराविद्या' (मेटाफिजिका) नाम दिया जाता है, अरस्तू उसको प्रथम दर्शन शास्त्र (प्रोते फिलौसोफिया) अथवा देवविद्या (हे थियोलौगिके) कहते थे। इसका विषय है, मानव विवेक की पहुँच की सीमा तक वास्तविक जगत् के मूल में निहित कारणों और सिद्धांतों की खोज करना।

पराविद्या इन आधारभूत सिद्धांतों का भी परीक्षण और स्थापन करती है। मुख्यतया पराविद्या में आदिकारणों, सत्ता तत्त्व एवं उस नित्य अशरीरी और गतिशून्य का अनुसंधान किया गया है, जो जगत् की सब गतियों और आकृतियों का कारण है।

सत्ता के अनुसंधान में अरस्तू ने पदार्थ को प्रधानता दी है। यह पदार्थ उनके मत में पूर्णतया व्यक्तिगत तत्त्व है तथा यह सर्वदा उद्देश्य हो सकता है, विधेय नहीं। पदार्थ अपने सत्ताकाल में परिवर्तनों के होते रहने पर भी एकरूप रहता है। प्रश्न हो सकता है कि इस पदार्थ का विश्लेषण करने पर इसके घटक तत्त्वों के रूप में हमको किन तत्त्वों की उपलब्धि हो सकती है तथा इसके विश्लेषण से इसका जो स्वरूप अथवा लक्षण हमें उपलब्ध होता है, वह इसे किस प्रकार प्राप्त होता है ?

उदाहरण के लिए किसी पदार्थ को ले सकते हैं, चाहे वह मनुष्य के द्वारा निर्मित हो या प्रकृति द्वारा—जैसे एक ग्लास अथवा घोड़ा। प्रत्येक पदार्थ किसी भौतिक तत्त्व से निर्मित होता है तथा उसका कोई आकार होता है। जिस भौतिक तत्त्व से कोई पदार्थ बना होता है, उसको अरस्तू ने 'ही ले' (भौतिक तत्त्व, मैटर) कहा है। इस शब्द का अर्थ लकड़ी अथवा काष्ठ भी है। पदार्थ के रूप में अथवा आकार के लिए अरस्तू ने 'अइडॉस' (फॉर्म) शब्द का प्रयोग किया है। यह मैटर और फॉर्म का भेद ऐसा नहीं है, जिसे हम किसी पदार्थ में एक-दूसरे से पृथक् करके देख सकें। हाँ, बुद्धि के द्वारा हम उसका विवेचन कर सकते हैं।

अरस्तू ने इस विश्लेषण को केवल मूर्त्त पदार्थों तक ही सीमित नहीं रखा है। उन्होंने इसका विस्तार करके मानव चरित्र जैसे अमूर्त तत्त्व के लिए भी इसको लागू किया है। एक सीमा तक इस विश्लेषण की तुलना हम सांख्य दर्शन के प्रकृति-विकृति संबंध से कर सकते हैं, पर अरस्तू सांख्य की मूल प्रकृति को स्वीकार करने से हिचकिचाते हैं।

अरस्तू ने इस विश्लेषण को केवल मूर्त्त पदार्थों तक ही सीमित नहीं रखा है। उन्होंने इसका विस्तार करके मानव चरित्र जैसे अमूर्त तत्त्व के लिए भी इसको लागू किया है। एक सीमा तक इस विश्लेषण की तुलना हम सांख्य दर्शन के प्रकृति-विकृति संबंध से कर सकते हैं, पर अरस्तू सांख्य की मूल प्रकृति को स्वीकार करने से हिचकिचाते हैं। इसीलिए वह वास्तव में प्रकृति के मूल रूप चार तत्त्वों—पृथ्वी, जल, वायु और अग्नि को ही मानते हैं।

यद्यपि उनका तर्क इन तत्त्वों को भी इनसे परे किसी सरलतर तत्त्व की विकृतियाँ मानने को विवश करता है, तथापि वह किसी ऐसे तत्त्व की सत्ता को स्वीकार नहीं करना चाहते, जो विकृति (विशेष आकृति) से शून्य हो।

किसी भी पदार्थ में प्रकृति और आकृति—मैटर और फॉर्म का संबंध कोई स्थिर अथवा स्थायी संबंध नहीं है। प्रत्येक विकृति आगे विकसित होनेवाली विकृति (विशेष आकृति) के लिए प्रकृति हो जाती है। उदाहरण के लिए टकसाल में जिस धातु के सिक्के बनते हैं, वह प्रकृति अथवा मैटर कहलाएगी। पहले यह धातु छोटे गोल खंडों में विभक्त की जाएगी। इन खंडों की धातु इनकी प्रकृति होगी और इनकी मोटाई और गोलाई आकृति विशेष। अब इन्हीं खंडों में ठप्पे के द्वारा मूर्ति और अन्य चिह्न अंकित किए जाएँगे। इस प्रकार जो परिपूर्णता को पहुँचे हुए सिक्के तैयार होंगे, उनकी दृष्टि से उनका पहले का गोल खंडोंवाला रूप उनकी प्रकृति था और उन पर अब अंकित किए हुए चिह्न उनकी आकृति फॉर्म।

किसी भी पदार्थ में प्रकृति और आकृति—मैटर और फॉर्म का संबंध कोई स्थिर अथवा स्थायी संबंध नहीं है। प्रत्येक विकृति आगे विकसित होनेवाली विकृति (विशेष आकृति) के लिए प्रकृति हो जाती है। उदाहरण के लिए टकसाल में जिस धातु के सिक्के बनते हैं, वह प्रकृति अथवा मैटर कहलाएगी।

इसी प्रकार रूई अथवा ऊन से लेकर सूट की निर्मिति तक अनेक प्रकृति विकृतियों का सिलसिला होना संभव है। वनस्पति जगत्, जीव जगत् और मानव जगत् में भी यही प्रकृति-विकृति का सिलसिला चला करता है। एक कणिका अंकुरित होकर पादप का रूप ग्रहण करती है। पौधा बढ़कर जल, फल और छाया युक्त महान् वट वृक्ष बन जाता है। जीव जगत् में भी छोटा शिशु युवा बनता है अथवा अंडे में से बच्चा निकलता है और कालांतर में पूर्ण विकास को प्राप्त हो जाता है।

यह विकास क्रम तभी तक चलता है, जब तक प्रारंभ की संभावना पूर्णतया अर्थवती नहीं हो जाती। वह कणिका से पादप और उससे पूर्ण विकसित वट वृक्ष—बस इससे आगे यह क्रम नहीं जाता। इसका आशय यह है कि वट कणिका

में जो संभावना अर्थवती होने के कारण निहित थी, उसकी क्षमता पूर्ण वट वृक्ष के रूप तक पहुँचने की थी। इसके उपरांत वह स्वयं वट कणिकाओं को उत्पन्न करने लगती है। यही बात अन्य क्षेत्रों में भी चरितार्थ होती है। अरस्तू ने संभावना को दीनामिस और उसकी पूर्णता प्राप्ति को एनर्गेइया कहा है।

जगत् में जो परिवर्तन चलता रहता है, वह चाहे प्रकृति कृत हो या मानव कृत—उसकी व्याख्या करने के लिए अरस्तू ने चार प्रकार के कारणों का सिद्धांत निर्धारित किया। 'किं कारणम् ?' यह प्रश्न अत्यंत पुराना है। उपनिषदों की भाँति यह प्रश्न प्राचीन यूनानी दार्शनिकों ने भी पूछा था और इसके विविध प्रकार के उत्तर दिए थे।

जगत् में जो परिवर्तन चलता रहता है, वह चाहे प्रकृति कृत हो या मानव कृत—उसकी व्याख्या करने के लिए अरस्तू ने चार प्रकार के कारणों का सिद्धांत निर्धारित किया। 'किं कारणम् ?' यह प्रश्न अत्यंत पुराना है। उपनिषदों की भाँति यह प्रश्न प्राचीन यूनानी दार्शनिकों ने भी पूछा था और इसके विविध प्रकार के उत्तर दिए थे।

अरस्तू का विश्वास था कि इस जटिल प्रश्न का उत्तर यदि किसी ने संतोषप्रद दिया तो स्वयं उन्होंने कारण के लिए ग्रीक भाषा में 'अइतया' शब्द आता है, इसका अर्थ हेतु और निमित्त भी होता है। चार प्रकार के कारण अरस्तू ने इस प्रकार गिनाए हैं—मैटीरियल कॉज—समवापी कारण, वह पदार्थ जिससे कोई वस्तु निर्मित होती है। फॉर्मल कॉज अर्थात् वह नियम जिसके अनुसार कोई वस्तु विकसित या निर्मित हुई है। कर्ता अथवा वह शक्ति, जो परिवर्तन को गति प्रदान करता है और परम अथवा चरम कारण फाइनल कॉज, जो इस समग्र प्रक्रिया का परिणाम है।

ये चार प्रकार के कारण प्राकृतिक और मानव दोनों ही स्तरों पर निरंतर काम करते रहते हैं। प्राकृतिक जगत् से यदि वट वृक्ष का उदाहरण लें तो वट कणिका प्रथम कारण, वट के विकास का नियम द्वितीय कारण, जिस वट वृक्ष की कणिका से यह नया वृक्ष उगा वह तृतीय कारण और चरम विकास अर्थात् उस अवस्था की प्रगति, जबकि यह वट भी वट कणिकाओं को उत्पन्न करने

लगे तथा जिसके लिए यह सब प्रक्रिया चलती है, चतुर्थ कारण है।

मानव जगत् में कुम्हार के द्वारा बने हुए घट को उदाहरणस्वरूप ले सकते हैं। इस प्रसंग में मिट्टी प्रथम कारण है, घट की विशिष्ट आकृति अथवा घट निर्माण का नियम दूसरा कारण है। कुंभकार जिसकी चेष्टा से घट बना तीसरा कारण है और वह उद्देश्य अथवा निमित्त जो घट के निर्माण से सिद्ध होता है, जिसके लिए घट बना—वह चौथा कारण है। कहीं-कहीं अरस्तू ने 'एफीशिएंट कॉज' के अंतर्गत गीता के पंचहेतुवाद के दैव अथवा यदृच्छा को भी गिनाया है। किसी समवायी कारण से कर्ता के द्वारा किसी अन्य वस्तु के निर्माण की प्रक्रिया में गति की आवश्यकता होती है।

अरस्तू के मत में कार्य की उत्पत्ति के लिए समवापी कारण में गति होना अनिवार्य है, कर्ता में उसका होना संभव नहीं। कर्ता के लिए तो समवापी कारण में गति को प्रेरित करना भर पर्याप्त है। सभी संकल्पित कार्यों में मूलभूत निमित्त कारण तो कर्ता का संकल्पित उद्देश्य अथवा विचार होता है और यह विचार तो स्वयं गतिमान नहीं होता। गतिरहित निमित्त कारण का पदार्थों में गति की प्रेरणा देना अरस्तू के धर्मदर्शन का अत्यंत महत्त्वपूर्ण सिद्धांत है। अरस्तू गति के अनेक प्रकार मानते हैं जैसे संभूति, विनाश, अन्यथाकरण, वृद्धि, हानि, देशांतरीकरण, सरल, वर्तुल इत्यादि। इसके अतिरिक्त वह गति को सतत् और शाश्वत मानते हैं और इसी प्रकार सृष्टि को भी शाश्वत स्वीकार करते हैं।

अरस्तू के मत में कार्य की उत्पत्ति के लिए समवापी कारण में गति होना अनिवार्य है, कर्ता में उसका होना संभव नहीं। कर्ता के लिए तो समवापी कारण में गति को प्रेरित करना भर पर्याप्त है। सभी संकल्पित कार्यों में मूलभूत निमित्त कारण तो कर्ता का संकल्पित उद्देश्य अथवा विचार होता है और यह विचार तो स्वयं गतिमान नहीं होता।

गति सातत्य के लिए गति को नित्य प्रेरणा देनेवाले तत्त्व एवं ऐसे नित्य पदार्थ की आवश्यकता है, जिसमें नित्य गति की सत्ता बनी रह सके। जिस पदार्थ में नित्य गति की सत्ता रहती है, मैटर है। इसी नित्य गति से मैटर में उत्तरोत्तर

विशिष्ट आकारों का प्रादुर्भाव हुआ करता है। जो तत्त्व इस गति को प्रेरणा देता है, वह है देव अथवा ईश्वर। यही अप्रेरित आद्य प्रेरक है। अरस्तू ने मेक्स की 12वीं पुस्तक में ईश्वर के स्वरूप का जो निरूपण किया है, उसमें उपनिषद् प्रतिपादित ब्रह्म के सत्त, चित्त और आनंद तथा नित्यत्व आदि लक्षण तो मिलते हैं, पर मुख्य भेद यह है कि अरस्तू का ईश्वर जगत् में व्याप्त नहीं है, वह संसार के संचरण अथवा प्रक्रिया से परे और नितांत निर्लिप्त है। उसकी उत्कृष्ट सत्तामात्र में वह कमनीयता है कि भौतिक जगत् उससे प्रेरणा ग्रहण करके गतिमान बना रहता है और उत्तरोत्तर विकास को प्राप्त होता रहता है।

ईश्वर शुद्ध सनातन तत्त्व है, जिसका न इतिहास है और न विकास। इसमें भौतिकता का अंश भी नहीं है। उसकी सत्ता जगत् के अस्तित्व के लिए अपरिहार्य है। प्रश्न हो सकता है कि यह ईश्वर जो पूर्णतया निरंजन है, क्या निष्क्रिय भी है? अरस्तू का ईश्वर शुद्ध क्रिया है, पर ऐसी क्रिया जो गतिरहित है। ईश्वर की क्रिया शुद्ध चिंतन स्वरूप है और इस चिंतन का विषय वह स्वयं अपने आप है।

ईश्वर शुद्ध सनातन तत्त्व है, जिसका न इतिहास है और न विकास। इसमें भौतिकता का अंश भी नहीं है। उसकी सत्ता जगत् के अस्तित्व के लिए अपरिहार्य है। प्रश्न हो सकता है कि यह ईश्वर जो पूर्णतया निरंजन है, क्या निष्क्रिय भी है? अरस्तू का ईश्वर शुद्ध क्रिया है, पर ऐसी क्रिया जो गतिरहित है। ईश्वर की क्रिया शुद्ध चिंतन स्वरूप है और इस चिंतन का विषय वह स्वयं अपने आप है। वह स्वयं चिंतन करता है और उसका चिंतन चिंतन के विषय में है, क्योंकि इस चिंतन क्रिया में किसी प्रकार की विघ्न-बाधा नहीं है, इसीलिए यह निरंतर चलनेवाला चिंतन नित्य आनंद से समन्वित रहता है। ईश्वर स्वयं जगत् के विषय में निश्चिंत ही नहीं बेसुध है, पर उसकी सत्ता भौतिक जगत् में एक लालसा अथवा क्षुधा को जगाकर उसको निरंतर गतिमान बनाए रखती है।

जिस प्रकार संसार के अच्छे पदार्थ स्वयं स्थिर रहते हुए भी दूसरों को अपनी अच्छाई से प्रेरित करके गतिमान करते हैं, इसी प्रकार ईश्वर भी। जो कि

सर्वोत्तम, शाश्वत, आनंदमय सजीव चिन्मय सत्ता है, सारे विश्व को कितनी प्रबल प्रेरणा दे सकता है—यह कल्पना से परे की बात है।

जिस 12वीं पुस्तक में ईश्वर की उपर्युक्त उदात्त सत्ता का विवरण मिलता है, वहीं लगभग खगोलों के समाधिक 50 अन्य स्वतंत्र प्रेरकों का भी वर्णन प्रस्तुत किया गया है। इन प्रेरकों का और आद्य प्रेरक का परस्पर कोई संबंध है भी या नहीं, इसकी चर्चा कहीं नहीं मिलती। जर्मन विद्वान् याएगर के मत में उपर्युक्त दो विभिन्न सिद्धांत अरस्तू के जीवन के विभिन्न समयों से संबंध रखते हैं।

जिस 12वीं पुस्तक में ईश्वर की उपर्युक्त उदात्त सत्ता का विवरण मिलता है, वहीं लगभग खगोलों के समाधिक 50 अन्य स्वतंत्र प्रेरकों का भी वर्णन प्रस्तुत किया गया है। इन प्रेरकों का और आद्य प्रेरक का परस्पर कोई संबंध है भी या नहीं, इसकी चर्चा कहीं नहीं मिलती। जर्मन विद्वान् याएगर के मत में उपर्युक्त दो विभिन्न सिद्धांत अरस्तू के जीवन के विभिन्न समयों से संबंध रखते हैं।

इतना तो स्पष्ट है कि उपर्युक्त दोनों विचारों से समन्वय करने का प्रयत्न नहीं किया गया। मध्यकालीन जिन ईसाई संत दार्शनिकों ने अरस्तू की देवविद्या को अपने धर्मशास्त्र का आधार बनाया, उनको ईसाई ईश्वर और अरस्तू के ईश्वर स्थापित करने में बड़ी कठिनाई का सामना करना पड़ा और फिर भी वे इस कार्य में पूर्णतया सफल नहीं हो सके।

अरस्तू ने पराविद्या का आरंभ अपने गुरु के सिद्धांतों का खंडन करने के लिए किया था। प्लेटो ने जो परिदृश्यमान जगत् से परे आकृति जगत् की सत्ता का प्रतिपादन किया था, वह अरस्तू को मान्य नहीं था। उन्होंने जो ईश्वर के स्वरूप का निरूपण किया है, उसके अनुसार वह शुद्ध आकृति के अतिरिक्त और कुछ नहीं ठहरता, क्योंकि उसमें भौतिकता तो लेशमात्र भी नहीं है।

समग्र दार्शनिक चिंतन और ज्ञान प्राप्ति का उद्देश्य है—मानव जीवन की उन्नति। मनुष्य के सुख में वृद्धि। इसीलिए अरस्तू ने मानव जीवन के व्यावहारिक समुत्थान के विषय में भी विस्तार से विचार किया एवं सदाचार शास्त्र और

राजनीति शास्त्र के क्षेत्र में अनेक ग्रंथों की रचना की।

मनुष्य के कार्यों को अरस्तू ने दो दृष्टिकोणों से देखा है—व्यक्ति के कार्यों की दृष्टि से और नागरिक समाज के सदस्य की दृष्टि से। यह दृष्टिकोण का भेद है और यह भेद मनुष्य के कार्यों को समझने की दृष्टि से किया गया है। व्यक्ति के कार्यों की नीति का विवेचन सदाचार शास्त्र (ऐथिक्स) में किया गया है और मानव के नागरिक रूप और तत्संबंधी नागरिक व्यवस्था का विवेचन राजनीति शास्त्र (पॉलिटिक्स) में किया गया है, पर उपर्युक्त दोनों विवेचन और दोनों ग्रंथ एक दूसरे से बिल्कुल पृथक् और अछूते हों, ऐसी बात नहीं है। दोनों ग्रंथों में बहुधा एक दूसरे की ओर संकेत किया गया है।

व्यावहारिक जगत् में सर्वश्रेष्ठ कला राजनीति है, क्योंकि यह अपने उद्देश्यों की सिद्धि के लिए अन्य सब कलाओं द्वारा प्रस्तुत वस्तुओं का उपयोग करती है। अन्य सब कलाओं के लिए मार्ग निर्देश भी राजनीति से ही प्राप्त होता है। राजनीति की एक अत्यंत महत्त्वपूर्ण शाखा आचारशास्त्र है, जिसमें नगर के प्रत्येक व्यक्ति के लिए श्रेष्ठ जीवन की खोज की जाती है।

व्यावहारिक जगत् में सर्वश्रेष्ठ कला राजनीति है, क्योंकि यह अपने उद्देश्यों की सिद्धि के लिए अन्य सब कलाओं द्वारा प्रस्तुत वस्तुओं का उपयोग करती है। अन्य सब कलाओं के लिए मार्ग निर्देश भी राजनीति से ही प्राप्त होता है। राजनीति की एक अत्यंत महत्त्वपूर्ण शाखा आचारशास्त्र है, जिसमें नगर के प्रत्येक व्यक्ति के लिए श्रेष्ठ जीवन की खोज की जाती है।

जहाँ तक श्रेष्ठ जीवन के सामान्य लक्षण का संबंध है—इसके विषय में अरस्तू और उनके गुरु प्लेटो दोनों का एक मत था कि सुखी जीवन श्रेष्ठ जीवन है। मानव के लिए सुखी जीवन की तीन शर्तें प्लेटो ने निर्धारित की थीं—ऐसा जीवन स्वत: वांछनीय होना चाहिए, स्वत: पर्याप्त होना चाहिए और बुद्धिमान मनुष्य की दृष्टि में अन्य सब प्रकार के जीवनों से वरेण्य होना चाहिए।

इन तीन शर्तों को पूरा करनेवाले जीवन का लक्षण बतलाने से पहले हमें मनुष्य की वृत्ति को भी जान लेना आवश्यक है। किसी भी वस्तु अथवा व्यक्ति

की वृत्ति से तात्पर्य उस विशेष कर्म से है, जिसको वह वस्तु या व्यक्ति ही कर सकता है—जैसे नेत्र की वृत्ति देखना है। इसी प्रकार मनुष्य की वृत्ति जीवन का वह विशिष्ट प्रकार होगा, जो मनुष्य के अतिरिक्त अन्य किसी का, ईश्वर अथवा मनुष्येत्तर प्राणी का हिस्सा नहीं है। इन सब बातों पर विचार करके अरस्तू इस निर्णय पर पहुँचते हैं कि मनुष्य के लिए सुखी जीवन वह होगा, जो सक्रिय हो और परिपूर्णतया श्रेष्ठ अच्छाई के अनुसार व्यतीत किया गया हो।

इस प्रकार के जीवन के लिए कुछ भौतिक सुविधाओं का सौभाग्य भी आवश्यक होता है। मित्रों का साहचर्य, पर्याप्त धन-संपत्ति और स्वास्थ्य—ये सुखी जीवन के बाह्य साधन हैं।

सुखी जीवन श्रेष्ठ भलाई अथवा अच्छाई के अनुसार व्यतीत किया गया जीवन है, इसीलिए यह प्रश्न उठता है कि श्रेष्ठ भलाई क्या है ? भलाई दो प्रकार की होती है, एक बुद्धि की भलाई और दूसरी चरित्र की भलाई। बुद्धि की भलाई अथवा सद्‌बुद्धि हमको यह बतलाती है कि सुखी जीवन का नियम क्या है। चरित्र की भलाई अथवा सच्चरित्रता हमको उस नियम के अनुसार आचरण करने में समर्थ बनाती है।

सुखी जीवन श्रेष्ठ भलाई अथवा अच्छाई के अनुसार व्यतीत किया गया जीवन है, इसीलिए यह प्रश्न उठता है कि श्रेष्ठ भलाई क्या है ? भलाई दो प्रकार की होती है, एक बुद्धि की भलाई और दूसरी चरित्र की भलाई। बुद्धि की भलाई अथवा सद्‌बुद्धि हमको यह बतलाती है कि सुखी जीवन का नियम क्या है।

इन दोनों की ही सहायता से मनुष्य आचारवान बनता है। मनुष्य की शिक्षा में सदनुशासन द्वारा चरित्र की भलाई, बुद्धि की भलाई की अपेक्षा पहले सिखाई जानी चाहिए। जब हम मनोवेग एवं कामनाओं आदि सहज प्रवृत्तियों पर संयम रखना सीख लेते हैं, तब हमारी बुद्धि को यह सौम्यावस्था प्राप्त होती है, जिससे हम जीवन के सही नियमों को समझ सकते हैं। सच्चरित्रता की उपलब्धि सत्कर्मों को बारंबार करने से प्राप्त होती है।

सच्चरित्रता के लिए सत्कर्म का लक्षण जानना आवश्यक है। अरस्तू ने सच्चरित्रता और सत्कर्म का निर्णय करने के लिए मध्यम मार्ग का निरूपण किया

है। सच्चरित्रता हमारी संकल्प शक्ति की वह व्यवस्था है, जो हमारे व्यक्तित्व की अपेक्षा मध्यम मार्ग का अनुसरण करती है और मध्यम मार्ग का निर्धारण विवेक द्वारा उसी प्रकार किया जाता है, जिस प्रकार कोई समझदार कर सकता है।

इसका उदाहरण देने के लिए अरस्तू ने अनेक सहज मानवीय प्रवृत्तियों का विवरण उपस्थित किया है। अपने विषय में दूसरों को सूचना देना मनुष्य की सहज प्रवृत्ति है, इस आत्म प्रकाशन के तीन प्रकार हो सकते हैं—

1. गर्वोक्तियों द्वारा अपने को वास्तविकता से बढ़कर बतलाना।
2. आत्मावसादन द्वारा अपने को वास्तविकता से हीन बतलाना।
3. अपने विषय में यथार्थ तथ्य कहना।

सबसे अंत में अरस्तू चिंतन और मननपूर्ण जीवन को सर्वोच्च स्थान देते हैं। जीवन के सब कार्य और सारी व्यवस्थाएँ अवकाश की उपलब्धि के लिए हैं। अवकाश काल में मनुष्य भौतिक जीवन के बाधा-बंधनों से मुक्त होकर आत्मतंत्रता की स्थिति को प्राप्त करता है।

इसी प्रकार साहस, उदारता, संयम, सत्यपरायणता, स्वाभिमान इत्यादि सद्गुण, सत्कर्म अथवा सच्चरित्रता के अंग को अतिशयों के मध्यवर्ती गुण हैं। इस मध्यम मार्ग को अपने संबंध में जानकर उसका अनुसरण करना सच्चरित्रता है। इसके लिए सद्बुद्धि और सदाचरण के अभ्यास की आवश्यकता होती है। अरस्तू को मनुष्य की इच्छाशक्ति की स्वतंत्रता का सिद्धांत मान्य है और वह मनुष्य को उसके कार्यों के लिए उत्तरदायी मानते हैं। उनके मत में व्यावहारिक बुद्धिमत्ता का लक्षण है—मानव के लिए प्रेरक जीवन के सामान्य स्वरूप को जानते हुए उसके प्रकाश में उन कार्यों को करना, जो वास्तव में मनुष्य के लिए भले हों।

सबसे अंत में अरस्तू चिंतन और मननपूर्ण जीवन को सर्वोच्च स्थान देते हैं। जीवन के सब कार्य और सारी व्यवस्थाएँ अवकाश की उपलब्धि के लिए हैं। अवकाश काल में मनुष्य भौतिक जीवन के बाधा-बंधनों से मुक्त होकर आत्मतंत्रता की स्थिति को प्राप्त करता है। इसका उपयोग मनुष्य आत्मचिंतन, ज्ञानचिंतन और कलाचिंतन में करके मानवीय सीमाओं के भीतर ईश्वरीय अनुभव प्राप्त करता है।

जो सुख ईश्वर को स्वतः नित्य उपलब्ध है, उसको मनुष्य अवकाश के चिंतनमय क्षणों में उपभोग करके मानव के विकास के चरम शिखर पर आरूढ़ हो पाता है। अरस्तू के मन में इस प्रकार का जीवन मानव जीवन में निहित दिव्य जीवन का अनुसरण करता है। इसके अनुसरण में मनुष्य को यथाशक्ति अपने को अमर बनाने का प्रयत्न करना चाहिए। इस प्रकार प्लेटो की प्रतिध्वनि अरस्तू के चिंतन में बार-बार अचानक फूट पड़ती है।

सदाचार शास्त्र के पूरक राजनीति शास्त्र, गृह प्रबंध शास्त्र एवं एथेंस के संविधान में अरस्तू ने अपने राजनीति और अर्थनीति संबंधी विचार व्यक्त किए हैं। अरस्तू की राजनीति संबंधी रचनाएँ पढ़ने से ज्ञात होता है कि यूनानी पर्याप्त राजनीतिक चेतना से युक्त और मुकदमेबाज थे। सुकरात से कुछ समय पहले से ही सौफिस्ट नामक विदेशी आचार्य एथेंसवासियों को भाषण कला एवं श्रोताओं के विचारों का नेतृत्व करने की कला की शिक्षा देने लगे थे। इतना ही नहीं, इस विषय पर कुछ पुस्तकें भी लिखी जा चुकी थीं। इसॉक्रातेस का विद्यालय तो विशेष रूप से इसी कला की शिक्षा देता था।

जो सुख ईश्वर को स्वतः नित्य उपलब्ध है, उसको मनुष्य अवकाश के चिंतनमय क्षणों में उपभोग करके मानव के विकास के चरम शिखर पर आरूढ़ हो पाता है। अरस्तू के मन में इस प्रकार का जीवन मानव जीवन में निहित दिव्य जीवन का अनुसरण करता है। इसके अनुसरण में मनुष्य को यथाशक्ति अपने को अमर बनाने का प्रयत्न करना चाहिए।

अरस्तू की 'रेतौरिका' नामक पुस्तक की विशेषता यह है कि पूर्ववर्ती लेखकों की अपेक्षा उन्होंने भाषण में युक्तियुक्तता को अधिक महत्त्व प्रदान किया है, जबकि पूर्ववर्ती विद्वानों ने श्रोताओं की भावुकता और मनोवेगों को उत्तेजित करने पर अधिक बल दिया था। अरस्तू के अनुसार, 'रेतौरिका' मनुष्यों को किसी भी विषय पर अपने अनुकूल बनाने के संभव उपायों को देख पाने की शक्ति है।

मनुष्यों को मना लेने के दो उपाय हैं—1. बिना विशेष अध्ययन के साक्षियों, यंत्रणा अथवा लिखित प्रमाणों द्वारा, 2. वक्ता के विशेष अध्ययन इत्यादि से प्रस्तुत

भाषण द्वारा। इस द्वितीय उपाय के तीन प्रकार हैं, 1. वक्ता के चरित्र अथवा व्यक्तित्व से संबंध रखनेवाला प्रकार, 2. श्रोताओं में मनोवेगों को भड़कानेवाला प्रकार और 3. केवल युक्तियों के बल पर उपपत्ति अथवा उसके आभास को उत्पन्न करनेवाला। युक्तियाँ भी दो प्रकार की होती हैं—विशेष और सामान्य।

भाषण कला के तीन भेद हैं—

1. परामर्शदाता की वक्तृत्व कला किसी भावी कार्य पद्धति की भलाई-बुराई को प्रदर्शित करती है।
2. समर्थक की वक्तृत्व कला किसी भूतकालिक कर्म की वैधता अथवा अवैधता को सिद्ध करती है।
3. प्रदर्शनात्मक वक्तृत्व कला किसी विद्यमान वस्तु अथवा व्यक्ति की श्रेष्ठता अथवा नीचता को प्रदर्शित करती है।

इसके अतिरिक्त अरस्तू ने यह भी बतलाया है कि राजनीतिक भाषणों में, घोषणात्मक व्याख्यानों में तथा न्यायालयों की वक्तृताओं में किस प्रकार की युक्तियाँ उचित और उपयोगी होती हैं। 'रेतौरिका' की अंतिम पुस्तक में अरस्तू ने शैली का विस्तृत विवेचन किया है एवं स्पष्टता अथवा प्रसाद गुण और औचित्य—ये दो शैली के विशेष गुण माने हैं। इन गुणों की उपलब्धि के उपायों की चर्चा भी की गई है। भाषण की गद्य शैली में प्रच्छन्न भाव से लय का भी उपयोग किया जाना चाहिए।

इसके अतिरिक्त अरस्तू ने यह भी बतलाया है कि राजनीतिक भाषणों में, घोषणात्मक व्याख्यानों में तथा न्यायालयों की वक्तृताओं में किस प्रकार की युक्तियाँ उचित और उपयोगी होती हैं। 'रेतौरिका' की अंतिम पुस्तक में अरस्तू ने शैली का विस्तृत विवेचन किया है एवं स्पष्टता अथवा प्रसाद गुण और औचित्य—ये दो शैली के विशेष गुण माने हैं।

अरस्तू के पूर्ववर्ती लेखकों ने भाषण को अनेक भागों में विभक्त करने की योजनाएँ प्रस्तुत की थीं। अरस्तू ने उनका परिहास किया है। उनके मत में किसी भी भाषण के केवल दो ही अंग हो सकते हैं—

1. अपने पक्ष का कथन।
2. उसका उपपत्तिपूर्वक प्रतिपादन।

इसके विपरीत इसॉक्रातेस ने भाषण के चार अंग गिनाए थे—

1. भूमिका।
2. अपने पक्ष का कथन।
3. उपपत्ति।
4. समापन।

अरस्तू इन चार अंगों को तो कुछ हद तक स्वीकार कर लेने को तैयार थे, पर इससे अधिक अंग विभाजन उनको कदापि मान्य नहीं था। प्राचीन काल में इस विद्या का अधिक मान था, पर वर्तमान में इसकी उतनी प्रतिष्ठा नहीं रही है।

अरस्तू का काव्यशास्त्र (पैरी पोइतिकेस) आकार में अत्यंत लघु, मगर महत्त्व में अत्यंत गौरवशाली पुस्तक है। इसका नामार्थ है काव्य रचना अथवा केवल रचनाशास्त्र। इस पुस्तक का यूरोप के साहित्य पर गहरा प्रभाव पड़ा। इटली, फ्रांस और स्पेन की नाट्य रचनाओं का नियंत्रण इस ग्रंथ के द्वारा सुदीर्घ काल तक होता रहा।

अरस्तू का काव्यशास्त्र (पैरी पोइतिकेस) आकार में अत्यंत लघु, मगर महत्त्व में अत्यंत गौरवशाली पुस्तक है। इसका नामार्थ है काव्य रचना अथवा केवल रचनाशास्त्र। इस पुस्तक का यूरोप के साहित्य पर गहरा प्रभाव पड़ा। इटली, फ्रांस और स्पेन की नाट्य रचनाओं का नियंत्रण इस ग्रंथ के द्वारा सुदीर्घ काल तक होता रहा।

अरस्तू ने इसका प्रणयन बड़ी तैयारी के उपरांत किया था, पर यह अत्यंत खेद का विषय है कि यह ग्रंथ अभी तक अपूर्ण रूप में ही मिलता है। कहते हैं कि इसकी एक पुस्तक और थी, जो वर्तमान युग में उपलब्ध नहीं है।

प्लेटो ने अपनी कल्पना के आदर्श नगर से कवियों को बहिष्कृत कर दिया था। उनके मत में वास्तविक जगत् आदर्श जगत् की धुँधली प्रतिकृति है और काव्य इस धुँधली प्रतिकृति की और भी धुँधली प्रतिकृति होने के कारण सत्य

से दोगुनी दूरी पर है, इसीलिए त्याज्य है।

अरस्तू ने इस सिद्धांत का विरोध किया और काव्य एवं उसकी विभिन्न शाखाओं के विषय में एक वैज्ञानिक दृष्टिकोण प्रस्तुत करने के लिए इस ग्रंथ की रचना की। यह दुर्भाग्य ही माना जाएगा कि इस पुस्तक का जो भाग उपलब्ध है, उसमें सामान्य भूमिका के पश्चात् केवल नाटक और नाटक के क्षेत्र में भी केवल गंभीर प्रकृति के त्रागेदी (दुःखांत नाटक) का ही विशेष प्रतिपादन मिलता है। गीतिकाव्य, महाकाव्य इत्यादि अन्य काव्यांशों के विषय का प्रतिपादन जिस भाग में था, वह या तो लिखा ही नहीं गया या सर्वदा के लिए खो गया है।

काव्य के विषय में अरस्तू के दृष्टिकोण में किसी प्रकार की रहस्यात्मक भावना नहीं थी। इस विषय में उनका दृष्टिकोण नितांत व्यावहारिक और व्यक्तिनिरपेक्ष है। काव्य को अरस्तू भी अपने गुरु के समान जीवन की अनुकृति मानते हैं। इस परिभाषा के विषय में ग्रीक जगत् में किसी को आपत्ति नहीं थी, क्योंकि उनकी कला सभी क्षेत्रों में अनुकरणात्मक थी।

काव्य के विषय में अरस्तू के दृष्टिकोण में किसी प्रकार की रहस्यात्मक भावना नहीं थी। इस विषय में उनका दृष्टिकोण नितांत व्यावहारिक और व्यक्तिनिरपेक्ष है। काव्य को अरस्तू भी अपने गुरु के समान जीवन की अनुकृति मानते हैं। इस परिभाषा के विषय में ग्रीक जगत् में किसी को आपत्ति नहीं थी, क्योंकि उनकी कला सभी क्षेत्रों में अनुकरणात्मक थी।

इसका अर्थ वह नहीं समझा जाना चाहिए, जो प्लेटो ने समझा था। कविता जीवन का अनुकरण है इसीलिए वह जीवन की निर्जीव छाया है—ऐसा समझना भारी भूल होगी। हम सोते-जागते सब समय जीवन और उसके अनुभवों से घिरे रहते हैं। यही दशा कवियों और कलाकारों की भी होती है, पर उनकी सहानुभूतिपूर्ण अनुभव करने की शक्ति, संवेदनशीलता अन्य साधारण जनों की अपेक्षा अधिक समर्थ और सूक्ष्म होती है।

जब वे इस अनुभव का कलाकृतियों में अनुकरण करते हैं तो वे उसके साथ में अपने व्यक्तित्व और अपनी कल्पना का योग कर देते हैं, जिसके कारण

उनकी रचनाएँ न तो जीवन की तसवीर के सदृश शत-प्रतिशत नकल होती हैं और न जीवन की निर्जीव धुँधली छाया। कल्पना का योग उनको अनुप्राणित करके आनंदमय और आकर्षक बना देता है।

काव्य और नाटक के क्षेत्र में ग्रीक कलाकारों ने अपने देश की पौराणिक गाथाओं को बार-बार ग्रहण किया है। यदि कविता और नाटक केवल अनुकृति मात्र होते तो एक विषय पर विविध कवियों द्वारा रची गई कृतियाँ बिल्कुल एक सी होतीं, पर वास्तविक स्थिति ऐसी नहीं है। एक ही कथावस्तु विभिन्न कलाकारों के व्यक्तित्व और कल्पना के ढंग से अनुरंजित होकर हमारे सामने एक पृथक् कलाकृति के रूप में आती है।

काव्य और नाटक के क्षेत्र में ग्रीक कलाकारों ने अपने देश की पौराणिक गाथाओं को बार-बार ग्रहण किया है। यदि कविता और नाटक केवल अनुकृति मात्र होते तो एक विषय पर विविध कवियों द्वारा रची गई कृतियाँ बिल्कुल एक सी होतीं, पर वास्तविक स्थिति ऐसी नहीं है।

प्रत्येक कवि की रचना एक ही कथावस्तु की अनुकृति भी है, पर क्योंकि उसके व्यक्तित्व ने उसकी अपनी सी व्याख्या प्रस्तुत की है, इसीलिए वह अन्य कवियों की उसी विषय की अन्य प्रकार के व्यक्तित्व द्वारा की गई व्याख्या से पृथक् है। भारतवर्ष में रामचरित को लेकर वाल्मीकि रामायण, आध्यात्म रामायण, कंब रामायण, रामचरितमानस, रामचंद्रिका, वृत्तिवासी रामायण एवं राधेश्याम कथावाचक की रामायण इत्यादि न जाने कितनी रचनाएँ प्रस्तुत की गई हैं। वे सभी रामचरित की अनुकृतियाँ हैं, पर विभिन्न कवियों के व्यक्तित्व और कल्पना की अनिवार्य भिन्नता के कारण वे सब एक दूसरे से भिन्न हैं।

इसी सिद्धांत से जोड़कर नाटक के, खास तौर पर गंभीर अथवा दु:खांत नाटक के संबंध से प्रस्तुत किया गया अरस्तू का काव्य भी उपयोगिता का सिद्धांत है। इसको भावविरेचन (काव्यार्सिस) का सिद्धांत कहा जाता है। दैनिक जीवन में हमको अनेक बार भाषातिरेक का अनुभव करना पड़ता है। बहुत सी परिस्थितियों में मनोवेग (क्रोध अथवा शोक के वेग) के कटु घूँट पीने पड़ते हैं। यह सब

हमारे मानसिक और शारीरिक स्वास्थ्य तथा संतुलन के लिए खतरे की बात है।

इसी प्रकार के मनोवेगों के प्रशमन के लिए एथेंस में एवं अन्य स्थानों पर भी दियोनीषिया नामक उत्सव के समय नाटकों का मंचन किया जाता था। कवि अपनी कल्पना द्वारा प्राचीन यूनानी देवी-देवताओं और वीर पुरुषों तथा रमणियों के कार्यकलाप को अपनी नाट्यकृति के रूप में प्रस्तुत करता था। अभिनेता और नृत्यमंडलियाँ उसी को रंगमंच पर प्रस्तुत करते थे और जनता अपनी कल्पना के द्वारा उसके साथ तन्मय होकर यथाशक्ति उनके प्रेम, शोक और क्रोध का अनुभव करते हुए इन भावों के अपने हृदय में संचित अतिरेक की अभिव्यक्ति द्वारा उससे मुक्त होकर पुनः मानसिक और शारीरिक संतुलन तथा स्वास्थ्य को प्राप्त कर लेती थी।

अरस्तू राजवैद्य के पुत्र थे और उनको वैद्यशास्त्र का अच्छा ज्ञान था। यह भावविरेचन का सिद्धांत उन्होंने इसी ज्ञान के सहारे प्रतिपादित किया था, पर इस सिद्धांत में आधुनिक मनोविज्ञान के अवचेतन मानस के सिद्धांत का पूर्वाभास भी दृष्टिगोचर होता है। अरस्तू के समय की जनता वर्ष भर में दो बार इस भाव-विरेचन योग को ग्रहण करती थी।

अरस्तू राजवैद्य के पुत्र थे और उनको वैद्यशास्त्र का अच्छा ज्ञान था। यह भावविरेचन का सिद्धांत उन्होंने इसी ज्ञान के सहारे प्रतिपादित किया था, पर इस सिद्धांत में आधुनिक मनोविज्ञान के अवचेतन मानस के सिद्धांत का पूर्वाभास भी दृष्टिगोचर होता है। अरस्तू के समय की जनता वर्ष भर में दो बार इस भाव-विरेचन योग को ग्रहण करती थी।

कला के रूप में सार्विकता रहती है—यह तथ्य अरस्तू ने अपने गुरु से ग्रहण किया था, पर कला का उद्‌देश्य जीवन की प्रत्यभिव्यक्ति के द्वारा एक विशिष्ट प्रकार का आनंद-प्रदान हमारे जीवन में भाषा-संतुलन की स्थापना करना है, यह अरस्तू की आलोचनाशास्त्र की अपनी देन थी।

अरस्तू ने इस ग्रंथ में विशेष रूप से 'त्रागेदी' नामक नाटक का ही विवरण उपस्थित किया है। यह नाटक ऐसे कार्य की प्रत्यभिव्यक्ति है, जो गंभीर, पूर्ण और कुछ विशालता लिये हो। इसकी भाषा नाटक के विविध भागों में प्राप्त होनेवाले

कलात्मक अलंकारों से सजी-धजी होनी चाहिए। प्रत्यभिव्यक्ति क्रियात्मक होनी चाहिए, वर्णनात्मक नहीं। दर्शकों और पाठकों में करुणा और भय को उत्पन्न करके नाटक को उनमें इन्हीं तथा अन्य मनोवेगों का परिष्कार करने की क्षमता होनी चाहिए।

त्रागेदी के 6 अंग अथवा तत्त्व होते हैं—

1. दृश्यमान रूप।
2. गीति।
3. शब्द चयन।
4. कथावस्तु।
5. चरित्र।
6. विचार।

आधी से अधिक पुस्तक में अरस्तू ने इन्हीं विषयों का विवेचन किया है। शेष पुस्तक में महाकाव्य एवं त्रागेदी के भेद को प्रतिपादित किया है।

प्रसिद्ध फ्रांसीसी विद्वान् लियां रोबिन ने अपनी पुस्तक 'ग्रीक थॉट्स' में अरस्तू के विषय में सबसे लंबा अध्याय लिखकर उसकी महत्ता का प्रतिपादन एक वाक्य में इस प्रकार किया है—

"He was a mighty encyclopaedist and a master teacher."

'समर्थ विश्वज्ञ और सिद्ध शिक्षक' एवं 'ज्ञानिनां गुरु' अरस्तू दर्शन जगत् में सर्वदा के लिए अमर हैं।

चिरकाल तक ज्ञान-विज्ञान की प्रगति में उनके विचार बाधक बने तो इसमें उनका दोष नहीं था। उन्होंने कहीं भी सर्वज्ञता का दावा नहीं किया। गलती की तो उनके पश्चात् आनेवाली पीढ़ियों ने। दार्शनिकों का सच्चा सत्कार है, उनके विचारों की निर्मम आलोचना—जैसाकि स्वयं अरस्तू ने अपने गुरु के विषय में किया, पर उनके शिष्यों ने उनकी आलोचना न करके उनको सर्वज्ञ मान लिया।

□

ज्ञान मीमांसा

अरस्तू ऐसे पहले यूनानी दार्शनिक थे, जिन्होंने दर्शन, विज्ञान, कला आदि ज्ञान के विभिन्न क्षेत्रों की सीमाएँ निश्चित करने के प्रयत्न किए थे। उनसे पहले के दार्शनिकों ने विश्व की समस्याओं पर विचार तो किया था, किंतु उन्होंने विचार की परिधि निश्चित करने का प्रयत्न बिल्कुल नहीं किया था। भौतिक विचारकों ने समझा कि प्रकृति में सम्मिलित तत्त्वों का विश्लेषण कर लेने पर विश्व का ज्ञान प्राप्त हो जाएगा।

अरस्तू ने मेटाफिजिका में कहा—"प्रकृति सत्ता का केवल एक सीमित अंश है।" उन्होंने यह भी कहा कि जो लोग केवल भौतिक पदार्थों को ही तत्त्व मान लेते हैं, वे कई प्रकार से भूल करते हैं। सबसे बड़ी भूल तो यह करते हैं कि वे सूक्ष्म वस्तुओं के अस्तित्व का ही निराकरण कर देते हैं। इसी प्रसंग में उन्होंने यह भी कहा कि उत्पत्ति और विनाश के कारण भी वे नहीं बता पाते हैं, क्योंकि भौतिक पदार्थों को गति का स्रोत मान लेने पर वास्तविक स्रोत का पता नहीं चलता। द्रव्य को वे कारणों में उचित स्थान नहीं दे पाते और न यह बता पाते हैं कि अग्नि आदि तत्त्व किस प्रकार एक दूसरे से उत्पन्न होते हैं।

ज्ञेय की प्राथमिकता

इस प्रकार अरस्तू ने ज्ञान की सबसे पहली समस्या यह बतलाई कि आंशिक सत्य को पूर्ण सत्य नहीं समझा जाए। इस भूल से बचने का उन्होंने यह उपाय बतलाया कि ज्ञान को वस्तुओं का पूर्ववर्ती न माना जाए। उन्होंने कहा कि यूनानी दार्शनिक यदि विश्व के विस्तार पर विचार कर ज्ञेय वस्तुओं के पूरे क्षेत्र को अपने

चिंतन का विषय बना सके होते तो वे जितना अनुसंधान कर सके थे, उसी को विश्व दर्शन न समझते।

इस प्रकार के भ्रम का निवारण करने के लिए अरस्तू ने 'कैटेगोरी' (पदार्थ निर्णय) नामक ग्रंथ में ज्ञान को वस्तु सापेक्ष सिद्ध करने का प्रयत्न किया। अरस्तू का कथन है कि ज्ञान किसी-न-किसी वस्तु का होता है। जिस वस्तु का ज्ञान होता है, वह ज्ञान होने से पहले रहती है, पर इसका यह तात्पर्य नहीं है कि जो वस्तु होती है, उसका ज्ञान अवश्यंभावी होता है।

बिना ज्ञान हुए भी वस्तु रह सकती है। वह अपनी स्थिति के लिए ज्ञान पर निर्भर नहीं रहती। इसके विपरीत ज्ञान वस्तु पर निर्भर रहता है। ज्ञेय वस्तु का नाश हो जाने पर ज्ञान की संभावना नहीं रह जाती। इस प्रकार अरस्तू ज्ञान मीमांसा के निमित्त तत्त्व मीमांसा की अनिवार्यता सिद्ध कर देते हैं।

बिना ज्ञान हुए भी वस्तु रह सकती है। वह अपनी स्थिति के लिए ज्ञान पर निर्भर नहीं रहती। इसके विपरीत ज्ञान वस्तु पर निर्भर रहता है। ज्ञेय वस्तु का नाश हो जाने पर ज्ञान की संभावना नहीं रह जाती। इस प्रकार अरस्तू ज्ञान मीमांसा के निमित्त तत्त्व मीमांसा की अनिवार्यता सिद्ध कर देते हैं।

ज्ञान के विभाग

अब वह ज्ञेय वस्तुओं का विश्लेषण करते हैं। उनके विचार से वस्तुएँ तीन प्रकार की होती हैं—सदैव गतिमान रहनेवाली वस्तुएँ, अचल वस्तुएँ, जो चल वस्तुओं को गतिमान करती हैं और वे अचल वस्तुएँ, जो गतिमान वस्तुओं से अलग नहीं की जा सकतीं। इन्हीं तीन प्रकार की वस्तुओं को उन्होंने तीन शास्त्रों अथवा विज्ञानों के अध्ययन का विषय माना। भौतिक शास्त्र अथवा मेटा फिजिका का विषय गतिमान वस्तुओं का अध्ययन है। ये वस्तुएँ पदार्थ से भिन्न नहीं होतीं। परिवर्तन, उत्पत्ति और विनाश का क्रम इन्हीं वस्तुओं में पाया जाता है। इन्हीं से मिलती-जुलती वे वस्तुएँ हैं, जो अचल होते हुए भी गतिमान वस्तुओं में निहित होती हैं, जैसे रेखाएँ और वृत्त। इन वस्तुओं का अध्ययन करनेवाला शास्त्र गणित कहलाता है। गति के अचल स्रोत का

अध्ययन प्रथम विज्ञान का विषय है। अरस्तू दर्शन को कभी 'प्रथम विज्ञान', कभी 'दार्शनिक विज्ञान' और कभी ईश्वर विषयक शास्त्र कहते हैं। उनके ग्रंथों में दर्शन और विज्ञान शब्दों का प्रयोग लगभग पर्यायवाची शब्दों की भाँति हुआ है।

उपर्युक्त तीनों अध्ययनों को उन्होंने ज्ञान के एक ही विभाग में रखा था, जिसे वह सैद्धांतिक ज्ञान कहते थे। उनके विचार से ज्ञान के पूर्ण विस्तार को तीन विभागों में बाँटा जा सकता है, जिन्हें वह सैद्धांतिक, व्यावहारिक तथा उत्पादन संबंधी ज्ञान कहते थे। उन्होंने इन तीनों के अलग-अलग उद्‌देश्य भी बतलाए हैं। सैद्धांतिक ज्ञान सत्य की खोज में प्रवृत्त होता है, व्यावहारिक ज्ञान कर्म का विवेचन करता है और उत्पादन संबंधी ज्ञान उत्पादन के नियम बताने का प्रयत्न करता है।

अरस्तू ने भौतिक विज्ञान, गणित और दर्शन को सैद्धांतिक विज्ञान के अंतर्गत रखा था। उनके विवेचन से पता चलता है कि वह दर्शन को सैद्धांतिक अध्ययन का उच्चतम विकास मानते थे। उनके अनुसार, दृष्ट जगत् के सूक्ष्मातिसूक्ष्म कारण का ज्ञान ही 'दर्शन' है, किंतु यह ज्ञान एकाएक प्राप्त होनेवाला नहीं है।

अरस्तू स्पष्ट ज्ञान प्राप्त करने के लिए अध्ययन के विभिन्न क्षेत्रों की सीमाएँ स्पष्ट कर लेना बहुत ही आवश्यक समझते थे। साथ ही वह इनके पारस्परिक संबंधों पर निगाह रखना भी आवश्यक मानते थे।

सैद्धांतिक विज्ञान

अरस्तू ने भौतिक विज्ञान, गणित और दर्शन को सैद्धांतिक विज्ञान के अंतर्गत रखा था। उनके विवेचन से पता चलता है कि वह दर्शन को सैद्धांतिक अध्ययन का उच्चतम विकास मानते थे। उनके अनुसार, दृष्ट जगत् के सूक्ष्मातिसूक्ष्म कारण का ज्ञान ही 'दर्शन' है, किंतु यह ज्ञान एकाएक प्राप्त होनेवाला नहीं है। 'मेटाफिजिका' के प्रारंभ में उन्होंने कहा है कि मानव स्वभाव के कई प्रकार से बंधनों में होने के कारण जिस ज्ञान की हम खोज में हैं, वह मानव शक्ति से परे समझा जा सकता है। इस प्रकार के ज्ञान का धीरे-धीरे विकास किया जा सकता है।

अरस्तू ने इस विचार को कई प्रसंगों में व्यक्त किया है, 'मेटाफिजिका' में

ही उन्होंने बतलाया है कि अविशिष्ट ज्ञान की आकांक्षा करनेवाले को पहले उन वस्तुओं का ज्ञान प्राप्त करना चाहिए, जो सरलता से जानी जा सकती हों और फिर धीरे-धीरे उच्चतर ज्ञान की ओर बढ़ना चाहिए।

अपने इसी विचार के कारण वह दर्शन के जिज्ञासु को भौतिक विज्ञान के अध्ययन से प्रारंभ कर धीरे-धीरे दर्शन के क्षेत्र में प्रवेश करने की सम्मति देने के अभिप्राय से सैद्धांतिक विज्ञान के विभाजन में भौतिक विज्ञान को सबसे नीचे, गणित को मध्य में और दर्शन को सबसे ऊपर रखते हैं।

गणित की उपेक्षा

कहा जाता है कि अरस्तू ने जहाँ भौतिक विज्ञान, दर्शन और अन्य मानवीय अध्ययनों पर इतने प्रचुर साहित्य की रचना की, वहीं गणित की पूर्ण उपेक्षा की, किंतु सैद्धांतिक विज्ञानों में उन्होंने गणित को जो स्थान दिया है, उससे उनकी उपेक्षा दृष्टि का पता नहीं चलता। गणित को उन्होंने भौतिक शास्त्र से ऊँचा स्थान दिया था। उनके मत से भौतिक शास्त्र चल वस्तुओं का अध्ययन करता है, किंतु गणित चल वस्तुओं में व्याप्त अंश का। गणित की प्रशंसा में उन्होंने कहा है कि गणित सौंदर्य के मुख्य रूपों का, जो व्यवस्था, सुघढ़ता और सीमाबद्धता है, उसका विशेष रूप से ज्ञान कराता है।

अपने इसी विचार के कारण वह दर्शन के जिज्ञासु को भौतिक विज्ञान के अध्ययन से प्रारंभ कर धीरे-धीरे दर्शन के क्षेत्र में प्रवेश करने की सम्मति देने के अभिप्राय से सैद्धांतिक विज्ञान के विभाजन में भौतिक विज्ञान को सबसे नीचे, गणित को मध्य में और दर्शन को सबसे ऊपर रखते हैं।

उनके समय में गणित की इतनी मान्यता बढ़ गई थी कि दार्शनिक लोग गणित को दर्शन का विकल्प समझने लगे थे। गणित को वह इतना महत्त्व नहीं देना चाहते थे। इसलिए उन्होंने कहा था कि गणित का सूक्ष्म औचित्य प्रत्येक विषय के अध्ययन के लिए अपेक्षित नहीं है, किंतु अपदार्थों के अध्ययन के लिए वह गणित की सूक्ष्मता का समर्थन भी करते हैं। उनके इन विचारों से इस बात का समर्थन नहीं होता कि वह गणित के प्रति उदासीन थे।

हो सकता है कि गणित के द्वारा ज्ञेय वस्तुओं को भौतिक और दर्शन की वस्तुओं के बीच की कड़ी मानते हुए भी वह उनका ज्ञान प्राप्त करना अपने गंतव्य तक पहुँचने के लिए आवश्यक न समझते रहे हों, क्योंकि उनका ध्येय चल वस्तुओं के ज्ञान से अचल वस्तुओं के ज्ञान तक पहुँचना था। उनका अभीष्ट चल वस्तुओं से भिन्न अचल वस्तुओं का ज्ञान था, जबकि वह गणित के द्वारा केवल चल वस्तुओं में व्याप्त अचल तत्त्व का ज्ञान संभव मानते थे। अपने उद्‌देश्य को पूरा करने के लिए उन्होंने अपने संपूर्ण साहित्य में, उत्पादन संबंधी विज्ञानों और व्यावहारिक विज्ञानों से भौतिक विज्ञान और दर्शन के अंतरों को स्पष्ट करने का प्रयत्न किया है।

हो सकता है कि गणित के द्वारा ज्ञेय वस्तुओं को भौतिक और दर्शन की वस्तुओं के बीच की कड़ी मानते हुए भी वह उनका ज्ञान प्राप्त करना अपने गंतव्य तक पहुँचने के लिए आवश्यक न समझते रहे हों, क्योंकि उनका ध्येय चल वस्तुओं के ज्ञान से अचल वस्तुओं के ज्ञान तक पहुँचना था।

उत्पादन संबंधी विज्ञान

उत्पादन संबंधी विज्ञान से अरस्तू का तात्पर्य कलाओं के ज्ञान से था। वह भौतिक वस्तुओं की उत्पत्ति का रहस्य समझने के लिए उत्पादन की प्रकृति पर विचार करना आवश्यक समझते थे। उन्हें मालूम था कि हेराक्लाइटस, अग्नि से वस्तुओं की उत्पत्ति और अग्नि में ही उनका लय मानते हुए भी परिवर्तन को वस्तुओं का अंतिम सत्य कह गए थे। अरस्तू ऐसी भूल नहीं करना चाहते थे, इसलिए उन्होंने उत्पादन की गतिविधि पर विचार किया। ऐसा करने पर उन्हें तीन प्रकार के उत्पादनों का पता चला—प्राकृतिक उत्पादन, कलात्मक उत्पादन और आकस्मिक उत्पादन।

इन तीनों में उन्हें कुछ समानताएँ दिखाई दीं। किसी भौतिक वस्तु में परिवर्तन होने पर ही कोई दूसरी भौतिक वस्तु उत्पन्न होती है, चाहे इस परिवर्तन का कारण प्रकृति हो, कला हो अथवा भाग्य हो। इस प्रकार उन्होंने यह नतीजा निकाला कि पदार्थ के बिना किसी प्रकार का उत्पादन संभव नहीं। दूसरी समानता उन्हें ज्ञान की दृष्टि से मिली। उन्होंने देखा कि सभी प्रकार के उत्पादनों का ज्ञान

संभावनाओं का ज्ञान है। उनके विचार से प्रकृति भी एक प्रकार की संभावना या 'पोटेंसी' है।

प्राकृतिक और कलात्मक उत्पादनों में अंतर

अरस्तू के अनुसार पदार्थ और संभावना में समानताएँ होने पर भी प्राकृतिक और कलात्मक उत्पादनों में अंतर है। प्रकृति के द्वारा उत्पन्न की जानेवाली वस्तुओं के निमित्त वस्तुओं से बाह्य नहीं होते। वृक्ष से वृक्ष और मनुष्य से मनुष्य उत्पन्न होता है। कलात्मक उत्पादन में परिवर्तन का स्रोत वस्तुओं में न होकर कलाकार में होता है। इससे भी बढ़कर प्रकृति में होनेवाले परिवर्तन बँधे हुए नियमों के अनुसार होते हैं, किंतु कला संबंधी परिवर्तन कलाकार के संकल्पों पर निर्भर रहते हैं। कलात्मक परिवर्तनों में प्राकृतिक नियमों की अनिवार्यता नहीं रहती।

इस विचार से अरस्तू इस नतीजे पर पहुँचते हैं कि कलाओं को सैद्धांतिक विज्ञान का विषय नहीं बनाया जा सकता।

अरस्तू के अनुसार पदार्थ और संभावना में समानताएँ होने पर भी प्राकृतिक और कलात्मक उत्पादनों में अंतर है। प्रकृति के द्वारा उत्पन्न की जानेवाली वस्तुओं के निमित्त वस्तुओं से बाह्य नहीं होते। वृक्ष से वृक्ष और मनुष्य से मनुष्य उत्पन्न होता है। कलात्मक उत्पादन में परिवर्तन का स्रोत वस्तुओं में न होकर कलाकार में होता है।

आकस्मिक उत्पादनों की प्रकृति

अब अरस्तू आकस्मिक अथवा भाग्य के अधीन समझी जानेवाली घटनाओं की प्रकृति पर विचार करते हैं। 'मेटाफिजिका' में उन्होंने कहा कि भाग्य उन आकस्मिक घटनाओं का कारण बन जाता है, जिन्हें साधारण रूप में किसी उद्देश्य की पूर्ति के लिए घटित कराने का प्रयत्न किया जाता है। भाग्य विचार के उद्देश्य को पूरा कर देता है, किंतु भाग्यसूचक फलों की प्राप्ति करानेवाले कारणों का पहले से कुछ भी अनुमान नहीं किया जा सकता, क्योंकि वे अनिश्चित होते हैं।

आकस्मिक होने के नाते ये अविशेष अर्थ में किसी वस्तु के कारण भी नहीं

होते। इस विचार से अरस्तू इस नतीजे पर पहुँचते हैं कि आकस्मिक घटनाओं का वैज्ञानिक अध्ययन संभव नहीं, क्योंकि वैज्ञानिक अध्ययन निश्चित कारणों की खोज करता है।

इस प्रकार कलाओं के अध्ययन की भाँति अरस्तू आकस्मिक घटनाओं को भी सैद्धांतिक अध्ययन के लिए अनुपयुक्त पाते हैं।

व्यावहारिक ज्ञान का स्वभाव

कलाओं के स्वभाव पर विचार कर लेने पर विज्ञान और दर्शन का एक ही प्रतिस्पर्धी रह गया था—वह था व्यावहारिक विज्ञान। अरस्तू ने एयिका निकोमैकिया (निकोमैकीय नीति) में इसके स्वभाव पर विचार किया। उन्होंने देखा कि कलाओं का संबंध मानवीय निर्माण से है और व्यावहारिक विज्ञान का संबंध मानवीय कर्मों से है। दोनों के विषय अनिश्चित हैं।

कलाओं के स्वभाव पर विचार कर लेने पर विज्ञान और दर्शन का एक ही प्रतिस्पर्धी रह गया था—वह था व्यावहारिक विज्ञान। अरस्तू ने एयिका निकोमैकिया (निकोमैकीय नीति) में इसके स्वभाव पर विचार किया। उन्होंने देखा कि कलाओं का संबंध मानवीय निर्माण से है और व्यावहारिक विज्ञान का संबंध मानवीय कर्मों से है।

कलाकार उन वस्तुओं को नहीं बनाता, जो निश्चित रूप से उत्पन्न होती हैं। वह पत्थर नहीं, पत्थर की मूर्ति बनाता है। इसी प्रकार व्यावहारिक बुद्धिवाला मनुष्य अनिवार्य रूप से किए जानेवाले कर्मों पर विचार नहीं करता। उसके विचार के विषय वे ही कर्म हैं, जो भले अथवा बुरे माने जा सकते हैं।

अरस्तू ने इस प्रकार यह निर्णय किया कि कला संबंधी ज्ञानसे व्यावहारिक ज्ञान यद्यपि भिन्न है, तथापि दोनों में अनिश्चित विषयों की समानता है। व्यावहारिक ज्ञान को भी कला संबंधी ज्ञान की ही भाँति सैद्धांतिक अध्ययन का विषय नहीं बनाया जा सकता।

विज्ञान और दर्शन

उपर्युक्त विवेचन से अरस्तू को सच्चे अर्थ में, ज्ञान के दो ही क्षेत्र मिले—भौतिक जगत् का वह भाग, जिसमें नियमित रूप से परिवर्तन होते हैं और प्रकृति को उद्वेलित करनेवाला गति का अचल केंद्र, जिसकी न कभी उत्पत्ति हुई थी और न कभी जिसका विनाश ही होगा। इन्हीं दोनों का वह सैद्धांतिक अध्ययन संभव मानते थे और इसी अध्ययन से प्राप्त ज्ञान को क्रमशः विज्ञान और दर्शन मानते थे, किंतु यह विज्ञान और दर्शन का भेद आधुनिक है। अरस्तू इन दोनों अध्ययनों को एक ही ज्ञान संबंधी विकास के दो स्तर समझते थे, इसीलिए वह कभी दोनों अध्ययनों को दर्शन कहकर और कभी दोनों को विज्ञान कहकर दूसरे अध्ययन को प्रथम बतलाते थे।

दर्शन को प्रथम दर्शन अथवा प्रथम विज्ञान कहने से अरस्तू का उद्देश्य यह सूचित करने का था कि वह प्रथम अस्तित्व का ज्ञान है। अरस्तू के अनुसार, प्रथम अस्तित्व, जिसका ज्ञान प्राप्त करना, मनुष्य के संपूर्ण ज्ञानात्मक प्रयत्न का फल है, संसार का आदि कारण है। वह अचल रहकर संसार को गति देता है। उसी गति से प्रकृति में परिवर्तनों का क्रम चलता है। उसी से उद्भूत होनेवाली कारण-कार्य श्रृंखला से भौतिक जगत् का विस्तार हुआ है। वही वस्तुओं के विनाश का भी कारण है।

दर्शन को प्रथम दर्शन अथवा प्रथम विज्ञान कहने से अरस्तू का उद्देश्य यह सूचित करने का था कि वह प्रथम अस्तित्व का ज्ञान है। अरस्तू के अनुसार, प्रथम अस्तित्व, जिसका ज्ञान प्राप्त करना, मनुष्य के संपूर्ण ज्ञानात्मक प्रयत्न का फल है, संसार का आदि कारण है। वह अचल रहकर संसार को गति देता है।

आदि कारण का ज्ञान इतना प्राथमिक होगा कि उसे किसी प्रमाण पद्धति से प्राप्त नहीं किया जा सकेगा। इसी ज्ञान के लिए अरस्तू ने वैज्ञानिक पद्धति का विकास किया था। उनका यह विचार था कि वैज्ञानिक अनुसंधान में कार्य से कारण का पता लगाते-लगाते जब हम ऐसे कारण को खोज निकालेंगे, जिसके आगे किसी कारण का खोज पाना कठिन हो जाएगा, तभी हमें दर्शन के निश्चित तत्त्व की उपलब्धि हो जाएगी।

इसी विचार के अनुरूप उन्होंने कहा था कि जो अस्तित्व की दृष्टि से प्रथम है, उसकी ज्ञान में अंतिम उपलब्धि होगी। इस प्रकार अरस्तू का दर्शन संबंधी विचार समझने के लिए वैज्ञानिक विकास की प्रक्रिया को समझना आवश्यक है।

विज्ञान का विकास

अरस्तू के अनुसार, साधारण ज्ञान से विज्ञान का विकास होता है। अलग-अलग घटनाओं का ज्ञान सबसे निम्न स्तर का ज्ञान है। यह ज्ञान पशुओं को भी होता है, क्योंकि उनमें संवेदन शक्ति रहती है, किंतु पशुओं को अनुभव नहीं होता। अनुभव के लिए स्मरणशक्ति अपेक्षित है। अरस्तू ने अनुभव की प्रकृति को बहुत अच्छी तरह समझा था। एक ही प्रकार की घटनाओं की अनेक स्मृतियों का धारण होना ही अनुभव है। जंतुओं के विकास क्रम में मनुष्य के स्तर पर ही स्मरणशक्ति उत्पन्न होती है।

साधारण ज्ञान से विज्ञान का विकास होता है। अलग-अलग घटनाओं का ज्ञान सबसे निम्न स्तर का ज्ञान है। यह ज्ञान पशुओं को भी होता है, क्योंकि उनमें संवेदन शक्ति रहती है, किंतु पशुओं को अनुभव नहीं होता। अनुभव के लिए स्मरणशक्ति अपेक्षित है। अरस्तू ने अनुभव की प्रकृति को बहुत अच्छी तरह समझा था।

अनुभव के बाद विज्ञान की बारी आती है। विज्ञान ऐंद्रिक प्रत्यक्ष नहीं है। वह ऐंद्रिक प्रत्यक्ष से ऊँचे स्तर का ज्ञान है, किंतु बिना ऐंद्रिक प्रत्यक्षों के अनुभव में गुँथे विज्ञान संभव नहीं। अरस्तू ने कहा है कि प्रत्यक्ष विशिष्ट वस्तुओं का ज्ञान है। विज्ञान विशिष्ट वस्तुओं में छिपे हुए सामान्यों गुणों का ज्ञान है। इसी ज्ञान से वस्तुओं के कारण स्पष्ट होते हैं।

अरस्तू के इन विचारों से ज्ञानात्मक प्रक्रिया में विज्ञान का स्थान मालूम होने के साथ-साथ उसके सामान्य स्वरूप का भी पता चल जाता है। विशिष्ट स्वभाव को समझने के लिए अरस्तू ने भौतिक वस्तुओं के स्वभाव को टटोला था।

विज्ञान का स्वभाव

परिवर्तनशील वस्तुओं तथा घटनाओं में अरस्तू को कुछ शाश्वत सत्य दिखाई दिया। उन्होंने यह पाया कि वस्तुओं में निहित कारण-कार्य संबंध नियमित है। एक ही प्रकार की परिस्थितियों में दी हुई वस्तुओं के व्यापार एक से होते हैं। इस निरीक्षण से उन्होंने वस्तुओं के निश्चित स्वभावों की कल्पना की और जब यह जिज्ञासा की कि प्रत्येक वस्तु का स्वभाव निश्चित क्यों है तो उन्हें उत्तर मिला कि प्रत्येक वस्तु में अपरिवर्तनीय सार होता है, जिसके कारण उसका स्वभाव बदलता नहीं। विज्ञान का पहला काम उन्होंने वस्तुओं के सार का अनुसंधान करना निश्चित किया।

अरस्तू ने फिर विचार किया कि वस्तुओं का स्वभाव न बदलने का क्या कारण है और उत्तर में यह पाया कि वस्तुओं में कुछ अपरिवर्तनीय गुण होते हैं, किंतु ऐसे गुणों को टिकाने के लिए आधार भी तो चाहिए। इस विचार से अरस्तू इस नतीजे पर पहुँचे कि प्रत्येक वस्तु के सारभूत गुण के आधार के रूप में द्रव्य होता है। इसका पता लगाने का काम भी उन्होंने विज्ञान को सौंपा। इस प्रकार विज्ञान के दो काम निश्चित हो गए।

अरस्तू ने फिर विचार किया कि वस्तुओं का स्वभाव न बदलने का क्या कारण है और उत्तर में यह पाया कि वस्तुओं में कुछ अपरिवर्तनीय गुण होते हैं, किंतु ऐसे गुणों को टिकाने के लिए आधार भी तो चाहिए। इस विचार से अरस्तू इस नतीजे पर पहुँचे कि प्रत्येक वस्तु के सारभूत गुण के आधार के रूप में द्रव्य होता है।

विज्ञान का तीसरा काम गति के स्रोत को खोजना है। अरस्तू के विचार से परिवर्तन के स्वभाव को बिना समझे हुए वस्तु का स्वभाव नहीं समझा जा सकता और परिवर्तन का स्वभाव तभी समझा जा सकता है, जब गति का कारण समझ लिया जाए। उनका कहना था कि उनसे पहले के विचारकों की यही सबसे बड़ी कमी थी कि वे गति के स्रोतों का पता नहीं लगा सके थे।

विज्ञान का चौथा काम उन्होंने वस्तुओं में होनेवाले परिवर्तनों के उद्‌देश्यों का पता लगाना बतलाया। वह समझते थे कि बिना उद्‌देश्यों को जाने हुए

परिवर्तनों की व्याख्या पूर्ण नहीं होगी। अरस्तू पहले दार्शनिक थे, जिन्होंने प्रकृति के परिवर्तनों को सोद्देश्य समझा और विज्ञान के लिए उद्देश्यों का अनुसंधान करना आवश्यक बतलाया।

विज्ञान के विभाग

यह निश्चित कर चुकने पर कि विज्ञान के द्वारा संपूर्ण जगत् की वस्तुओं के चार कारणों को बताकर उनकी व्याख्या की जाएगी, अरस्तू के सामने यह प्रश्न आया कि इस प्रकार के अध्ययन के लिए एक विज्ञान की आवश्यकता है अथवा अनेक विज्ञानों की। स्पष्ट ही है कि एक विज्ञान पूरे जगत् का अध्ययन करने के लिए पर्याप्त नहीं हो सकता, इसलिए विज्ञानों के विभाजन की समस्या पैदा हुई।

यह निश्चित कर चुकने पर कि विज्ञान के द्वारा संपूर्ण जगत् की वस्तुओं के चार कारणों को बताकर उनकी व्याख्या की जाएगी, अरस्तू के सामने यह प्रश्न आया कि इस प्रकार के अध्ययन के लिए एक विज्ञान की आवश्यकता है अथवा अनेक विज्ञानों की।

अरस्तू ने देखा कि संसार के तमाम अस्तित्वों को विभिन्न जातियों तथा उपजातियों में बाँटा जा सकता है, इसलिए उन्होंने एक वर्ग की वस्तुओं के अध्ययन के लिए एक विज्ञान की आवश्यकता का समर्थन किया। उनके समय तक भौतिक जगत् का इतना विश्लेषण नहीं हो पाया था कि वह विभिन्न विज्ञानों के उचित स्वरूप प्रस्तुत कर पाते, किंतु अपने निरीक्षण के अनुपात में उन्होंने विभिन्न विज्ञानों के स्वरूप निश्चित करने का प्रयत्न किया। उनके प्रयत्नों से भावी अध्ययनों के निमित्त विभिन्न विज्ञानों की नीवें तो पड़ ही गईं।

विज्ञान की सीमाएँ

अरस्तू ने अपने विवेचन में यह स्पष्ट किया कि विभागीय विज्ञानों के क्षेत्र सीमित होने के कारण उनके द्वारा प्राप्त किया हुआ ज्ञान भी सीमित स्वभाव का होगा। इस बात को समझाने के लिए उन्होंने पर्याप्त तर्क दिए। प्रत्येक

विज्ञान की वस्तुएँ विशिष्ट होने से उसे कुछ विशिष्ट नियमों की आवश्यकता होगी, किंतु प्रत्येक विज्ञान की वस्तुएँ पूरे अस्तित्व की शाखा होने से दूसरे विज्ञानों की वस्तुओं से संबद्ध होंगी और उन्हें विशिष्ट नियमों की सहायता से समझने का प्रयत्न करने पर कुछ अधिक व्यापक नियमों की आवश्यकता मालूम होगी। इन व्यापक नियमों को विज्ञान की कोई भी विशिष्ट शाखा प्राप्त न कर सकेगी। इसलिए विज्ञान के प्रत्येक विभाग को कुछ व्यापक नियमों की कल्पना करनी होगी।

इतना ही नहीं मौलिक अस्तित्व के संबंध में भी कुछ सत्य स्वीकार करने होंगे। बिना इनके किसी एक विभाग की वस्तुओं की व्याख्या संभव नहीं होगी। ये सत्य विज्ञान के लिए इतने प्राथमिक होंगे कि उन्हें सिद्ध कर पाने की संभावना न होने से स्वयंसिद्ध मानना पड़ेगा। इस प्रकार अरस्तू ने यह दिखलाया कि वैज्ञानिक व्याख्याएँ बहुत ही अधूरी होंगी। वे तीन प्रकार के सत्यों पर आधारित होंगी—वास्तविक निरीक्षण से प्राप्त सत्य, कल्पित सत्य और स्वयंसिद्ध सत्य।

इतना ही नहीं मौलिक अस्तित्व के संबंध में भी कुछ सत्य स्वीकार करने होंगे। बिना इनके किसी एक विभाग की वस्तुओं की व्याख्या संभव नहीं होगी। ये सत्य विज्ञान के लिए इतने प्राथमिक होंगे कि उन्हें सिद्ध कर पाने की संभावना न होने से स्वयंसिद्ध मानना पड़ेगा।

फिर भी अरस्तू ने यह कल्पना की कि वैज्ञानिक अध्ययनों से अनुभव में इतनी वृद्धि हो जाएगी कि दर्शन के अप्रतिपाद्य विषय का भान हो सकेगा। अरस्तू के इस विचार को समझने के लिए वैज्ञानिक विधियों के उसके विवेचन को समझना आवश्यक है।

वैज्ञानिक अध्ययन की विधियाँ

अरस्तू ने वस्तुओं के वैज्ञानिक अध्ययन के लिए तर्कशास्त्र का विकास किया। उन्होंने तर्क को स्वतंत्र विषय न मानकर अध्ययन की विधि कहा था। अरस्तू के इसी विचार के अनुरूप मध्यकाल के लेखकों ने तर्क को 'ऑगनन'

नाम दिया था। उनके तर्क संबंधी साहित्य में निगमन शास्त्र का पूरा विकास प्राप्त होता है। 'कैटेगरी' नामक पुस्तक में पदों की प्रकृति पर 'डी इंटरप्रेटेशनी' में तर्क वाक्यों की प्रकृति पर, 'अनाकिटिका प्रायोरा' में न्याय के तीन आकारों पर और 'सोफिस्टिस एलेंकिस' में तर्काभासों की प्रकृति पर विचार किया गया है।

इन्हीं विवेचनों के प्रसंग में अरस्तू का प्रसिद्ध तार्किक वर्गों का सिद्धांत तथा पाँच विधेयधर्मी पदों का सिद्धांत भी मिल जाता है।

द्वंद्वात्मक पद्धति

अरस्तू के समय में द्वंद्वात्मक पद्धति का प्रचलन था। सोफिस्टों ने इसी पद्धति से काम लिया था। प्लेटो ने अपने समस्त संवादों में इसी शैली से काम लिया था। अरस्तू ने इस विवाद के लिए उपयुक्त तथा तत्त्व निरूपण के लिए अनुपयुक्त सिद्ध किया।

अरस्तू के समय में द्वंद्वात्मक पद्धति का प्रचलन था। सोफिस्टों ने इसी पद्धति से काम लिया था। प्लेटो ने अपने समस्त संवादों में इसी शैली से काम लिया था। अरस्तू ने इस विवाद के लिए उपयुक्त तथा तत्त्व निरूपण के लिए अनुपयुक्त सिद्ध किया। अरस्तू का कहना है कि द्वंद्वात्मक पद्धति का उद्देश्य ज्ञान प्राप्त करना नहीं, विपक्षी के मत का खंडन करना है, किंतु केवल खंडन ही से ज्ञान का उद्देश्य पूरा नहीं होता। फिर वह कहते हैं कि विज्ञानों के विचार के निश्चित क्षेत्र होते हैं, किंतु द्वंद्वात्मक विचार का कोई निश्चित क्षेत्र नहीं है। इस आलोचना का आधार अरस्तू के समय में प्रचलित सोफिस्टों के विवाद हैं। उनके विचार-विमर्श का कोई विशिष्ट क्षेत्र नहीं था। अरस्तू की तीसरी आलोचना यह है कि द्वंद्वात्मक चिंतन साधारण रूप से स्वीकृत सम्मतियों के आधार पर अग्रसर होता है और अंतिम बात यह कहते हैं कि द्वंद्वात्मक चिंतन में सत्य वाक्यों की नहीं, केवल संभावित वाक्यों की आवश्यकता रहती है। इसे पुष्ट करने के लिए अरस्तू ने बतलाया कि यदि वास्तविक मध्य पद के स्थान पर केवल मध्य पद प्रतीत होनेवाला पद रख दिया जाए तो भी द्वंद्वात्मक न्याय बन जाएगा।

इस प्रकार अरस्तू ने द्वंद्वात्मक पद्धति की अवैज्ञानिकता का प्रदर्शन किया।

आगमन और निगमन

द्वंद्वात्मक पद्धति का तिरस्कार कर देने पर केवल दो विधियाँ बचीं—आगमन और निगमन। इनकी प्रकृति पर अरस्तू ने 'अनाकिटिका पोस्टीटिओरा' में विचार किया है। उसे पढ़कर हम इस नतीजे पर पहुँचते हैं कि बहुत सीमित अर्थ में केवल निगमन को ही वैज्ञानिक विधि माना जा सकता है। वह वैज्ञानिक ज्ञान का अर्थ निरूपण अथवा तार्किक प्रतिपादन समझते थे। आगमन के बिना निगमन संभव नहीं है, पर आगमन के द्वारा प्राप्त किए हुए ज्ञान का निरूपण अथवा प्रतिपादन संभव नहीं।

निरूपण के लिए प्राथमिक सत्यों की आवश्यकता होती है, जिन्हें निरूपण से प्राप्त नहीं किया जा सकता। ये प्राथमिक सत्य आगमन से प्राप्त होते हैं। इस प्रकार आगमन की विधि से प्राप्त किया हुआ ज्ञान वैज्ञानिक विधि से प्राप्त किए हुए ज्ञान से स्वतंत्र तथा ऊँचे स्तर का है। इसे सिद्ध करने के प्रयत्न में वैज्ञानिक विधि को निराश होना पड़ता है। इस ज्ञान की सहज उपलब्धि होती है। यहाँ पर सहज उपलब्ध ज्ञान और वैज्ञानिक निरूपण के पारस्परिक संबंधों की समस्या पर विचार कर लेना आवश्यक है।

निरूपण के लिए प्राथमिक सत्यों की आवश्यकता होती है, जिन्हें निरूपण से प्राप्त नहीं किया जा सकता। ये प्राथमिक सत्य आगमन से प्राप्त होते हैं। इस प्रकार आगमन की विधि से प्राप्त किया हुआ ज्ञान वैज्ञानिक विधि से प्राप्त किए हुए ज्ञान से स्वतंत्र तथा ऊँचे स्तर का है। इसे सिद्ध करने के प्रयत्न में वैज्ञानिक विधि को निराश होना पड़ता है। इस ज्ञान की सहज उपलब्धि होती है।

अरस्तू के विचार से प्रत्यक्ष ज्ञान की वृद्धि होने पर वस्तुओं और गुणों के पारस्परिक संबंधों का जो सहज ज्ञान होता है, वह आगमनात्मक है—जैसे सभी मनुष्य नश्वर हैं। उसे अनेक दृष्टांतों के आधार पर प्राप्त किया जा सकता है, पर इसे वैज्ञानिक निरूपण से सिद्ध नहीं किया जा सकता। वैज्ञानिक निरूपण में इसका प्रयोग कर किसी विशिष्ट मनुष्य की नश्वरता सिद्ध भी की जा सकती है। अरस्तू इन दोनों विधियों के सतत प्रयोग से उच्चतम सामान्य की उपलब्धि

संभव बताते हैं। उनका कथन है कि कुछ दृष्टांतों के आधार पर हम एक सामान्य निष्कर्ष प्राप्त कर उसका यदि वैज्ञानिक निरूपण में प्रयोग करते जाएँ तो धीरे-धीरे दृष्टांतों की संख्या बढ़ती जाएगी और हमें अपने सहज उपलब्ध सामान्य की सत्यता पर अधिकाधिक विश्वास होता जाएगा। इसी अभ्यास में उत्तरोत्तर उच्चतर स्तर के सामान्यों की उपलब्धि होगी। धीरे-धीरे सामान्यों की परिधि में विस्तार होते-होते उच्चतम सामान्य की उपलब्धि हो जाएगी।

संक्षेप में अरस्तू इतना ही कहते हैं कि दर्शन के अप्रतिपाद्य विषय का ज्ञान सहज है। उसे किसी प्रमाण से प्राप्त नहीं किया जा सकता, किंतु वैज्ञानिक निरूपण में अधिक काल तक लगे रहकर अनुभव में इतनी वृद्धि की जा सकती है कि उक्त उपलब्धि हो सके। प्रत्यक्ष में जिस ज्ञान परंपरा का सूत्रपात होता है, वही विकास करते-करते चरम उपलब्धियों तक पहुँच जाती है। अरस्तू ने उत्तरवर्ती ज्ञान को पूर्ववर्ती ज्ञान से विकसित होनेवाला माना था। इसीलिए उन्होंने निरूपण को साधारण ज्ञान और दर्शन के बीच रखकर वैज्ञानिक चिंतन के अभ्यास का साधन बतलाया था। उनके ज्ञान सिद्धांत की सबसे बड़ी विशेषता है कि वह साधारण ज्ञान से दर्शन तक एक ही ज्ञानात्मक प्रक्रिया का विस्तार मानते थे। उनके विचार से संसार का ज्ञान पूर्ण होने पर ही ईश्वर की सहज उपलब्धि संभव है।

□

अरस्तू का भौतिक विज्ञान

अरस्तू ने अपनी ज्ञान मीमांसा के अनुरूप दर्शन के विषय को समझने के लिए भौतिक जगत् का अध्ययन किया। उन्होंने कहा था कि वैज्ञानिक अध्ययन के अनुभव से दर्शन के ज्ञेय तत्त्व की सहज उपलब्धि संभव है। इसी विचार को उन्होंने अपने भौतिक अध्ययन के द्वारा भी कार्यान्वित किया।

प्रकृति में आकस्मिकता

अरस्तू ने वस्तुओं के कार्य–कारण संबंध पर विचार कर प्राकृतिक नियमों का क्षेत्र निश्चित किया। उन्होंने देखा कि चार कारणों की अनुपस्थिति में किसी कार्य का उत्पन्न होना संभव नहीं। काँसा जब तक मूर्ति का आकार ग्रहण नहीं कर लेता, तब तक मूर्ति नहीं बनती। इन दोनों कारणों के अतिरिक्त पदार्थ में गति उत्पन्न करने वाला निमित्त कारण भी आवश्यक है।

मूर्तिकार जब तक काँसे को मूर्ति में ढालेगा नहीं तब तक मूर्ति नहीं बनेगी। चौथा कारण उद्देश्य है। मूर्तिकार के मन में मूर्ति बनाने का संकल्प होने पर ही मूर्ति बनेगी। ये सब आवश्यक नियम हैं। किसी घटनाक्रम के पूर्ण होने पर बीच की घटनाओं में निश्चित संबंध होना अनिवार्य है, पर घटनाक्रम का पूर्ण विकास तभी हो सकता है, जब बीच में गति का अवरोध न हो। योग्यता मात्र से कोई उपादान अथवा निमित्त किसी कार्य का कारण नहीं हो सकता।

गति का अबाध रूप निमित्त और उपादान के संपर्क के स्थायी रहने पर निर्भर करता है। यह संपर्क कब तक बना रहेगा, पहले से जाना नहीं जा सकता। गति का संचार होने के बाद गतिमान वस्तु का स्वभाव वह नहीं रह जाता, जो

पहले था। गति के प्रवाह में कितनी ही अड़चनें पैदा हो सकती हैं। पदार्थ को चालित करनेवाली चालक वस्तु स्वयं उसके स्पंदनों से प्रभावित होकर बहुत कुछ बदल जाती है। इन सब निरीक्षणों से अरस्तू ने यह नतीजा निकाला कि प्रकृति में पाई जानेवाली निश्चितता का एक संदर्भ होता है, जिसके बाहर कुछ भी निश्चित नहीं।

असीम का अर्थ

अरस्तू ने 'असीम' के स्वभाव पर विचार कर यह बतलाया कि भौतिक वस्तुएँ असीम नहीं हो सकतीं। वस्तुएँ दो ही प्रकार की हो सकती हैं—सरल अथवा जटिल। जटिल वस्तुएँ असीम नहीं हो सकतीं, क्योंकि वे बहुत से सरल अवयवों से बनी होती हैं और उन अवयवों के असीम होने पर प्रत्येक जटिल वस्तु में एक से अधिक असीम अवयव एकत्र हो जाएँगे।

अरस्तू ने 'असीम' के स्वभाव पर विचार कर यह बतलाया कि भौतिक वस्तुएँ असीम नहीं हो सकतीं। वस्तुएँ दो ही प्रकार की हो सकती हैं—सरल अथवा जटिल। जटिल वस्तुएँ असीम नहीं हो सकतीं, क्योंकि वे बहुत से सरल अवयवों से बनी होती हैं और उन अवयवों के असीम होने पर प्रत्येक जटिल वस्तु में एक से अधिक असीम अवयव एकत्र हो जाएँगे। सरल वस्तुओं में से कोई असीम नहीं हो सकती, नहीं तो वह अन्य सीमित सरल वस्तुओं को अपने में आत्मसात कर नष्ट कर देगी। असीम वस्तु का कोई स्थान नहीं हो सकता। पहली बात तो यही है कि असीम वस्तु किसी स्थान विशेष में रह ही नहीं सकती। अन्य तर्कों से भी यही निष्कर्ष प्राप्त होता है। असीम वस्तु या तो सावयव हो सकती है या निरवयव। अवयव असीम होने पर असीम स्थानों की आवश्यकता होगी। निरवयव वस्तु के असीम होने की दो संभावनाएँ हो सकती हैं—पूरी वस्तु असीम होने पर पूरे विश्व में व्याप्त होगी, तब वह या तो सदैव स्थिर ही रह सकती है या सदैव परिभ्रमित रह सकती है।

वस्तुओं में स्थानीय गति होती है। स्थान के बिना यह भी संभव नहीं

होती। स्थान के होने का प्रमाण शून्य की परिभाषा में मिलता है। शून्य के लिए कहा जाता है कि वह वस्तुओं से रिक्त स्थान है। स्थान ही नहीं होता तो रिक्त क्या होता? इस प्रकार अरस्तू ने यह ठहराया कि स्थान होता है। अब उन्होंने यह सोचना शुरू कर दिया कि वह क्या होता है? तीन संभावनाओं पर उनकी निगाह पड़ी। स्थान भौतिक पिंड हो सकता है। पिंडों को उत्पन्न करनेवाला भौतिक पदार्थ हो सकता है अथवा उनका आकार हो सकता है। इनमें से एक को भी उन्होंने तर्कसंगत नहीं पाया। स्थान यदि पिंड होता तो दूसरी वस्तुएँ कहाँ रहतीं, फिर स्थान के लिए स्थान की आवश्यकता होती। स्थान को प्रकृति या आकृति भी नहीं माना जा सकता, क्योंकि ये दोनों वस्तुओं में रहते हैं।

स्थान वस्तुओं से अलग होना चाहिए, नहीं तो वह वस्तुओं के नष्ट होने के साथ ही नष्ट हो जाएगा, ऐसा होता नहीं है। अंत में वह यह तय करते हैं कि स्थान वस्तुओं के बाहर की वह गतिहीन सीमा है, जो वस्तुओं को अपने में स्थित रखती है।

अरस्तू भौतिक वस्तुओं के स्थान में होने के तीन अर्थ बतलाते हैं। कुछ वस्तुएँ सचमुच स्थान में होती हैं, कुछ स्थान में होने की योग्यता रखती हैं और कुछ को इसलिए स्थान में मान लिया जाता है कि उनका कुछ भाग स्थान में रहता है। समावयव वस्तुओं के स्थान में होने पर उनके उन अवयवों को भी स्थान में मान लिया जाता है, जो स्थान में नहीं होते, क्योंकि अवयवों से अलग होकर वे स्थान से घिरने की योग्यता रखते हैं। गतिशील वस्तुएँ किसी स्थान विशेष में न रहने पर भी स्थान में मानी जाती हैं, क्योंकि उनमें स्थान में होने का स्वभाव रहता है। आकाश को इसलिए स्थान में

अरस्तू भौतिक वस्तुओं के स्थान में होने के तीन अर्थ बतलाते हैं। कुछ वस्तुएँ सचमुच स्थान में होती हैं, कुछ स्थान में होने की योग्यता रखती हैं और कुछ को इसलिए स्थान में मान लिया जाता है कि उनका कुछ भाग स्थान में रहता है। समावयव वस्तुओं के स्थान में होने पर उनके उन अवयवों को भी स्थान में मान लिया जाता है, जो स्थान में नहीं होते, क्योंकि अवयवों से अलग होकर वे स्थान से घिरने की योग्यता रखते हैं।

माना जाता है कि उसके कुछ अवयव स्थान में रहते हैं।

अरस्तू ने इस व्याख्या से यह दिखाने का प्रयत्न किया कि भौतिक वस्तुएँ किसी-न-किसी रूप में स्थान में रहती हैं। उसी में वे गति करती हैं और किसी प्रकार का अवरोध न होने पर वे किसी निश्चित स्थान की ओर बढ़ने का प्रयत्न करती हैं।

शून्य का अर्थ

पाइथागोरस के मत में शून्य को वस्तुओं के स्वभाव का कारण माना गया था। उक्त मत में संख्याओं से वस्तुओं की उत्पत्ति मानी गई थी, इसलिए उन्हें एक-दूसरे से पृथक् करने के लिए बीच-बीच में शून्य स्थान होने की कल्पना की गई थी। अरस्तू ने अनेक युक्तियों से शून्य स्थान की कल्पना को अवास्तविक ठहराया।

पाइथागोरस के मत में शून्य को वस्तुओं के स्वभाव का कारण माना गया था। उक्त मत में संख्याओं से वस्तुओं की उत्पत्ति मानी गई थी, इसलिए उन्हें एक-दूसरे से पृथक् करने के लिए बीच-बीच में शून्य स्थान होने की कल्पना की गई थी। अरस्तू ने अनेक युक्तियों से शून्य स्थान की कल्पना को अवास्तविक ठहराया। उन्होंने कहा कि वस्तुओं के चारों ओर के स्थान को शून्य मानने पर वस्तुओं के निश्चित आकार का समर्थन कठिन होगा। वस्तुओं का शून्य में स्थानांतरण समझना कठिन होगा और गतिमान वस्तुओं का विराम असंभव हो जाएगा। इस प्रकार अरस्तू ने यह निर्णय किया कि भौतिक जगत् में शून्य स्थान कहीं नहीं होता। यह हो सकता है कि किसी स्थान में भौतिक पिंड न हो, पर यह नहीं हो सकता कि किसी स्थान में पदार्थ ही न हो। तत्त्वों से शून्य स्थान जगत् में नहीं है। शून्य का अर्थ वायु से पूरित स्थान हो सकता है।

समय की व्याख्या

अरस्तू ने पूर्व और उत्तर अथवा पहले और पीछे के विचार से समय को गति की संख्या बतलाया। गति एक स्थान से प्रारंभ होती है और दूसरे स्थान पर

समाप्त होती है। अविराम होने पर भी वस्तुओं के स्थानांतरण में पहले और पीछे का अंतर उत्पन्न हो जाता है। गति के इन काल्पनिक अंशों को समय के 'अब' कहलानेवाले भागों में स्थित समझा जाता है। ये क्षण परस्पर संलग्न रहने पर भी एक-दूसरे से भिन्न होते हैं, क्योंकि इनका स्थानगत संदर्भ एक नहीं होता। फिर भी वे गति की निरंतरता के कारण एक-दूसरे से इतने सटे रहते हैं कि समय के प्रवाह में कहीं भी संधि खोज पाना कठिन हो जाता है। क्षणों में बँटे रहने के कारण ही अरस्तू समय को गति की संख्या कहते हैं।

समय की इस व्याख्या से उन्हें मालूम हुआ कि भौतिक घटनाएँ समय में उसी प्रकार घटित होती हैं जैसे वस्तुएँ स्थान में स्थित होती हैं। वस्तुओं का स्थान और समय से अनिवार्य संबंध होता है, क्योंकि परिवर्तन के दो ही मुख्य अर्थ हैं—किसी वस्तु का एक स्थान से दूसरे स्थान में चला जाना और समय के एक अंश से दूसरे अंश में पहुँच जाना। इसलिए कहा जाता है कि समय ही वस्तुओं का नाश करता है। इस अध्ययन से उन्हें शिक्षा मिली कि नित्य वस्तुएँ काल-परिच्छेद से स्वतंत्र हैं।

समय की इस व्याख्या से उन्हें मालूम हुआ कि भौतिक घटनाएँ समय में उसी प्रकार घटित होती हैं जैसे वस्तुएँ स्थान में स्थित होती हैं। वस्तुओं का स्थान और समय से अनिवार्य संबंध होता है, क्योंकि परिवर्तन के दो ही मुख्य अर्थ हैं—किसी वस्तु का एक स्थान से दूसरे स्थान में चला जाना और समय के एक अंश से दूसरे अंश में पहुँच जाना।

गति संबंधी विचार

इतनी प्रासंगिक बातों पर विचार कर लेने पर अरस्तू सभी प्रकार के परिवर्तनों पर दृष्टि डालते हैं। वह प्रकृति में चार प्रकार के परिवर्तन देखते हैं—

1. भाव से भाव में।
2. भाव से अभाव में।
3. अभाव से भाव में।
4. अभाव से अभाव में।

इनमें से तीन ही अध्ययन के विषय हो सकते हैं, क्योंकि अभाव के अभाव में परिवर्तन होने का अर्थ अज्ञात वस्तुओं का परिवर्तन है।

अभाव से भाव में परिवर्तन होने पर वस्तुओं की उत्पत्ति होती है। भाव से अभाव में परिवर्तन होने पर वस्तु का विनाश होता है। इन परिवर्तनों के पूर्ण होने पर उत्पत्ति और विनाश की अवस्थाएँ भी पूर्ण होती हैं। अधूरे रहने पर उत्पत्ति और विनाश भी अधूरे रहते हैं, किंतु इन परिवर्तनों को गति नहीं कहते।

गति में भाव से भाव में ही परिवर्तन होता है। इस प्रकार के परिवर्तन तीन होते हैं—

1. गुण संबंधी।
2. परिमाण संबंधी।
3. स्थान संबंधी।

गुण संबंधी परिवर्तन विकार कहलाता है। परिमाण संबंधी परिवर्तनों को बुद्धि और ह्रास अथवा बढ़ना-घटना कहते हैं। तीसरा स्थान संबंधी परिवर्तन गमन है। यह दो प्रकार का होता है—

1. चक्राकार।
2. रेखाकार।

विकार में वस्तु का इतना परिवर्तन नहीं होता कि वह कोई दूसरी वस्तु कही जा सके। विकार केवल ऐसे ही परिवर्तन उत्पन्न करता है, जिनसे वस्तु का रूप ज्यों-का-त्यों बना रहे जैसे—ठंडी वस्तु का गरम हो जाना, गरम से ठंडा हो जाना, मीठे से खट्टा और खट्टे से मीठा हो जाना।

विकार में वस्तु का इतना परिवर्तन नहीं होता कि वह कोई दूसरी वस्तु कही जा सके। विकार केवल ऐसे ही परिवर्तन उत्पन्न करता है, जिनसे वस्तु का रूप ज्यों-का-त्यों बना रहे जैसे—ठंडी वस्तु का गरम हो जाना, गरम से ठंडा हो जाना, मीठे से खट्टा और खट्टे से मीठा हो जाना। विकृति के निरीक्षण के आधार पर अरस्तू ने निर्जीव और सजीव वस्तुओं में भेद करने का प्रयत्न किया है। निर्जीव वस्तुओं में इंद्रिय विकार नहीं हो सकते। निर्जीव वस्तुओं को क्या मालूम कि कौन से परिवर्तन हो रहे हैं। सजीव प्राणियों को इस तरह का ज्ञान होता है।

वृद्धि और ह्रास के विषय में अरस्तू ने अधिक कुछ नहीं कहा है। उन्होंने बताया कि विकार होने पर ही वृद्धि अथवा ह्रास हो सकता है। इस प्रकार गति के तीन भेद मानते हुए भी उन्होंने दो को मिला दिया, फिर वृद्धि और ह्रास को स्थान में स्थित कहकर तीनों को एक में घटा दिया। सचमुच अरस्तू ने गति के तीन भेद करते हुए भी गमन को ही गति माना है। इसी में पूरी वस्तु गतिमान होती है।

गमन का स्वभाव

रेखाकार गति होने पर गतिमान वस्तु सीधी रेखाओं पर नीचे दाएँ और बाएँ चलती है। चक्राकार गति में पूरी वस्तु एक ही स्थान पर रहते हुए अपनी अटल धुरी के चारों ओर घूमती है। अरस्तू इस दूसरे प्रकार की गति को ही प्राथमिक तथा पूर्ण सिद्ध करते हैं। उनका कथन है कि चक्राकार गति अविराम हो सकती है। वह निश्चित हो सकती है और उसमें वेग समान रह सकता है।

रेखाकार गति होने पर गतिमान वस्तु सीधी रेखाओं पर नीचे दाएँ और बाएँ चलती है। चक्राकार गति में पूरी वस्तु एक ही स्थान पर रहते हुए अपनी अटल धुरी के चारों ओर घूमती है। अरस्तू इस दूसरे प्रकार की गति को ही प्राथमिक तथा पूर्ण सिद्ध करते हैं। उनका कथन है कि चक्राकार गति अविराम हो सकती है। वह निश्चित हो सकती है और उसमें वेग समान रह सकता है।

रेखाकार गति आदि और अंत से सीमित रहती है, क्योंकि वे रेखाएँ जिन पर गति होती है, अनंत नहीं हो सकतीं। जिनमें आदि और अंत है, वे पूर्ण नहीं हो सकतीं। चक्राकार गति किसी सीमित रेखा पर तो होती नहीं है। अटल धुरी पर घूमनेवाली वस्तु निरंतर घूमती रह सकती है। उसका स्थानांतरण तो होता नहीं, इसलिए उसमें आदि और अंत नहीं होते।

रेखाकार गति अनिश्चित होती है, क्योंकि वह विभिन्न स्थानीय संदर्भों को पार करती है। चक्राकार गति में वस्तु अपने निश्चित संदर्भ से बाहर नहीं जाती। अपने स्थानीय संदर्भ से हटकर दूसरे स्थानीय संदर्भ में जाते ही वस्तु का गत्यात्मक स्वभाव भिन्न हो जाता है।

वेग की समानता की दृष्टि से भी चक्राकार गति रेखाकार गति की अपेक्षा पूर्ण होती है। रेखाकार गति का वेग आदि से अंत तक एक नहीं रह सकता। इसका कारण यह है कि गतिमान होने से पूर्व चलनशील वस्तु का वेग शून्य होता है। चलित होने पर जितना वह आगे बढ़ती है, उतना ही उसका वेग बढ़ता जाता है, किंतु वह अपने विराम स्थान तक उसी वेग से नहीं जा सकती। इसीलिए अंतिम बिंदु जितना पास आता जाता है, वेग उतना ही घटता जाता है। चक्राकार गति का न कोई प्रारंभिक बिंदु होता है, न अंतिम। इसलिए चक्राकार गति में निरंतर एक ही वेग रह सकता है।

इन विशेषताओं के कारण अरस्तू ने चक्राकार गति को प्राथमिक तथा नित्य माना। उन्हीं विचारों के आधार पर भौतिक वस्तुओं को गति देनेवाले प्रथम चालक के स्वभाव का अनुमान करने का प्रयत्न किया।

गमन के स्वभाव के अध्ययन से अरस्तू ने यह निश्चय कर लिया था कि चक्राकार गति का केंद्र ही भौतिक वस्तुओं में निरंतर गति उत्पन्न कर सकता है। अब उनके सामने यह प्रश्न था कि वह कौन सी वस्तु है। उन्होंने देखा कि अग्नि, वायु, जल और पृथ्वी में से किसी में भी चक्राकार गति की सामर्थ्य नहीं है।

प्रथम चालक का अनुमान

गमन के स्वभाव के अध्ययन से अरस्तू ने यह निश्चय कर लिया था कि चक्राकार गति का केंद्र ही भौतिक वस्तुओं में निरंतर गति उत्पन्न कर सकता है। अब उनके सामने यह प्रश्न था कि वह कौन सी वस्तु है। उन्होंने देखा कि अग्नि, वायु, जल और पृथ्वी में से किसी में भी चक्राकार गति की सामर्थ्य नहीं है। ये चारों तत्त्व रेखाकार गति ही कर सकते हैं। अग्नि और वायु का स्वभाव ऊपर जाने का है, पृथ्वी और जल का स्वभाव नीचे जाने का है। इसलिए उन्होंने अनुमान लगाया कि इन चार भौतिक तत्त्वों से भिन्न कोई पाँचवाँ तत्त्व है, जिसका स्वभाव अहर्निश चक्र की भाँति घूमने का है। इसे अरस्तू ने 'ईथर' कहा।

'ईथर' का अर्थ सदैव भागते रहनेवाला होता है। यहाँ पर अरस्तू वैज्ञानिक

कल्पना को प्राचीन धार्मिक भावना से मिला देते हैं। वह कहते हैं कि प्राचीन यूनानियों ने भौतिक जगत् से परे देवलोक की कल्पना की थी और यह माना था कि भौतिक घटनाएँ देवताओं की इच्छा पर निर्भर हैं। वैज्ञानिक दृष्टि से भी संसार का ऊपरी भाग जिसे आकाश कहते हैं, निरंतर चलित तत्त्व 'ईथर' से बना है। 'ईथर' का अन्य तत्त्वों से संपर्क है। इसीलिए 'ईथर' की गति अन्य तत्त्वों को गतिमान करती रहती है। इस प्रकार आकाश ही प्रथम चालक है। अटल धुरी पर घूमने के कारण उसका स्थानांतरण नहीं होता और इस अर्थ में वह निश्चल है।

प्रथम चालक का स्वभाव

परिवर्तनशील चालक विश्व को निरंतर गति नहीं दे पाता। प्रथम चालक में किसी प्रकार के परिवर्तन नहीं होते। इसकी उत्पत्ति और इसके विनाश की कल्पना नहीं की जा सकती, क्योंकि ये परिवर्तन विकार, वृद्धि, ह्रास आदि परिवर्तनों के बिना संभव नहीं हैं। प्रथम चालक से बाहर कुछ भी नहीं है। उससे बाहर न स्थान है, न शून्य है और न समय है, किंतु वह भी असीम नहीं है।

परिवर्तनशील चालक विश्व को निरंतर गति नहीं दे पाता। प्रथम चालक में किसी प्रकार के परिवर्तन नहीं होते। इसकी उत्पत्ति और इसके विनाश की कल्पना नहीं की जा सकती, क्योंकि ये परिवर्तन विकार, वृद्धि, ह्रास आदि परिवर्तनों के बिना संभव नहीं हैं। प्रथम चालक से बाहर कुछ भी नहीं है।

आकाश यदि असीम होता तो उसके केंद्र से परिधि तक की दूरी भी असीम होती और उस दशा में चक्राकार गति की संभावना ही नष्ट हो जाती। असीम होने पर असीम समय में ही उसका चक्कर पूरा होता, किंतु ऐसा नहीं होता है। वृत्ताकार होने से ही उसका सीमित होना सिद्ध होता है, क्योंकि असीम रेखा को मोड़कर वृत्त नहीं बनाया जा सकता। सोच-समझकर अरस्तू ने आकाश को सीमित वृत्ताकार पिंड माना। वह इसे पूर्ण मानते थे और उनके विचार से असीम पूर्ण नहीं हो सकता।

अरस्तू ने आकाश में चार परिमितियाँ मानी थीं। ये ऊपर, नीचे, दाएँ और

बाएँ हैं। उनका कथन है कि आकाश में दो सिरे हैं। हमें अपने ऊपर जो भाग दिखाई देता है, वह आकाश का नीचेवाला सिरा है। ऊपरवाला सिरा हम देख नहीं सकते। आकाश के दाहिने भाग में सितारे चमकते हैं और बायाँ भाग वह है, जिसमें वे अस्त हो जाते हैं। आकाश को वह जाति का ही नहीं, जीवन का भी स्रोत मानते थे। वह आकाश को जीवनमय कहते थे। इसे वह देवताओं का निवास स्थान भी समझते थे।

इस प्रकार हम देखते हैं कि अरस्तू ने अपने वैज्ञानिक चिंतन के द्वारा उन्हीं विश्वासों को पुष्ट किया, जिन्हें प्राचीन विचारकों ने बिना किसी अध्ययन, अनुसंधान और युक्तियों के मान लिया था। अरस्तू के वैज्ञानिक अध्ययन का यह अंश भौतिक जगत् के विस्तृत अध्ययन के आधार पर सूक्ष्म अस्तित्वों का अनुमान करने का संकेत देता है, किंतु उनके वैज्ञानिक साहित्य में प्रचलित अंधविश्वासों को मिटाने का पूरा प्रयास किया गया है। उनके समय तक आकाशगंगा, उल्कापात आदि घटनाओं की अलौकिक व्याख्याएँ प्रचलित थीं। अरस्तू ने विश्व का ऊर्ध्व और अधोलोकों में विभाजन कर यह दिखलाने का प्रयास किया कि चंद्रमा के नीचे का भाग पूर्ण रूप से भौतिक है। दैवीय न होने पर भी दैवीय समझी जानेवाली घटनाओं की अधोलोक में स्थिति दिखलाकर तथा भाप, ताप आदि को उनका कारण बतलाकर एक ओर उन्होंने परंपरागत अज्ञान का निराकरण किया और दूसरी ओर भौतिक विज्ञान के विकास की प्रेरणा दी।

इस प्रकार हम देखते हैं कि अरस्तू ने अपने वैज्ञानिक चिंतन के द्वारा उन्हीं विश्वासों को पुष्ट किया, जिन्हें प्राचीन विचारकों ने बिना किसी अध्ययन, अनुसंधान और युक्तियों के मान लिया था। अरस्तू के वैज्ञानिक अध्ययन का यह अंश भौतिक जगत् के विस्तृत अध्ययन के आधार पर सूक्ष्म अस्तित्वों का अनुमान करने का संकेत देता है, किंतु उनके वैज्ञानिक साहित्य में प्रचलित अंधविश्वासों को मिटाने का पूरा प्रयास किया गया है।

विश्व का विभाजन

प्राचीन यूनानियों के विचार से पृथ्वी और स्वर्ग दो भिन्न लोक थे। स्वर्ग में अमरों का निवास था और इस लोक की घटनाएँ उन्हीं की इच्छा पर निर्भर थीं। अरस्तू ने इस धारणा की भौतिक व्याख्या प्रस्तुत की। उन्होंने कहा कि आकाश, पृथ्वी, जल, वायु और अग्नि से नहीं बना है। वह ईथर नामक सूक्ष्म तत्त्व से बना है। ईथर की चक्राकार गति से ही चारों भौतिक तत्त्वों को, जिनका स्थान आकाश अथवा स्वर्ग से नीचे है, गति मिलती है। स्वर्ग का विस्तार चंद्रमा से ऊपर है। सूर्य, चंद्रमा, नक्षत्र और गुरु इसी ईथर निर्मित स्वर्ग में स्थित हैं।

इस प्रकार अरस्तू ने चंद्रमा को विभाजन रेखा मानक विश्व को ईथर से बने हुए ऊर्ध्वलोक और चार भौतिक तत्त्वों से बने हुए अधोलोक में बाँट दिया।

अधोलोक चंद्रमा से नीचे पृथ्वी तक फैला हुआ है। इसमें एक के बाद एक चार तत्त्वों के घेरे अथवा मंडल हैं। अत्यंत लघु होने के कारण आकाश के ठीक नीचे अग्नि का मंडल है। उसके नीचे वायु, वायु के नीचे जल और जल के नीचे अथवा गोलाकार जगत् के केंद्र में पृथ्वी स्थित है।

अधोलोक चंद्रमा से नीचे पृथ्वी तक फैला हुआ है। इसमें एक के बाद एक चार तत्त्वों के घेरे अथवा मंडल हैं। अत्यंत लघु होने के कारण आकाश के ठीक नीचे अग्नि का मंडल है। उसके नीचे वायु, वायु के नीचे जल और जल के नीचे अथवा गोलाकार जगत् के केंद्र में पृथ्वी स्थित है।

आकाश की घटनाएँ

अरस्तू के साहित्य में उन दृष्टि संबंधी घटनाओं को, जिन्हें साधारण जन सिर के ऊपर घटित होते देखकर आकाश में स्थित मानते हैं, अंतरिक्ष में स्थान दिया गया है। आकाश पिंडों के विषय में उनका ज्ञान बहुत अपूर्ण था। वह स्वयं कहते थे कि दूर होने से वह आकाश पिंडों के सफल निरीक्षण में असमर्थ हैं, फिर भी आकाश की घटनाओं के प्रसंग में उन्होंने नक्षत्रों के संगीत आदि के रूप में प्रचलित किंवदंतियों को अवास्तविक सिद्ध करने का प्रयत्न किया। डी

कोलो में उन्होंने बतलाया है कि नक्षत्रों में स्वतंत्र रूप में गति नहीं होती। वे केवल गति करते हुए प्रतीत होते हैं, क्योंकि ईश्वर के वृत्त जिनमें नक्षत्र जड़े हुए हैं, घूमते रहते हैं। अरस्तू ने पाइथागोरस के कथन का विरोध किया कि नक्षत्रों से एक प्रकार का संगीत निकलता रहता है। उन्होंने कहा कि आकाश के पिंडों में यदि गति होती तो उनसे संगीत नहीं, तुमुल कोलाहल उत्पन्न होता, जो नीचे के संसार को कंपित कर चूर-चूर कर देता, किंतु उनमें गति नहीं है।

□

अरस्तू की राजनीति

अरस्तू की 'राजनीति' नामक पुस्तक उनकी 'सदाचार शास्त्र' नामक पुस्तक से घनिष्ठ संबंध रखती है। वास्तव में ये दोनों पुस्तकें एक-दूसरे की पूरक हैं। दोनों पुस्तकों में यत्र-तत्र एक-दूसरे के प्रति संकेत मिलते हैं। पर कुछ समस्याएँ ऐसी हैं, जो अरस्तू की प्राय: सभी रचनाओं के संबंध में समान रूप से पाई जाती हैं।

इन रचनाओं का वर्तमान रूप इनके संपादकों के द्वारा दिया हुआ है, जो आधुनिक शोधार्थियों के लिए कठिनाइयाँ उत्पन्न करता है। अनेक रचनाओं की अवांतर पुस्तकों का क्रम इतना उलझा हुआ है कि उसका सर्वसम्मत हल उपलब्ध हो ही नहीं सकता। विशेष रूप से यह कठिनाई मेटाफीजिका (पराविद्या) और पॉलिटिक्स (राजनीति) नामक रचनाओं के विषय में सामने आती है।

अनेक स्थानों पर लेखक ने प्रतिज्ञा की है कि वह अमुक विषय पर आगे चलकर विचार करेगा, पर उसने ऐसा नहीं किया। जिस बात का उसने आगे विचार करने का संकेत दिया है, उसका विवेचन बहुत दूर आगे चलकर किया है। अनेक बार जो बात उसने एक स्थान पर कही है, उसका अन्यत्र कहीं स्वयं विरोध अथवा खंडन किया है। पुनरावृत्ति की तो कोई बात ही नहीं।

ऐसी विचित्र स्थिति का कारण यह है कि अरस्तू के प्रकाशित ग्रंथ—वे ग्रंथ जिनको उन्होंने अंतिम एवं पूर्ण रूप देकर स्वयं प्रकाशित किया था; सब लुप्त हो गए। जो रचनाएँ आज उनके नाम से उपलब्ध हैं, वे या तो स्वयं उनके द्वारा अथवा उनके शिष्यों द्वारा प्रस्तुत किए उनके व्याख्यानों के संक्षिप्त स्मृति

सूत्र हैं। इन्हीं को उनके संपादकों ने अपनी सूझबूझ के अनुसार नाना ग्रंथों के रूप में ग्रंथित कर दिया है।

संपादन का कार्य लेखक के जीवन काल से सैकड़ों वर्ष बाद हुआ, इसीलिए उनके संप्रदाय के अन्य विद्वानों की कुछ रचनाएँ भी विचार साम्य के आधार पर अज्ञात भाव से अरस्तू की रचना राशि में सम्मिलित हो गईं। बहुत सी सामग्री स्वयं अरस्तू ने ही नोट्स के रूप में जानकारी का संग्रह करने के लिए एकत्रित की थी। इनमें से बहुत कुछ नष्ट हो गई और कुछ रचनाओं में संगृहीत हो गई।

इन्हीं सब कारणों से अरस्तू की राजनीति की पुस्तकों का क्रम भी एक समस्या बन गया है। आधुनिक विद्वानों और संपादकों ने इस क्रम की बड़ी बारीकी के साथ समीक्षा की है। प्राचीन ग्रीक ग्रंथों में पुस्तकों के भागों की गणना वर्णमाला के अक्षरों के द्वारा की जाती थी। ग्रंथ का एक भाग पुस्तक कहलाता था और उसका संबंध विषय विवेचन से नहीं होता था।

इन्हीं सब कारणों से अरस्तू की राजनीति की पुस्तकों का क्रम भी एक समस्या बन गया है। आधुनिक विद्वानों और संपादकों ने इस क्रम की बड़ी बारीकी के साथ समीक्षा की है। प्राचीन ग्रीक ग्रंथों में पुस्तकों के भागों की गणना वर्णमाला के अक्षरों के द्वारा की जाती थी। ग्रंथ का एक भाग पुस्तक कहलाता था और उसका संबंध विषय विवेचन से नहीं होता था। कारण यह था कि ग्रंथ उस समय विशेष प्रकार से तैयार किए हुए चमड़े पर लिखे जाते थे। ग्रंथ का जितना भाग एक खाल पर आ जाता था, एक पुस्तक कहलाता था। प्लेटो की रिपब्लिक में 10 और अरस्तू की राजनीति में 8 पुस्तकें हैं। इसका अर्थ यह है कि प्रथम ग्रंथ 10 खालों पर लिखा जाता था और दूसरा 8 खालों पर। कॉनफोर्ड ने इसीलिए अपने रिपब्लिक के अनुवाद में इस चर्म बुद्धि का परित्याग कर विषय के प्रतिपादन की दृष्टि से अध्यायों की कल्पना की है।

इस विषय पर प्राय: सभी विद्वान् एकमत हैं कि राजनीति एकीकृत अथवा समरस रचना नहीं है। यह परस्पर संबंध रखनेवाले विविध निबंधों का समूह है, जो किसी आदर्श क्रम से ग्रंथित नहीं किए जा सके। यह भी संभव है कि ये

सब निबंध विभिन्न समय पर प्रस्तुत किए गए हों। जिन पृथक्-पृथक् निबंधों का संग्रह इस ग्रंथ को बतलाया जाता है, उनकी संख्या 5 या 6 है।

प्रथम निबंध में गृहस्थी का वर्णन किया गया है, जो नितांत स्वाभाविक और आवश्यक है, क्योंकि गृहस्थियाँ ही क्रमशः विकसित होकर कालांतर में नगर-राष्ट्र का रूप धारण कर लेती हैं।

दूसरा निबंध आदर्श व्यवस्थाओं का वर्णन करता है। इसमें उन आदर्श व्यवस्थाओं का भी वर्णन है, जिनका केवल सैद्धांतिक रूप में प्रस्ताव किया गया था और उन व्यवस्थाओं का भी वर्णन है, जो अनेक राष्ट्रों में व्यवहार में आ रही थीं और आदर्श रूप होने के कारण सम्मान की दृष्टि से देखी जाती थीं।

दूसरा निबंध आदर्श व्यवस्थाओं का वर्णन करता है। इसमें उन आदर्श व्यवस्थाओं का भी वर्णन है, जिनका केवल सैद्धांतिक रूप में प्रस्ताव किया गया था और उन व्यवस्थाओं का भी वर्णन है, जो अनेक राष्ट्रों में व्यवहार में आ रही थीं और आदर्श रूप होने के कारण सम्मान की दृष्टि से देखी जाती थीं।

तीसरे भाग में राजनीतिक व्यवस्था के सामान्य सिद्धांतों की चर्चा है जैसे नागरिकता का स्वरूप, संविधानों अथवा व्यवस्थाओं के भेद, विविध व्यवस्थाओं में न्याय वितरण के सिद्धांत एवं राजपद के सिद्धांत इत्यादि।

चौथे भाग में जो कि राजनीति की दो पुस्तकों में फैला हुआ है, क्रियात्मक एवं वास्तविक राजनीति का वर्णन है। व्यवहार में विविध प्रकार के सिद्धांतों में किस प्रकार समझौता और सम्मिश्रण होता है और आदर्श सिद्धांत किस प्रकार नीचे उतर आते हैं, ये सब विषय इस भाग में पाए जाते हैं। राजनीति की चौथी और पाँचवीं पुस्तकें इसी विषय को समर्पित हैं।

छठी पुस्तक को भी कुछ विद्वान् इसी चौथे भाग के अंतर्गत मानते हैं। कुछ अन्य विद्वान इसको पाँचवाँ भाग मानते हैं। इस भाग में उन विविध उपायों का वर्णन है, जिनके द्वारा विविध प्रकार की व्यवस्थाओं को स्थायी बनाने में सफलता मिलने की आशा की जा सकती है।

शेष दो पुस्तकों (सातवीं और आठवीं) में राजनीति के अंतिम (छठे) भाग

का राजनीतिक आदर्श और आदर्श व्यवस्था का विवरण प्रस्तुत किया गया है। इन भागों को अरस्तू ने मैथड्स कहा है, जिसका अर्थ विभाग या व्यवस्था है।

कह नहीं सकते कि उपर्युक्त छह विभागों और आठ पुस्तकों को यह परंपरागत क्रम स्वयं अरस्तू ने दिया था अथवा उनकी रचनाओं के आरंभिक संपादकों ने, परंतु आधुनिक विद्वानों ने इस क्रम को एक समस्या के रूप में ही देखा है। इसका कारण यह है कि तृतीय पुस्तक के अंतिम खंड में यह कहा गया है कि अब आदर्श अथवा श्रेष्ठ व्यवस्था का वर्णन आरंभ होगा, पर वास्तव में यह वर्णन सातवीं पुस्तक में आरंभ हुआ है।

इतना ही नहीं, सातवीं पुस्तक का प्रथम वाक्य कुछ बदले हुए रूप में तृतीय पुस्तक के अंतिम वाक्य के रूप में विद्यमान है, जिससे यह सूचित होता है कि अरस्तू अथवा उसके प्रारंभिक संपादक का उद्देश्य सातवीं पुस्तक को तृतीय पुस्तक के उपरांत रखने का था। इसके अतिरिक्त चौथी पुस्तक में श्रेष्ठ व्यवस्था के वर्णन की ओर संकेत है, पर सातवीं-आठवीं पुस्तकों में चौथी-पाँचवीं और छठी पुस्तकों के प्रति कोई संकेत नहीं है।

इतना ही नहीं, सातवीं पुस्तक का प्रथम वाक्य कुछ बदले हुए रूप में तृतीय पुस्तक के अंतिम वाक्य के रूप में विद्यमान है, जिससे यह सूचित होता है कि अरस्तू अथवा उसके प्रारंभिक संपादक का उद्देश्य सातवीं पुस्तक को तृतीय पुस्तक के उपरांत रखने का था।

इससे भी यही सूचित होता है कि सातवीं और आठवीं पुस्तकें तृतीय पुस्तक के तत्काल बाद आनी चाहिए थीं और चौथी, पाँचवीं तथा छठी उनके पश्चात् आनी चाहिए थीं। इसी प्रकार चौथी, पाँचवीं और छठी पुस्तकों के क्रम के विषय में यह आपत्ति है कि छठी पुस्तक में चौथी पुस्तक की समाप्ति के विषय को चालू रखा गया है और पाँचवीं पुस्तक का विषय इन दोनों के मध्य में एक व्यवधान के रूप में रख दिया गया है। अधिक अच्छा क्रम होता 4, 6, 5 पुस्तकों का। इन्हीं अड़चनों को ध्यान में रखकर कुछ विद्वानों ने राजनीति की पुस्तकों के नवीन क्रमों का प्रस्ताव किया है।

अधिक विचार करने पर यही उचित प्रतीत होता है कि राजनीति की पुस्तकों

का परंपरागत क्रम ही अन्य प्रस्तावित क्रमों की अपेक्षा अधिक तर्कसम्मत है। यह जो कहा जाता है कि तृतीय पुस्तक के पश्चात् सातवीं पुस्तक आनी चाहिए तो यह बात भाषा के विचार से भले ही ठीक हो, तर्क की दृष्टि से ठीक नहीं है।

आदर्श व्यवस्था के विषय में अपना विचार प्रस्तुत करने के पूर्व विद्यमान व्यवस्थाओं और प्रस्तावित व्यवस्थाओं के स्वरूप, उनकी त्रुटियों और उनकी आलोचना का ज्ञान आवश्यक है। इन्हीं के आधार पर आदर्श व्यवस्था के भवन का निर्माण हो सकता है। इसीलिए तृतीय पुस्तक के पश्चात् राजनीति की वास्तविकता का अध्ययन आवश्यक है। इसी प्रकार सभी प्रकार की व्यवस्थाओं को स्थायित्व प्रदान करनेवाले उपायों पर विचार करने से पूर्व व्यवस्थाओं में क्रांति और परिवर्तन होने के कारण जानना आवश्यक है, इसीलिए पाँचवीं पुस्तक का चौथी पुस्तक के पश्चात् आना आवश्यक है।

आदर्श व्यवस्था के विषय में अपना विचार प्रस्तुत करने के पूर्व विद्यमान व्यवस्थाओं और प्रस्तावित व्यवस्थाओं के स्वरूप, उनकी त्रुटियों और उनकी आलोचना का ज्ञान आवश्यक है। इन्हीं के आधार पर आदर्श व्यवस्था के भवन का निर्माण हो सकता है।

इन सब युक्तियों के आधार पर कहा जा सकता है कि यद्यपि राजनीति की पुस्तकों का परंपरागत क्रम भले ही नितांत आदर्श न हो, तथापि उनके जो नवीन क्रम प्रस्तावित किए गए हैं, उनकी अपेक्षा वे अधिक तर्कसंगत हैं।

आरंभ में समग्र संगठित समाज और राजनीति की जड़ गृहस्थी के स्वरूप का विवेचन करके तदुपरांत मनीषियों द्वारा प्रकल्पित ग्रंथगत आदर्श व्यवस्थाओं एवं सुशासित माने जानेवाले राष्ट्रों में वास्तव में लागू किए गए श्रेष्ठ संविधानों का विचार किया गया है। इसके उपरांत राजनीति के स्वरूप की और संविधानों के संभावित प्रकारों की रूपरेखा प्रस्तुत की गई है।

इसके पश्चात् उपर्युक्त प्रकारों के विभिन्न प्रकार के मिश्रणों से जो वास्तविक संविधान उत्पन्न हुए हैं अथवा हो सकते हैं एवं इन विभिन्न प्रकार के संविधानों की छत्रच्छाया में किस प्रकार की मनोवृत्ति, जनता का विकास और किस प्रकार का न्याय संभव हो सकता है—इस समग्र उलझन को सुलझाने

का प्रयत्न किया गया है। तदुपरांत विभिन्न प्रकार के संविधानों में किन कारणों से क्रांतियाँ उत्पन्न होती हैं, यह समझाया गया है।

जिस प्रकार रोग हो जाने के पश्चात् उसका उपचार किया जाता है, इसी प्रकार क्रांतियों के कारणों के पश्चात् संविधानों को क्रांति से बचाने और स्थायी बनाने के उपाय बतलाए गए हैं और अंत में अरस्तू ने सारे अनुभव और ज्ञान के आधार पर समग्र अध्ययन के निचोड़ के रूप में आदर्श संविधान एवं आदर्श शासन व्यवस्था की अपनी कल्पना प्रस्तुत की है। अरस्तू की रचनाएँ जिस रूप में उपलब्ध होती हैं, उसको देखते हुए यह क्रम युक्तियुक्तता की दृष्टि से अत्यंत संतोषप्रद है।

जिस प्रकार रोग हो जाने के पश्चात् उसका उपचार किया जाता है, इसी प्रकार क्रांतियों के कारणों के पश्चात् संविधानों को क्रांति से बचाने और स्थायी बनाने के उपाय बतलाए गए हैं और अंत में अरस्तू ने सारे अनुभव और ज्ञान के आधार पर समग्र अध्ययन के निचोड़ के रूप में आदर्श संविधान एवं आदर्श शासन व्यवस्था की अपनी कल्पना प्रस्तुत की है।

इसके आगे यह प्रश्न आता है कि इस ग्रंथ की रचना कब हुई? इस प्रश्न का उत्तर कठिन इसलिए हो गया, क्योंकि यह पता नहीं कि स्वयं अरस्तू ने इस ग्रंथ को किस रूप में छोड़ा। यदि यह मानें कि अरस्तू ने इस पुस्तक को विद्यमान क्रम दिया, तब तो यही स्वीकार करना पड़ेगा कि इस ग्रंथ को उन्होंने किसी विशिष्ट अवसर पर और सीमित समय के भीतर प्रस्तुत रूप दिया होगा। यह बात दूसरी है कि इस ग्रंथ में सम्मिलित सामग्री का संकलन उन्होंने अलग-अलग अवसरों और स्थानों पर किया हो—ऐसा तो सभी ग्रंथकार करते हैं।

अरस्तू के ग्रंथों की समस्या अन्य ग्रंथकारों की समस्या से भिन्न है। उनके ग्रंथों की जो सूचियाँ उपलब्ध होती हैं, उनमें से बहुत ग्रंथ सर्वदा के लिए विलुप्त हो गए हैं एवं कुछ नाम उन सूचियों में ऐसे मिलते हैं, जो उनके कुछ उपलब्ध ग्रंथों के भाग मात्र हैं। इससे यह निष्कर्ष निकलता है कि उनके ग्रंथों के अलग-अलग भाग पृथक्-पृथक् ग्रंथ माने जाते थे। सदाचार शास्त्र के संबंध में जो दो

एथिक्स नामक ग्रंथ अरस्तू कृत माने जाते हैं, उनके कुछ भाग बिल्कुल एक समान और शेष भाग एक-दूसरे से भिन्न हैं। यदि यह माना जाए कि अरस्तू की रचनाओं का वर्तमान रूप उसके संपादकों का दिया हुआ है तो ग्रंथों के समय की समस्या अत्यंत जटिल हो उठती है।

एक विकल्प यह भी हो सकता है कि कुछ ग्रंथों को अरस्तू ने स्वयं ग्रंथित और प्रकाशित कर दिया हो और कुछ को उनके संपादकों ने संपादित करके प्रकाशित किया हो। इस अनिश्चित स्थिति के कारण आधुनिक विद्वानों ने अनेक प्रकार की कल्पनाएँ की हैं। जर्मन विद्वान् बैनेर याएगर ने अपने प्रसिद्ध ग्रंथ 'अरस्तू—उनके विकास के इतिहास का आधार' में बड़े परिश्रम से अरस्तू की रचनाओं के विविध स्तरों को एक-दूसरे से पृथक् किया है और उनके समय को निर्धारित करने का प्रयास किया है।

याएगर ने बतलाया है कि राजनीति की अंतिम दो पुस्तकें अरस्तू की प्रारंभिक रचनाएँ हैं, क्योंकि उनमें उनके गुरु प्लेटो का प्रभाव दृष्टिगोचर होता है। जिन रचनाओं में इस प्रकार का प्रभाव पाया जाता है, वे उस समय की रचनाएँ मानी जानी चाहिए। जिस समय तक अरस्तू प्लेटो के आदर्शवाद के प्रभाव से मुक्त नहीं हो पाए थे। इसके विपरीत याएगर के अनुयायी फॉन ऑर्निम ने याएगर की पद्धति का अनुसरण करते हुए 'अरस्तू की राजनीति की उत्पत्ति का इतिहास' नामक अपने ग्रंथ में यह निष्कर्ष निकाला है कि दो अंतिम पुस्तकें सबसे पीछे की रचनाएँ हैं।

याएगर ने बतलाया है कि राजनीति की अंतिम दो पुस्तकें अरस्तू की प्रारंभिक रचनाएँ हैं, क्योंकि उनमें उनके गुरु प्लेटो का प्रभाव दृष्टिगोचर होता है। जिन रचनाओं में इस प्रकार का प्रभाव पाया जाता है, वे उस समय की रचनाएँ मानी जानी चाहिए। जिस समय तक अरस्तू प्लेटो के आदर्शवाद के प्रभाव से मुक्त नहीं हो पाए थे।

वार्कर ने एथेंस के संविधान के संबंध में एनसाइक्लोपीडिया ब्रिटेनिका में लिखा है कि एथेंस का संविधान पॉलिटिक्स के पश्चात् काल की रचना है, क्योंकि उसमें सम्राट् फिलिप की मृत्यु (ई.पू. 336) के पीछे की किसी घटना

का संकेत नहीं है, जबकि एथेंस के संविधान में इसके पश्चात् ई.पू. 329 तक की घटनाओं का उल्लेख है। वार्कर का मत है कि पॉलिटिक्स अरस्तू के एथेंस के द्वितीय निवास काल की रचना है अर्थात् ई.पू. 335 से ई.पू. 322 के मध्य की रचना है। अरस्तू की कुछ पुस्तकों का दृष्टिकोण यथार्थवादी और कुछ का आदर्शवादी है, जिसके कारण इनको विभिन्न समयों की रचना का संग्रह मात्र माना गया है। वार्कर के मत में यह दलील गलत है, क्योंकि कोई भी लेखक ऐसा ही करता।

जहाँ वह यथार्थ स्थिति का वर्णन करते हैं, उनका दृष्टिकोण यथार्थवादी है तथा जहाँ वह आदर्श संविधान की रूपरेखा प्रस्तुत करते हैं, वहीं उनका दृष्टिकोण आदर्शवादी है। जिन दोषों और खामियों के कारण इस पर असंगति का आरोप लगाया जाता है, वैसे दोष तो आजकल की रचनाओं में पाए जाते हैं।

जहाँ वह यथार्थ स्थिति का वर्णन करते हैं, उनका दृष्टिकोण यथार्थवादी है तथा जहाँ वह आदर्श संविधान की रूपरेखा प्रस्तुत करते हैं, वहीं उनका दृष्टिकोण आदर्शवादी है। जिन दोषों और खामियों के कारण इस पर असंगति का आरोप लगाया जाता है, वैसे दोष तो आजकल की रचनाओं में पाए जाते हैं। इसीलिए पॉलिटिक्स को अरस्तू के जीवन के प्रौढ़तम भाग की अर्थात् उस समय की, जबकि वह 'लीकेयस' में मुख्याधिष्ठाता थे, रचना स्वीकार करना ठीक होगा। इसके साथ ही यह भी स्वीकार करना ठीक होगा कि यह पुस्तक एक इकाई है और सुग्रंथित है। प्राय: सभी पुस्तकों में आगे-पीछे की पुस्तकों के प्रति संकेत मिलते हैं।

अरस्तू की उपलब्ध रचनाओं और समग्र रचनाओं की पुरानी समीक्षाओं को देखने से पता चलता है कि उन्होंने अपने जीवन में किसी समय ऐसा संकल्प अवश्य किया होगा कि मैं समग्र ज्ञान को संगृहीत करके संग्रथित कर जाऊँगा। बहुत संभव है कि यह संकल्प अकादमी में अध्ययन करते समय किया हो। इतना तो इस समय उपलब्ध होनेवाले यूनानी साहित्य से पता चलता है कि अन्य किसी ग्रीक लेखक की महत्त्वाकांक्षा इस प्रकार की नहीं थी। अपने इस संकल्प

के अनुसार, उन्होंने तथ्यों का संग्रह भी बहुत पहले से आरंभ कर दिया था और होना भी ऐसा ही चाहिए था।

इससे यह अनुमान तो नहीं निकाला जाना चाहिए कि उनकी सब रचनाएँ फुटकर असंगत तथ्यों की गठरियाँ भर हैं। ऐसा मानना विश्व के एक महान् बुद्धिमान के प्रति घोर अन्याय होगा।

अरस्तू की रचनाएँ शैली की दृष्टि से तीन प्रकार की हैं—

1. संवादात्मक रचनाएँ, जो उन्होंने अपने गुरु की शैली का अनुकरण कर प्रस्तुत की थीं, परंतु जो अब नहीं मिलतीं। प्राचीन काल में इनकी पर्याप्त ख्याति थी और अनेक विद्वानों ने इनका अनुकरण किया था। इनके लुप्त हो जाने का कारण यह प्रतीत होता है कि इस प्रकार की कला में अरस्तू केवल अनुकरण करनेवाले थे। इसीलिए उनकी रचनाएँ अपने गुरु की रचनाओं की तुलना में अधिक समय तक टिक नहीं सकीं।

संवादात्मक रचनाएँ, जो उन्होंने अपने गुरु की शैली का अनुकरण कर प्रस्तुत की थीं, परंतु जो अब नहीं मिलतीं। प्राचीन काल में इनकी पर्याप्त ख्याति थी और अनेक विद्वानों ने इनका अनुकरण किया था। इनके लुप्त हो जाने का कारण यह प्रतीत होता है कि इस प्रकार की कला में अरस्तू केवल अनुकरण करनेवाले थे।

2. दूसरे प्रकार की रचनाएँ अनेक प्रकार की सूचियाँ थीं, जिनको अरस्तू, उनके सहयोगियों और शिष्यों ने परिश्रम और खोज से प्रस्तुत किया था तथा जिनका उपयोग शिक्षण और ग्रंथ रचना में किया गया था। एथेंस का संविधान इस प्रकार की रचनाओं से बचा रहा है और यह स्वयं अरस्तू की रचना माना जाता है।

   अरस्तू निगमनात्मक (इंडक्टिव) दार्शनिक थे, इसीलिए उनकी विचार पद्धति और ग्रंथ रचना इस प्रकार की सूचियों के आधार पर ही चल सकती थी। अब इस प्रकार की सूचियाँ तो उपलबध नहीं होतीं,

पर इतना निश्चिय है कि उनमें से बहुतों का निचोड़ उनकी विविध रचनाओं में आ गया है।

3. तीसरे प्रकार की रचनाएँ अरस्तू की विविध विषयों की स्मृति-संहिताएँ हैं। आजकल अरस्तू की यही रचनाएँ उपलब्ध हैं। अपने विद्यालय में विविध विषयों पर व्याख्यान देना अरस्तू की पाठविधि का स्वरूप था। इन व्याख्यानों में वह जिस विषय का प्रतिपादन करते थे और अंत में जिस निष्कर्ष पर पहुँचते थे, उनको स्मृति की सहायता के लिए सूत्ररूप में वह भी लिखते रहे होंगे और उनके शिष्य भी।

तीसरे प्रकार की रचनाएँ अरस्तू की विविध विषयों की स्मृति-संहिताएँ हैं। आजकल अरस्तू की यही रचनाएँ उपलब्ध हैं। अपने विद्यालय में विविध विषयों पर व्याख्यान देना अरस्तू की पाठविधि का स्वरूप था।

यही व्याख्यानों के सूत्र अरस्तू की उपलब्ध रचनाएँ हैं। इनको समाधिक आठ भागों में विभक्त किया जा सकता है—

1. अनुभव के विश्लेषण का शास्त्र अथवा तर्कशास्त्र।
2. भौतिकी विद्या।
3. पराविद्या, प्रथम दर्शन अथवा देवविद्या।
4. जीव विज्ञान।
5. आत्म विज्ञान या मनोविज्ञान।
6. सदाचार शास्त्र।
7. राजनीति शास्त्र।
8. साहित्य और भाषा कला।

इस प्रकार अरस्तू की राजनीति उनकी राजनीति शास्त्र संबंधी रचनाओं में से एक है। इसी प्रकार की अन्य उपलब्ध होनेवाली रचनाएँ एथेंस का संविधान और आइकोनोमिका (गृह प्रबंध विद्या) हैं।

लुप्त हुई रचनाओं में प्रोट्रेप्टिकस, राजविद्या और औपनिवेशिकी का नाम लिया जाता है। इनमें से एक की रचना क्रीपस द्वीप के किसी राजा को उपदेश देने के निमित्त की गई थी और शेष दो की रचना सिकंदर को उपदेश देने के लिए।

यह संभव है कि इन लुप्त हुए निबंधों के विचार अरस्तू की पॉलिटिक्स में

भी कहीं आ गए हों। आइकोनोमिका अरस्तू के उपलब्ध ग्रंथों में गिनी अवश्य जाती है, पर सभी विद्वान् इसको पाश्चात्कालीन रचना मानते हैं। अधिक संभावना यही है कि यह उनकी परंपरा के किसी विद्वान् के द्वारा बहुत वर्षों के पश्चात् लिखी गई है। इसकी तीन पुस्तकों में से एक पुस्तक (अंतिम) तो केवल लैटिन भाषा के अनुवाद में मिलती है, मूल ग्रीक रूप में नहीं मिलती।

पॉलिटिक्स के आरंभ में अरस्तू ने यह सिद्ध किया है कि राज्य कोई कृत्रिम अथवा मनुष्य के ऊपर बाहर से लादी हुई संस्था नहीं है। इसका विकास मनुष्य के आंतरिक स्वभाव से हुआ है। उनके गुरु प्लेटो का मत था कि राज्य अथवा नगर-राज्य मानव का ही विकसित रूप है। इसी तथ्य की पुष्टि अरस्तू ने भी की है।

पॉलिटिक्स के आरंभ में अरस्तू ने यह सिद्ध किया है कि राज्य कोई कृत्रिम अथवा मनुष्य के ऊपर बाहर से लादी हुई संस्था नहीं है। इसका विकास मनुष्य के आंतरिक स्वभाव से हुआ है। उनके गुरु प्लेटो का मत था कि राज्य अथवा नगर-राज्य मानव का ही विकसित रूप है। इसी तथ्य की पुष्टि अरस्तू ने भी की है।

अरस्तू का कहना है कि मनुष्य सामाजिक प्राणी है अर्थात् वह दूसरे मनुष्यों के साथ हिल-मिलकर रहता है और इसी सामाजिकता के द्वारा उसके स्वरूप की अधिकाधिक अभिव्यक्ति संभव हुई है। अरस्तू ने जीव विज्ञान का भी अत्यंत गंभीर और विस्तृत अध्ययन किया था। उन्होंने यह भी देखा था कि एक साथ मिल-जुलकर रहना केवल मनुष्यों में ही नहीं और भी बहुत से प्राणियों में पाया जाता है, पर अन्य प्राणियों की अपेक्षा मनुष्य की यह विशेषता है कि वह विचारशील और विवेकवान प्राणी है, इसीलिए इसकी सामाजिकता निम्न श्रेणी के पशुओं की सामाजिकता से उच्च कोटि की, सजग और आगा-पीछा सोचनेवाली है।

यह विचारशील सामाजिक प्राणी जब अपनी अंकुरित होती हुई विचारशीलता के आधार पर अन्य जीवधारियों से पृथक् हुआ तो इसने किसी-न-किसी प्रकार की अपेक्षाकृत स्थायी विवाह पद्धति द्वारा सबसे पहले सामाजिक संस्था को उत्पन्न किया। इस प्रकार कुटुंब की स्थापना हुई। कुछ अधिक बलशाली

व्यक्तियों ने कुटुंब को अधिक सक्षम और समृद्ध बनाने के लिए अन्य किसी मनुष्य को दास भी बनाया।

अरस्तू ने इसी प्रकार के परिवार की कल्पना में, जिसमें पति-पत्नी, संतान और दास घटक रूप में विद्यमान हों—नगर, राष्ट्र और उसकी शासन पद्धति का बीज देखा। इस कुटुंब का स्वामी इस बीज रूप राज्य का शासक है, पर उसका शासन इस राज्य के प्रत्येक घटक के प्रति पृथक् प्रकार का है। स्वामी का पत्नी के प्रति जो शासन का प्रकार है, वह उस कोटि का है, जो राजनयिक के अपने साथी नागरिकों पर शासन की कोटि है।

पशु जीवन को पार करके समुन्नत मानव ने जो प्रथम सामाजिक संस्था को, कुटुंब को स्थापित किया तो इससे उसका जीवन पूर्वापेक्षा अधिक और विशाल बना, उसमें मानवता का और अधिक प्रस्फुटन हुआ। मानव में नवीन अच्छाइयाँ विकसित हुईं। स्नेह, वात्सल्य और प्रबंध क्षमता अंकुरित हुईं।

पिता का संतान के प्रति शासन उसी प्रकार का है, जैसा किसी राजा का अपने प्रजाजनों के प्रति होता है। स्वामी का दास के प्रति शासन संबंध एक पूर्णतया स्वतंत्र, स्वच्छंद, किंतु समझदार शासक के शासन के समान है।

पशु जीवन को पार करके समुन्नत मानव ने जो प्रथम सामाजिक संस्था को, कुटुंब को स्थापित किया तो इससे उसका जीवन पूर्वापेक्षा अधिक और विशाल बना, उसमें मानवता का और अधिक प्रस्फुटन हुआ। मानव में नवीन अच्छाइयाँ विकसित हुईं। स्नेह, वात्सल्य और प्रबंध क्षमता अंकुरित हुईं। इस विकास के लिए भौतिक आवश्यकताओं की पूर्ति भी आवश्यक है एवं काम करनेवाले दासों की आवश्यकता भी है।

प्रथम पुस्तक में अरस्तू ने दास प्रथा और धनार्जन कला का विशेष रूप से विवेचन किया है। इसका कारण यह है कि जीवन के सुख-सुविधामय होने के कारण भौतिक साधनों का होना आवश्यक है एवं जीवन की अच्छाई की ओर अग्रसर होने के लिए अवकाश की अनिवार्य आवश्यकता है।

अरस्तू के समकालीन ग्रीक जगत् में तथा होमर के समय से आरंभ होनेवाले

ग्रीक इतिहास में दास प्रथा नागरिक जीवन का एक अविभाज्य अंग थी। ग्रीक सभ्यता के भव्य भवन की नींव दासों के श्रम पर पड़ी थी। यह ठीक हो सकता है कि यूनानियों की दास प्रथा उतनी नृशंस नहीं थी, जितनी रोमन लोगों की, तथापि यह थी तो एक सामाजिक बुराई ही।

विद्वान् विशेष के लिए भी किसी समय विशेष के वातावरण से ऊपर उठना कितना कठिन होता है—इसका उदाहरण अरस्तू की दास प्रथा का विवेचन है। उसके मत में दास स्वतंत्र नागरिक के जीवनयापन करने का साधन है और उसकी सजीव संपत्ति है। दास में शारीरिक शक्ति अधिक होती है, पर बुद्धि केवल इतनी ही होती है कि वह अपने स्वामी के आदेशों को समझ सके। उसका कार्य स्वामी के जीवनयापन में सहायक होना है।

अरस्तू के मत के अनुसार, प्रकृति में उत्तम और अधम की विरोधी कोटियाँ सर्वत्र पाई जाती हैं। जहाँ इस प्रकार की कोटियाँ पाई जाएँ, वहाँ उत्तम शासन करे और अधम शासित हों—यह दोनों पक्षों के लिए लाभदायक होता है। मनुष्यों में प्रकृति ने इस प्रकार भेद उत्पन्न किया है, पर वास्तविकता ऐसी नहीं थी। अकसर विजित लोगों को दास बना लिया जाता था।

अरस्तू के मत के अनुसार, प्रकृति में उत्तम और अधम की विरोधी कोटियाँ सर्वत्र पाई जाती हैं। जहाँ इस प्रकार की कोटियाँ पाई जाएँ, वहाँ उत्तम शासन करे और अधम शासित हों—यह दोनों पक्षों के लिए लाभदायक होता है। मनुष्यों में प्रकृति ने इस प्रकार भेद उत्पन्न किया है, पर वास्तविकता ऐसी नहीं थी। अकसर विजित लोगों को दास बना लिया जाता था। यहाँ तक कि एक बार तो प्लेटो तक को दास बनना पड़ गया था। इस प्रकार की दासता अरस्तू को मान्य नहीं थी। वह तो स्वाभाविक दास की दासता को ही स्वीकार करते हैं। इसके साथ ही यह भी मानते थे कि यह आवश्यक नहीं है कि दास का पुत्र भी दास हो। यह बिल्कुल संभव है कि दास का पुत्र स्वतंत्र नागरिक के समान विवेकसंपन्न हो। इस प्रकार दास और स्वतंत्र नागरिक का अंतर नितांत स्पष्ट नहीं है।

अरस्तू का कहना है कि ग्रीक लोगों को अपनी ही जाति (ग्रीक जाति)

के लोगों को दास नहीं बनाना चाहिए, क्योंकि युद्ध में सर्वदा उत्तम पक्ष की ही नहीं, उत्तम बल की विजय होती है और केवल बल की उत्तमता सब प्रकार की उत्तमताओं से अभिन्न नहीं है। इसीलिए ऐसा हो सकता है कि युद्ध में विजित व्यक्ति उत्तमता में विजेताओं से बढ़कर हो। ऐसी स्थिति में उनको दास बनाने का कोई औचित्य नहीं है, क्योंकि वे प्रकृत दास नहीं हैं।

यह मानकर कि स्वामी और दास के हित एक समान हैं, अरस्तू ने स्वामियों को दासों के प्रति मित्रता और समझदारी का बरताव करने की सीख दी है और यह भी कहा है कि अच्छी सेवा करने पर दासों को मुक्ति की आशा बँधानी चाहिए। अपने दासों के प्रति व्यवहार में उन्होंने इसी सिद्धांत का अनुसरण किया था। फिर भी वास्तविकता यह है कि मानव जाति में इस प्रकार स्वाभाविक विभाजन कहीं नहीं पाया जाता कि कुछ व्यक्ति सर्वदा विवेकशील रहते हों और अन्य व्यक्ति सर्वदा विवेकशून्य। कभी-कभी मुनियों को भी मतिभ्रम हो जाता है और कभी-कभी मूर्ख भी कालांतर में घोर परिश्रम करने के फलस्वरूप कालिदास बन सकते हैं। इसीलिए स्वामी और दास का भेद उचित नहीं है।

यह मानकर कि स्वामी और दास के हित एक समान हैं, अरस्तू ने स्वामियों को दासों के प्रति मित्रता और समझदारी का बरताव करने की सीख दी है और यह भी कहा है कि अच्छी सेवा करने पर दासों को मुक्ति की आशा बँधानी चाहिए। अपने दासों के प्रति व्यवहार में उन्होंने इसी सिद्धांत का अनुसरण किया था।

स्वतंत्र नागरिक के लिए जीवन के सजीव साधन दास के अतिरिक्त और बहुत सी वस्तुएँ चाहिए। इसे धन-संपत्ति कहते हैं। इन्हें प्राप्त करने के तीन प्राकृतिक प्रकार हैं—

1. पशुचारण।
2. आखेट करना।
3. कृषि।

द्वितीय प्रकार के अंतर्गत आखेट ही नहीं स्थल और ज़ल पर दस्युकर्म और

मछली मारना भी है। मनुष्य को जीवनयापन के लिए जितनी आवश्यकता हो, उसी सीमा तक इन वृत्तियों का अनुसरण करना चाहिए। यह गृहस्थी के प्रबंध के लिए आवश्यक भी है।

इन प्रकारों को संपत्ति प्राप्त करने का स्वाभाविक अथवा प्राकृतिक उपाय इसलिए कहा गया है कि इनके द्वारा उपयोगी वस्तुओं की उपयोगी मात्रा में प्राप्ति की जाती है। इन प्रकारों के अतिरिक्त धन-संपत्ति कमाने के अप्राकृतिक उपाय भी हैं, जिनमें वस्तुओं की अदला-बदली साधन बनती है। इसके साथ वस्तुओं में विनिमय मूल्य का सिद्धांत स्थापित होता है।

इन प्रकारों को संपत्ति प्राप्त करने का स्वाभाविक अथवा प्राकृतिक उपाय इसलिए कहा गया है कि इनके द्वारा उपयोगी वस्तुओं की उपयोगी मात्रा में प्राप्ति की जाती है। इन प्रकारों के अतिरिक्त धन-संपत्ति कमाने के अप्राकृतिक उपाय भी हैं, जिनमें वस्तुओं की अदला-बदली साधन बनती है।

प्रत्येक वस्तु का एक मूल्य उसकी प्रत्यक्ष उपयोगिता होती है जैसे लेखनी की स्वगत अथवा प्रत्यक्ष उपयोगिता लिखना है। इसके अतिरिक्त उसका दूसरा मूल्य उसकी विनिमय की उपयोगिता है। हम लेखनी को किसी अन्य वस्तु अथवा मुद्रा से बदल सकते हैं। जहाँ तक वस्तुओं का वस्तुओं के साथ विनिमय किया जाता है—यह एक सीमा तक स्वाभाविक है, क्योंकि इसके द्वारा एक सीमा तक अपने पास की अनुपयुक्त अधिक वस्तुओं को दूसरों को देकर उसके बदले उपयोगी वस्तुओं को प्राप्त किया जा सकता है।

विनिमय का अप्राकृतिक स्वरूप तब प्राप्त होता है, जब वस्तुओं का विनिमय धन (मुद्रा) के साथ होने लगता है। धन (सिक्के) की विशेषताएँ दो हैं—एक तो ताँबे, चाँदी अथवा सोने के रूप में यह स्वयं उपयोगी होता है तथा दूसरे इसका एक स्थान से दूसरे स्थान को ले जाना वस्तुओं को ले जाने की अपेक्षा अधिक सरल काम होता है।

अरस्तू के मत में विनिमय और व्यापार द्वारा अपरिमित धन एकत्रित करना अस्वाभाविक और नीति-विरुद्ध है। इसी प्रकार उन्होंने चतुर मनुष्यों द्वारा हस्तगत

किए गए व्यापार संबंधी एकाधिकार का वर्णन तो किया है, पर उसको नीति-विरुद्ध ही बतलाया है। ब्याज द्वारा धन की वृद्धि करना तो अरस्तू के मत में सबसे बुरी बात है। संभवतया उनकी दृष्टि में अत्यधिक ब्याज लेने और उसके द्वारा होनेवाली कर्जदारों की तबाही के उदाहरण रहे होंगे।

इस प्रकार अरस्तू ने आरंभिक वस्तुओं को आरंभ में वर्णन करने की अपनी पद्धति के अनुसार राजनीति अथवा नगर नीति के बीज गृहस्थ जीवन और धनार्जन के स्वरूप का वर्णन किया। गृहस्थी में गृहस्वामी दास, पत्नी और बच्चों पर जिस प्रकार से शासन चलाता है, वही आगे चलकर वर्णित विविध प्रकार की शासन पद्धतियों के बीज स्वरूप हैं।

इस प्रकार अरस्तू ने आरंभिक वस्तुओं को आरंभ में वर्णन करने की अपनी पद्धति के अनुसार राजनीति अथवा नगर नीति के बीज गृहस्थ जीवन और धनार्जन के स्वरूप का वर्णन किया। गृहस्थी में गृहस्वामी दास, पत्नी और बच्चों पर जिस प्रकार से शासन चलाता है, वही आगे चलकर वर्णित विविध प्रकार की शासन पद्धतियों के बीज स्वरूप हैं।

अनेक परिवार, गृहस्थियाँ अथवा कुटुंब मिलकर ग्रामों का निर्माण करते हैं और ये परिवार पुराने परिवार की शाखाएँ होते हैं। इन ग्रामों के मिलने से नगर, पुर अथवा पॉलिस बन जाते हैं। ये सामाजिक समुदाय मनुष्य की आवश्यकताओं की पूर्ति के लिए निर्मित होते हैं, इसीलिए इनका विकास नितांत स्वाभाविक है। इनको स्वाभाविक कहने का यह आशय नहीं है कि इनके निर्माण में मानव संकल्प का योग नहीं होता और न इसका तात्पर्य यह है कि अंत तक इन समुदायों का उद्देश्य केवल भौतिक आवश्यकताओं की पूर्ति मात्र बना रहता है। जैसे-जैसे मानव संस्कृति का विकास होता है और भौतिक आवश्यकताओं की पूर्ति से अवकाश मिलने लगता है, वैसे-वैसे मानव जीवन अनेक प्रकार के अच्छे जीवन की कल्पना के प्रति प्रयत्नशील होता है, इसीलिए नागरिक जीवन का लक्ष्य भौतिक आवश्यकताओं की पूर्ति को अपने हिस्से में डालकर अधिक व्यापक और समुन्नत करना हो जाता है।

अच्छे जीवन की प्राप्ति नागरिक जीवन का लक्ष्य मान लेने पर अब यह देखना आवश्यक हो जाता है कि दार्शनिकों के चिंतन में और राजनयिकों के व्यवहार में अच्छे जीवन की क्या-क्या कल्पनाएँ हैं और उसकी प्राप्ति के लिए क्या-क्या उपाय कहे और व्यवहार में लाए गए हैं। विवेकशील प्राणी होने के कारण मनुष्य पहले तो अपनी योजना बनाता है और फिर उसको कार्यान्वित करता है।

अरस्तू ने नगर के विकास क्रम का वर्णन करने के उपरांत अपने समय तक की अच्छे जीवन को प्राप्त करने की सैद्धांतिक और व्यावहारिक नागरिक व्यवस्थाओं का वर्णन और फिर उनका विश्लेषण किया है। इस दिशा में सबसे पहले उन्होंने अपने गुरु प्लेटो की राजनीति संबंधी रचनाओं की तरफ ध्यान दिया है।

प्लेटो ने अपनी 'पौलितेइया' अथवा 'आदर्श नगर व्यवस्था' नामक पुस्तक में इस सिद्धांत का प्रतिपादन किया था कि नागरिक जीवन में जितनी अधिक एकता होगी, उतना ही अच्छा नागरिक जीवन होगा। इस एकता के मार्ग में सबसे बड़ी बाधा है—कामिनी और कंचन का मोह। इसे दूर करने के लिए प्लेटो ने स्त्रियों और बच्चों के संबंध में सबके समानाधिकार के सिद्धांत का प्रतिपादन किया और संपत्ति के संबंध में भी इसी प्रकार का लक्ष्य नागरिकों के समक्ष रखा।

प्लेटो ने अपनी 'पौलितेइया' अथवा 'आदर्श नगर व्यवस्था' नामक पुस्तक में इस सिद्धांत का प्रतिपादन किया था कि नागरिक जीवन में जितनी अधिक एकता होगी, उतना ही अच्छा नागरिक जीवन होगा। इस एकता के मार्ग में सबसे बड़ी बाधा है—कामिनी और कंचन का मोह।

अरस्तू ने इस मत का खंडन किया, क्योंकि नगर तो स्वरूपतः अनेकता से समन्वित होता है, उसमें एकता नहीं लाई जा सकती। प्लेटो को नगर के बहुलतावादी स्वरूप का भान था और उन्होंने स्वयं नगर को तीन वर्गों में विभक्त किया था। उन्होंने स्त्रियों, बच्चों और संपत्ति के संबंध में सबके समानाधिकार के सिद्धांत का प्रतिपादन किया था, वह केवल शासकों और सैनिकों के लिए

किया था। इन्हीं वर्गों में कामिनी, कंचन और संपत्ति के संबंध में जो विवाद उठ खड़े होते हैं, वे नगर के लिए घातक सिद्ध होते हैं।

इसके आगे अरस्तू का कहना यह है कि यदि एकता के आदर्श को नगर के लिए सर्वोपरि आदर्श मान लिया जाए तो भी वह एकता प्लेटो के द्वारा बतलाए हुए मार्ग पर चलने से प्राप्त नहीं हो सकती। आदर्श नगर के बच्चों की दशा अनाथों जैसी होगी, जो सबकी संतान होगा। उसके प्रति उसके अनगिनत माता-पिताओं का स्नेह गुणित नहीं हो सकेगा, बँटकर कम अवश्य हो जाएगा।

मनुष्य का स्वभाव ही ऐसा है कि उसके तीव्र-से-तीव्र मनोवेग व्यापक होकर विपर्ण हो जाते हैं और उनकी तीव्रता, सघनता, गंभीरता, उदासीनता और उथलेपन में विलीन हो जाती है। आखिर परमात्मा तक को विश्व व्यापकता का मूल्य निराकारता के रूप में चुकाना पड़ता है।

मनुष्य का स्वभाव ही ऐसा है कि उसके तीव्र-से-तीव्र मनोवेग व्यापक होकर विपर्ण हो जाते हैं और उनकी तीव्रता, सघनता, गंभीरता, उदासीनता और उथलेपन में विलीन हो जाती है। आखिर परमात्मा तक को विश्व व्यापकता का मूल्य निराकारता के रूप में चुकाना पड़ता है। परिणामत: सामाजिक माता-पिता और सामाजिक पुत्र-पुत्रियों में एक सार्वत्रिक उदासीनता के अतिरिक्त सच्चे वात्सल्य के दर्शन कहीं भी नहीं होंगे। इसी प्रकार सबकी संपत्ति की, जो किसी विशिष्ट व्यक्ति की अपनी संपत्ति नहीं होगी, ऐसी ही दशा होगी। कोई उसकी देखभाल करने का दायित्व अपने ऊपर क्यों लेगा?

संपत्ति के स्वामित्व और उपभोग के तीन संभव विकल्प हो सकते हैं—स्वामित्व व्यक्तिगत—उपभोग सार्वजनिक, स्वामित्व सार्वजनिक—उपभोग व्यक्तिगत, स्वामित्व और उपभोग दोनों सार्वजनिक। इन तीन विकल्पों में से अरस्तू को प्रथम विकल्प मान्य है। अन्य विकल्पों के विषय में उन्होंने अनेक आपत्तियाँ उठाई हैं।

सब मनुष्य न एक समान परिश्रमी होते हैं और न एक समान दायित्वपूर्ण, यदि संपत्ति का स्वामित्व और उपभोग दोनों सार्वजनिक होंगे तो वितरण किसी

प्रकार भी संतोषप्रद नहीं हो सकेगा। यदि सार्वजनिक समानता का पालन किया जाएगा तो जिन्होंने अधिक परिश्रम किया है, उनके प्रति अन्याय होगा और यदि वितरण न्यायपूर्ण होगा तो समानाधिकार का सिद्धांत नहीं निभ सकेगा।

जिस संपत्ति पर सबका समानाधिकार होता है, उसके विषय में अनंत झगड़े-विवाद नित्य पैदा होते हैं। इसके अतिरिक्त संपत्ति के व्यक्तिगत स्वामित्व से एक प्रकार की आत्मतृप्ति की ही प्राप्ति नहीं होती बल्कि उदारता, दानशीलता इत्यादि सद्‌गुणों का भी विकास इसी से संभव होता है।

यदि यह कहें कि प्लेटो ने इस साम्यवाद का प्रतिपादन केवल शासकों और रक्षकों के लिए किया है, सब नागरिकों के लिए नहीं, तो प्रश्न यह उठता है कि यदि यह अच्छा आदर्श है तो इसको सीमित क्यों किया? यदि यह कष्टदायक है तो नागरिकों में से श्रेष्ठ व्यक्तियों ने क्या अपराध किया है कि वे कष्ट भोगें और अन्य लोग उनके बलिदान के आधार पर मौज उड़ाएँ।

जिस संपत्ति पर सबका समानाधिकार होता है, उसके विषय में अनंत झगड़े-विवाद नित्य पैदा होते हैं। इसके अतिरिक्त संपत्ति के व्यक्तिगत स्वामित्व से एक प्रकार की आत्मतृप्ति की ही प्राप्ति नहीं होती बल्कि उदारता, दानशीलता इत्यादि सद्‌गुणों का भी विकास इसी से संभव होता है।

इन सब कारणों से अरस्तू ने संपत्ति के व्यक्तिगत स्वामित्व और सार्वजनिक उपभोग का समर्थन किया है। यह सत्य है कि संपत्ति के व्यक्तिगत स्वामित्व के कारण झगड़े अवश्य होंगे, पर इसका कारण मनुष्य के स्वभाव की त्रुटि हो सकती है, जो संपत्ति के स्वामित्व को दूर करने से दूर नहीं हो सकती बल्कि उचित प्रकार की शिक्षा-दीक्षा से दूर की जा सकती है। संपत्ति के स्वामित्व को सार्वजनिक बना देने पर भी झगड़े शीत तो क्या होंगे, घटेंगे भी नहीं, बढ़ भले ही जाएँ।

प्लेटो और अरस्तू दोनों का ही दृष्टिकोण आधुनिक अर्थशास्त्र के सिद्धांतों से प्रभावित नहीं था। दोनों ही नगर के जीवन से अच्छे जीवन की प्राप्ति में आनेवाली बाधाओं को दूर करना चाहते थे, इसीलिए जब अरस्तू संपत्ति के सार्वजनिक स्वामित्व का विरोध करते हैं तो यह अर्थ हरगिज नहीं समझना

चाहिए कि वह पूँजीवाद का समर्थन करते हैं। अधिक संपत्ति के संग्रह का उन्होंने विरोध किया है।

उनका दृष्टिकोण यह है कि संपत्ति और परिवार पर व्यक्तिगत अधिकार नागरिकों के सुख और सद्‌वृत्तियों के विकास का आधार है, इसीलिए इसको समाप्त नहीं करना चाहिए। अतिगामी एकता न संभव है, न वांछनीय। अरस्तू का मार्ग सर्वदा सम्यक् प्रकार का मध्यम मार्ग है। संपत्ति की समानता और सार्वजनिकता पर उन्होंने गंभीरता के साथ विचार किया है।

संपत्ति की समानता के मार्ग में दो बड़ी बाधाएँ हैं—एक, मनुष्यों की योग्यता और क्षमता की असमानता और दूसरे नागरिकों की संख्या की अस्थिरता। इन सब बातों पर विचार करके वह इस निष्कर्ष पर पहुँचते हैं कि ऐसी व्यवस्था की जानी चाहिए, जिससे लोगों को अत्यधिक धन-दौलत की चाह न हो और बुरे लोगों को धन-दौलत की प्राप्ति न हो।

संपत्ति की समानता के मार्ग में दो बड़ी बाधाएँ हैं—एक, मनुष्यों की योग्यता और क्षमता की असमानता और दूसरे नागरिकों की संख्या की अस्थिरता। इन सब बातों पर विचार करके वह इस निष्कर्ष पर पहुँचते हैं कि ऐसी व्यवस्था की जानी चाहिए, जिससे लोगों को अत्यधिक धन-दौलत की चाह न हो और बुरे लोगों को धन-दौलत की प्राप्ति न हो।

इसके उपरांत अरस्तू ने स्पार्टा क्रेते और कार्खी दौन की शासन पद्धतियों का विवरण प्रस्तुत किया है एवं उनके गुण-दोषों का विवेचन किया है। अरस्तू ने 158 संविधानों का संग्रह किया था। इसी ज्ञान का उन्होंने यहाँ उपयोग किया है। नगर-राष्ट्रों के संविधानों का ऐतिहासिक और तुलनात्मक अध्ययन करने के पश्चात् उन्होंने एथेंस के पुराने संविधान के संबंध में भी कुछ विवरण पेश किया है, जो संभवत: प्रक्षिप्त है। इस भाग का महत्त्व ऐतिहासिक और विवरणात्मक है।

इस प्रकार आदर्श नगरों के सैद्धांतिक और व्यावहारिक रूपों का विवरण और आलोचना प्रस्तुत करने के पश्चात् अपनी निगमनात्मक पद्धति के अनुसार अरस्तू नगर-राष्ट्र संबंधी सामान्य सिद्धांतों अथवा नियमों का स्वरूप निर्धारित

करते हैं। उनकी सबसे मुख्य विशेषता है—शुद्ध लक्षणों अथवा परिभाषाओं का प्रतिपादन। इसीलिए वह यह निश्चित करने का प्रयत्न करते हैं कि नागरिक, नगर-राष्ट्र और संविधान किसको कहते हैं ? शासन व्यवस्थाओं के कितने प्रकार होते हैं ? इत्यादि।

नगर और नागरिक सापेक्षिक शब्द हैं। ग्रीक नगरों का स्वरूप एक समान नहीं था। इनकी संख्या लगभग 160 थी। एक विद्वान् ने भूमध्य सागर के चारों ओर के तटों पर स्थित इन छोटे-छोटे नगरों को सरोवर के किनारों पर बैठे हुए मेढकों की उपमा दी है। इनमें से बड़े-से-बड़े नगर-राष्ट्र का क्षेत्रफल लगभग 1,000 वर्गमील था और बहुत से नगरों का क्षेत्रफल 100 वर्गमील से भी कम था।

नगर और नागरिक सापेक्षिक शब्द हैं। ग्रीक नगरों का स्वरूप एक समान नहीं था। इनकी संख्या लगभग 160 थी। एक विद्वान् ने भूमध्य सागर के चारों ओर के तटों पर स्थित इन छोटे-छोटे नगरों को सरोवर के किनारों पर बैठे हुए मेढकों की उपमा दी है।

एक भारतीय विद्वान् ने इनकी तुलना प्राचीन भारतीय जनपदों से की है, पर भारतीय जनपदों में और इन यवन नगर-राष्ट्रों में समानता की अपेक्षा विभिन्नता अधिक थी। भारत के सुदीर्घकालीन इतिहास में जनपद एकाधिक बार राजनीतिक एकता में आबद्ध हो सके, पर यवन नगर-राष्ट्रों में इस प्रकार की परिपूर्ण राजनीतिक एकता कभी स्थापित न हो सकी। भारत एवं उसकी संस्कृति आज भी भारतीय संस्कृति के भंडार में सुरक्षित है, पर ग्रीक नगरों की संस्कृति को आज ग्रीक प्रदेश के बाहर अधिक त्राण मिला है।

भारतीय जनपदों में क्षेत्रफल की अधिकता के कारण एकाधिक बड़े नगर होना कोई असंभव अथवा अनहोनी बात नहीं थी, पर यूनानी नगर-राष्ट्रों में एक राष्ट्र में एक ही बड़ा नगर होता था—शेष सारे क्षेत्रफल में कृषि इत्यादि कार्य करनेवाले ग्रामीण लोगों के ग्राम होते थे। इसके अतिरिक्त सांस्कृतिक एकता की दृष्टि से यह नगर भी भारतीय जनपदों के समान एक भाषा (जिसकी उपभाषाएँ परस्पर समझी जा सकती थीं) बोलते थे और एक धर्म को मानते थे और उनकी शासन व्यवस्थाएँ भी अधिकांश में जनतंत्रात्मक अथवा धनिक तंत्रात्मक थीं।

उनके धार्मिक विश्वास, देवी-देवता एवं तीर्थस्थान भी एक थे। भारतीय जनपदों के शासकों में चक्रवर्तीत्व का जो आदर्श परंपरा से चला आता था—उससे सम्राट् बनने की जो महत्त्वाकांक्षा जाग उठती थी, उसने इस विशाल देश को अनेक बार एक बड़ी इकाई होने की ऐसी अमिट विशेषता प्रदान की, जो ग्रीक नगरों के भाग्य में नहीं बदी थी।

यह भी स्वीकार करना होगा कि ग्रीक नगर-राष्ट्रों के नागरिकों में राजनीतिक चेतना भारतीय जनपदों के निवासियों की अपेक्षा अधिक थी। इसी कारण भारतीय इतिहास में जनतंत्र और गणतंत्र की अपेक्षा राजतंत्र अधिक फला-फूला, पर इस कथन का यह अर्थ नहीं है कि प्राचीन भारत के राजनीतिक इतिहास में जनतंत्र और गणतंत्र शासन पद्धति का नितांत अभाव था एवं यूनानी नगर राष्ट्रों में राजतंत्र नहीं था।

अरस्तू को इन 158 अथवा 160 नगरों के इतिहास और राजनीतिक व्यवस्थाओं एवं अन्य परंपराओं का अच्छा ज्ञान था। वह यह भी जानते थे कि शासन पद्धति केवल बाहरी प्रभाव का नाम नहीं है, वह नागरिकों एवं शासकों की जीवन पद्धति भी है, इसीलिए उन्हें नगर और नागरिक की परिभाषा का निर्माण करने में विशेष कठिनाई का अनुभव हुआ।

अरस्तू को इन 158 अथवा 160 नगरों के इतिहास और राजनीतिक व्यवस्थाओं एवं अन्य परंपराओं का अच्छा ज्ञान था। वह यह भी जानते थे कि शासन पद्धति केवल बाहरी प्रभाव का नाम नहीं है, वह नागरिकों एवं शासकों की जीवन पद्धति भी है, इसीलिए उन्हें नगर और नागरिक की परिभाषा का निर्माण करने में विशेष कठिनाई का अनुभव हुआ।

इतिहास ने उन्हें यह भी बतलाया कि अनेक बार शासन पद्धति में क्रांति हो जाने पर नए शासकों ने पुराने शासकों के दायित्वों को निभाने से इनकार कर दिया और कह दिया कि वह तो राष्ट्र का काम नहीं था। इसका अर्थ यह कि शासन पद्धति बदली कि राष्ट्र बदला!

यूनानी नगरों में भौगोलिक सीमा में रहनेवाले सब लोग नागरिक नहीं होते थे। दासों और शिल्पकारों को प्रायः नागरिक नहीं माना जाता था। नागरिक की

एक परिभाषा यह थी कि नागरिक वह है, जो वयस्क हो और जिसके माता-पिता दोनों नागरिक हों। इस परिभाषा की त्रुटि यह है कि यह किसी नगर के आरंभिक नागरिकों के संबंध में लागू नहीं होती। ग्रीक नगरों में बसे हुए विदेशी भी नागरिक नहीं माने जाते थे। नगरों की पारस्परिक संधियों के अनुसार, ये विदेशी नागरिकों के साथ विवाद, व्यवहार (मुकदमेबाजी) और न्याय पाने का अधिकार रखते थे, पर पूर्ण नागरिकता का अधिकार उनको नहीं मिलता था।

इन कठिनाइयों को ध्यान में रखते हुए अरस्तू ने नागरिक का लक्षण यह बतलाया कि जिस व्यक्ति की न्याय कार्य में, शासन-संसद् में सहभागिता है, वह व्यक्ति नागरिक है। यह परिभाषा केवल प्रत्यक्ष जनतंत्रात्मक शासन पद्धति के नागरिकों के लिए उपयुक्त है, अन्य पद्धतियों के लिए उपयुक्त नहीं। आधुनिक जनतंत्र के नागरिक के संबंध में भी यह लक्षण घटित नहीं होगा, क्योंकि आधुनिक जनतंत्र में प्रत्येक नागरिक को अपना प्रतिनिधि चुनने एवं स्वयं प्रतिनिधि चुने जाने का अधिकार होता है। इस प्रकार की प्रथा प्रत्यक्ष जनतंत्रात्मक शासन पद्धति में नहीं थी। नागरिकता का अधिकार उपनिवेशों और अधीन नगरों के निवासियों को भी प्राप्त नहीं था।

नगर की परिभाषा के संबंध में अरस्तू का विचार है कि नगर नागरिकों के उस समुदाय को कहते हैं, जो जीवन के अथवा अच्छे जीवन के उद्देश्यों अथवा प्रयोजनों के लिए पर्याप्त हो। नगर के संबंध में अरस्तू ने इस महत्त्वपूर्ण प्रश्न पर भी सूक्ष्मता से विचार किया है कि नगर की एकता और अभिन्नता किस तत्त्व पर निर्भर है। क्या इसके लिए नगर का एक ही स्थान पर बसा होना आवश्यक है?

नगर की परिभाषा के संबंध में अरस्तू का विचार है कि नगर नागरिकों के उस समुदाय को कहते हैं, जो जीवन के अथवा अच्छे जीवन के उद्देश्यों अथवा प्रयोजनों के लिए पर्याप्त हो। नगर के संबंध में अरस्तू ने इस महत्त्वपूर्ण प्रश्न पर भी सूक्ष्मता से विचार किया है कि नगर की एकता और अभिन्नता किस तत्त्व पर निर्भर है। क्या इसके लिए नगर का एक ही स्थान पर बसा होना आवश्यक है?

अरस्तू भौगोगिक एकता को महत्त्व नहीं देते। उनका विचार है कि नगर

की एकता एवं अभिन्नता उसकी शासन पद्धति की एकता और अभिन्नता पर निर्भर करती है। इसी कारण शासन अपने से पूर्ववाले शासन के उत्तरदायित्व से मुख मोड़ने का उपक्रम करते देखे गए हैं। हालाँकि कोई ऐसा नियम नहीं है कि शासन पद्धति बदल जाने पर पुरानी पद्धति के अंतर्गत स्वीकार किए गए दायित्वों को त्याग देना चाहिए।

नागरिक के चरित्र के विषय में भी अरस्तू ने विभिन्न दृष्टिकोणों से विचार किया है। क्या उत्तम मनुष्य और उत्तम नागरिक के चरित्र अभिन्न हैं ? क्या शासक और शासकों के चरित्र समान हो सकते हैं ? श्रेष्ठ नागरिक के लक्षण क्या हैं ? इत्यादि।

विभिन्न नागरिकों को राष्ट्र के जीवन में पृथक्-पृथक् कर्तव्य पालन करने पड़ते हैं, इसीलिए सब नागरिकों की उत्तमता एकरूप नहीं हो सकती। नगर की रक्षा और उन्नति सब नागरिकों का समान लक्ष्य है, इसीलिए जो नागरिक इस लक्ष्य को ध्यान में रखते हुए अपने कर्तव्य का पालन करता है, वह उत्तम नागरिक है।

विभिन्न नागरिकों को राष्ट्र के जीवन में पृथक्-पृथक् कर्तव्य पालन करने पड़ते हैं, इसीलिए सब नागरिकों की उत्तमता एकरूप नहीं हो सकती। नगर की रक्षा और उन्नति सब नागरिकों का समान लक्ष्य है, इसीलिए जो नागरिक इस लक्ष्य को ध्यान में रखते हुए अपने कर्तव्य का पालन करता है, वह उत्तम नागरिक है।

उत्तम मनुष्य और उत्तम नागरिक सामान्यतया अभिन्न नहीं हो सकते। इतना ही नहीं, आदर्श नगर व्यवस्था में भी ऐसा होना संभव नहीं है, क्योंकि नागरिकों के कर्तव्यों की बहुविधता तो आदर्श व्यवस्था में भी अनिवार्य है और भले आदमी का चरित्र सर्वथा एकविध होता है। केवल एक प्रकार का नागरिक ऐसा हो सकता है, जो भला आदमी और भला नागरिक भी हो। आदर्श नगर व्यवस्था में वह अच्छा नगारिक जिसको शासक के लिए अपेक्षित नैतिक बुद्धिमत्ता भी प्राप्त हो एवं शासित प्रजाजन के लिए अपेक्षित अन्य गुण भी प्राप्त हों, ऐसा विरल व्यक्ति होगा।

अरस्तू के मत में स्वतंत्र नागरिकों पर स्वतंत्र व्यक्ति के सदृश शासन करने की कला को स्वतंत्र नागरिक के समान स्वतंत्र व्यक्ति से शासित होकर सीखा जा

सकता है—जैसे कि सैनिक शिक्षण में सैनिक अनुशासन में रहकर ही उत्तरोत्तर सैनिक शासन की कला को सीखा जा सकता है।

अरस्तू ने समग्र नगरवासियों को दो भागों में विभक्त कर दिया है—एक भाग नागरिकों का है और दूसरा भाग शिल्पकारों, श्रमिकों, कृषकों, दासों इत्यादि का है, जिनको वह नागरिक जीवन के लिए आवश्यक तो मानते हैं, पर नागरिक जीवन का अंग नहीं मानते। उनके मत में अवकाश की कमी और शरीर श्रम के कारण ये लोग राजनीतिक जीवन में भागीदार होने की योग्यता नहीं रखते। यह तो मानव स्वभाव का एक परंपरागत विकृत कल्पना के आधार पर विभाजन है, जिसके अनुसार अकारण ही अधिकांश जनता नागरिकता के अधिकारों से वंचित की जाती रही। पूर्णतया न्यायपूर्ण पद्धति इस प्रकार के विभाजन को स्वीकार नहीं कर सकती, पर अरस्तू को ही क्या दोष दिया जाए, शत-प्रतिशत न्यायपूर्ण शासन पद्धति तो वर्तमान युग में भी वास्तविकता नहीं, आदर्श ही है।

अरस्तू ने समग्र नगरवासियों को दो भागों में विभक्त कर दिया है—एक भाग नागरिकों का है और दूसरा भाग शिल्पकारों, श्रमिकों, कृषकों, दासों इत्यादि का है, जिनको वह नागरिक जीवन के लिए आवश्यक तो मानते हैं, पर नागरिक जीवन का अंग नहीं मानते। उनके मत में अवकाश की कमी और शरीर श्रम के कारण ये लोग राजनीतिक जीवन में भागीदार होने की योग्यता नहीं रखते।

नगर और नागरिक की परिभाषा के अन्वेषण में शासन पद्धति की चर्चा स्वयं आ गई। प्रश्न स्वाभाविक है कि शासन पद्धतियाँ कितने प्रकार की होती हैं और उनमें श्रेष्ठ पद्धति कौन सी है? नगर नागरिकों का समूह है और उसकी शासन पद्धति नगारिकों के सामूहिक जीवन का प्रबंध है। जब गृहस्थों का समूह अपने सामान्य हितों की प्रेरणा से एक स्थान पर बसता है तो नगर की स्वाभाविक उत्पत्ति होती है। जहाँ मनुष्यों का समूह किसी दबाव में आकर एक स्थान पर अनिच्छा से रहता हो तो उसको कारागार कहना चाहिए।

इस दृष्टि से शासन पद्धति की दो श्रेणियाँ बनती हैं—

1. वे शासन पद्धतियाँ जिनमें शासक अथवा शासक वर्ग सार्वजनिक हितों को ध्यान में रखकर शासन कार्य चलाते हैं, इनको हम वास्तविक शासन पद्धतियाँ कह सकते हैं।
2. दूसरी वे शासन पद्धतियाँ, जिनमें शासक अथवा शासक वर्ग केवल अपने हित का ध्यान रखते हैं और सार्वजनिक हित की उपेक्षा अथवा विरोध करते हैं। इनको हम विकृत शासन पद्धतियाँ कहेंगे।

यद्यपि शासन पद्धतियों पर विचार करने पर शासक और शासित उभय पक्षों पर निरंतर दृष्टि रखनी पड़ती है, फिर भी इस विचार में मुख्य रूप से शासक पक्ष पर ही ध्यान अधिक दिया जाता है, इसीलिए अरस्तू ने शासन पद्धति की परिभाषा में बतलाया है कि शासन पद्धति या संविधान अथवा व्यवस्था किसी राष्ट्र में शासक पदों अथवा विशेष रूप से सर्वोच्च शासक पदों की व्यवस्था का ही नाम है।

यद्यपि शासन पद्धतियों पर विचार करने पर शासक और शासित उभय पक्षों पर निरंतर दृष्टि रखनी पड़ती है, फिर भी इस विचार में मुख्य रूप से शासक पक्ष पर ही ध्यान अधिक दिया जाता है, इसीलिए अरस्तू ने शासन पद्धति की परिभाषा में बतलाया है कि शासन पद्धति या संविधान अथवा व्यवस्था किसी राष्ट्र में शासक पदों अथवा विशेष रूप से सर्वोच्च शासक पदों की व्यवस्था का ही नाम है।

उपर्युक्त प्रकृत और विकृत शासन पद्धतियों में अरस्तू के मतानुसार, शासन सत्ता एक व्यक्ति, अल्पसंख्यक व्यक्तियों अथवा बहुसंख्यक व्यक्तियों के हाथ में रह सकती है। इस प्रकार से निम्नलिखित भेदों की उत्पत्ति होती है—

प्रकृत पद्धतियाँ	विकृत पद्धतियाँ	सत्ता का स्थान
एक राजतंत्र	तानाशाही	एक जन
श्रेष्ठ जनतंत्र	धनिकतंत्र	अल्पजन
जनतंत्र व्यवस्था	प्रजातंत्र	बहुजन

अरस्तू के इस विभाजन का आधार है—उसके नागरिक समाज के

विश्लेषण का परिणाम। उसने देखा कि प्रायः नागरिक समाज में एक ओर अमीर लोग हैं तो दूसरी ओर निर्धन जनता है और कहीं-कहीं इन दोनों के मध्य में एक मध्यम वर्ग भी पाया जाता है। केवल संख्या को विभाजन का आधार बनाने में एक कठिनाई उत्पन्न होती है, जिसका विवेचन करके अरस्तू इस नतीजे पर पहुँचते हैं कि यद्यपि धनिकतंत्र का शब्दार्थ अल्प जनतंत्र है और प्रजातंत्र का अर्थ जनतंत्र है, फिर भी व्यवहार में धनिकतंत्र अमीरों का तंत्र है और प्रजातंत्र गरीबों का तंत्र है।

अरस्तू ने संख्या और संपत्ति को संयुक्त करके यह बतलाया है कि धनिक तंत्र धनिक लोगों का शासन है और प्रजातंत्र बहुसंख्यक निर्धन जनता का शासन।

उपर्युक्त शासन पद्धतियों में शासक पदों का वितरण अथवा निर्धारण विभिन्न आधारों पर हुआ करता है। एक राजतंत्र में राजा अपने सदाचार अथवा अन्य गुणों के कारण सर्वोच्च शासन सत्ता पर आरूढ़ होता है। श्रेष्ठ जनतंत्र में अल्पसंख्यक शासक वर्ग भी अन्य लोगों की अपेक्षा गुणों और सज्जनता में बढ़े-चढ़े होने के कारण अपने पदों को प्राप्त करता है।

जनतंत्र व्यवस्था में पद वितरण का आधार धन और जन का सम्मिलित तत्त्व रहता है अथवा सैनिक सज्जा प्रस्तुत करने की सामर्थ्य देता है। प्रजातंत्र में पद वितरण स्वतंत्र नागरिकों की समानता के आधार पर होता है। धनिकतंत्र में लोगों की आर्थिक क्षमता का आधार और तानाशाही शासन पद्धति का आधार छल-कपट एवं धींगामुश्ती है।

जनतंत्र व्यवस्था में पद वितरण का आधार धन और जन का सम्मिलित तत्त्व रहता है अथवा सैनिक सज्जा प्रस्तुत करने की सामर्थ्य देता है। प्रजातंत्र में पद वितरण स्वतंत्र नागरिकों की समानता के आधार पर होता है। धनिकतंत्र में लोगों की आर्थिक क्षमता का आधार और तानाशाही शासन पद्धति का आधार छल-कपट एवं धींगामुश्ती है।

अरस्तू ने नगर-राष्ट्रों की व्यवस्था का तुलनात्मक अध्ययन करके यह देखा कि शासन व्यवस्था को राष्ट्र के प्रायः निम्नलिखित अंगों का प्रबंध करना पड़ता है—

1. भोजन सामग्री उत्पन्न करनेवाला वर्ग।
2. शिल्पकारों और श्रमिकों का वर्ग।
3. व्यवसायी वर्ग।
4. योद्धा वर्ग।
5. न्यायकर्ता वर्ग।
6. राष्ट्रीय पर्वों और उत्सवों के लिए व्यय करनेवाला धनिक वर्ग।
7. अधिकारी वर्ग।
8. राष्ट्र का चिंतन करनेवाला वर्ग।

इन्हीं वर्गों के द्वारा नगर-राष्ट्र का जीवन घटित और संचालित होता था। हालाँकि अरस्तू ने उपर्युक्त विवरण एकाधिक स्थानों पर प्रस्तुत किया है और उनके प्रबंधक-पटलों की भी व्यवस्था का वर्णन किया है, पर इनको उन्होंने व्यवस्थाओं के विभाजन का आधार नहीं बनाया।

संभव है कि उन्होंने यह भी देखा हो कि ये सब अंग, सब राष्ट्रों में समान रूप से उपलब्ध नहीं होते। राजनीति विज्ञान के विकास के साथ अरस्तू के विभाजन की उपयोगिता उतनी नहीं रह गई है, जितनी प्राचीन काल में थी। उनके विभाजन की पृष्ठभूमि में केवल यूनान के नगर-राष्ट्र थे।

साम्राज्यों और आधुनिककालीन महान् राष्ट्रों के विषय एवं उनसे उत्पन्न होनेवाली समस्याओं के विषय में हम अरस्तू की रचनाओं से अधिक पथ प्रदर्शन नहीं पा सकते। इसका अर्थ यह भी नहीं है कि अरस्तू का विभाजन आज अप्रासंगिक हो गया है। तानाशाही, प्रजातंत्र, धनिकतंत्र, श्रेष्ठ जनतंत्र आज भी चल रहे हैं और अरस्तू ने उनके विषय में जो कहा था, वह अब भी एक सीमा तक विश्ववासियों का पथ प्रदर्शन कर रहा है।

साम्राज्यों और आधुनिककालीन महान् राष्ट्रों के विषय एवं उनसे उत्पन्न होनेवाली समस्याओं के विषय में हम अरस्तू की रचनाओं से अधिक पथ प्रदर्शन नहीं पा सकते। इसका अर्थ यह भी नहीं है कि अरस्तू का विभाजन आज अप्रासंगिक हो गया है। तानाशाही, प्रजातंत्र, धनिकतंत्र, श्रेष्ठ जनतंत्र आज भी चल रहे हैं और अरस्तू ने उनके विषय में जो कहा था, वह अब भी एक सीमा

तक विश्ववासियों का पथ प्रदर्शन कर रहा है।

अरस्तू ने देखा था कि सभी मतों को माननेवाले न्याय की दुहाई देते हैं और उसी के आधार पर सत्ता को आत्मसात करना चाहते हैं। यह न्याय है क्या वस्तु? उत्तर मिला, समानों के प्रति असमानता और असमानों के प्रति असमानता अर्थात् जो जिस योग्य हो, उसके प्रति वैसा ही व्यवहार करना।

जब इस सिद्धांत के व्यवहार की बात आती है तब अरस्तू ने देखा कि व्यवहार में सब युक्तियुक्तता को तिलांजलि दे देते हैं। व्यावहारिक राजनीति यह है कि जनता की नाड़ी को परखकर बहुमत को प्रिय लगनेवाले नगर खड़े करना, उसके बाद शक्ति को हस्तगत कर मनमानी करना। अरस्तू ने गहरे पैठकर देखा कि धनी लोग धन के क्षेत्र में दूसरों से बढ़कर हैं तो इसके आधार पर वे अपने को सभी बातों में बढ़कर समझने की खुशफहमी पाल रहे हैं। दूसरी ओर वे लोग हैं, जो स्वतंत्रजन्मा होने की समानता के आधार पर अपने को सभी बातों में समान समझकर सब अधिकारों में समानता की माँग कर रहे हैं।

अरस्तू ने देखा था कि सभी मतों को माननेवाले न्याय की दुहाई देते हैं और उसी के आधार पर सत्ता को आत्मसात करना चाहते हैं। यह न्याय है क्या वस्तु? उत्तर मिला, समानों के प्रति असमानता और असमानों के प्रति असमानता अर्थात् जो जिस योग्य हो, उसके प्रति वैसा ही व्यवहार करना।

अगर धनी वर्ग के दावे को स्वीकार किया जाए तो बहुसंख्यक लोगों का असंतोष उत्पन्न होता है और अगर समानतावादियों की बात मानी जाए तो अधिक योग्यता और क्षमतावाले व्यक्तियों के प्रति अन्याय होता है। इन दोनों की कलह में राष्ट्र के लक्ष्य की क्या दशा होती है! अगर राष्ट्र का लक्ष्य केवल धनार्जन होता तो धनाधीश का दृष्टिकोण ही मान्य स्वीकार किया जा सकता था और ऐसी स्थिति में ऐसे कोई भी दो नगर, जिनमें व्यापारिक संधियाँ हुई होतीं, एक नगर माने जाते।

दूसरी ओर, अगर राष्ट्र का लक्ष्य केवल अन्याय से रक्षा पाना होता और सबकी स्वतंत्रता और समानता की रक्षा करना होता तो बहुसंख्यक स्वतंत्र नागरिकों का ही पक्ष औचित्यपूर्ण होता। वास्तविकता यह है कि राष्ट्र का चरम

लक्ष्य उपर्युक्त दोनों लक्ष्यों को अपनी नींव में लेकर मानव की परिपूर्ण उत्तमता के शिखर तक पहुँचना है। मानवता के पूर्ण विकास के लिए भौतिक संपत्ति की आवश्यक मात्रा भी चाहिए और समान स्वतंत्रता भी। ये दोनों ही मानवता के विकास के लिए आवश्यक शर्तें हैं, उसकी सीमाएँ नहीं हैं।

नगर मानव कल्याण के निमित्त निर्मित समाज है, जो आत्मनिर्भरता के लिए धन और सेना इत्यादि को भी साधन रूप में संग्रह करता है, पर जिसका अंतिम साध्य परिपूर्ण मानव जीवन है। स्थान की एकता, सुरक्षा, विचार संबंधी नियम, व्यापार संबंधी संधियाँ, धन प्राप्ति इत्यादि आंशिक लक्ष्य सब यथास्थान इस विशद एवं व्यापक लक्ष्य में समन्वित हो जाते हैं।

यदि ऐसा है तो किसको शासक के पद के लिए वरण करें? धनवान को? स्वतंत्र नागरिक को? कुलपुत्र को? नहीं! केवल भले व्यक्ति को यह शक्ति प्राप्त होनी चाहिए। मानव की श्रेष्ठता मानव में निहित भलाई है और मानवता की समानता में ही भलाई है और इस भलाई की रक्षा के लिए ही स्वतंत्रता का मूल्य है। सुकरात, प्लेटो और अरस्तू के चिंतन में अच्छाई, भलाई, सद्गुण इत्यादि के अर्थों को पूर्णतया समझाने के लिए अलग स्वतंत्र ग्रंथ लिखे गए हैं।

यदि ऐसा है तो किसको शासक के पद के लिए वरण करें? धनवान को? स्वतंत्र नागरिक को? कुलपुत्र को? नहीं! केवल भले व्यक्ति को यह शक्ति प्राप्त होनी चाहिए। मानव की श्रेष्ठता मानव में निहित भलाई है और मानवता की समानता में ही भलाई है और इस भलाई की रक्षा के लिए ही स्वतंत्रता का मूल्य है।

अरस्तू का राजनीतिक आदर्श अल्पसंख्यक श्रेष्ठ जनतंत्र की कल्पना पर आश्रित है। जिसके पास पर्याप्त अवकाश है, जिसके पास अत्यधिक धन नहीं है और जिसकी भौतिक संपत्ति में द्वेष को उत्पन्न करनेवाली विषमता नहीं है, जो विक्रम-पराक्रम की भावना से मुक्त ज्ञान-विज्ञान और कला के अनुसंधान में समर्पित है, जिसकी भौतिक आवश्यकताएँ नागरिकता से वंचित नगर-निवासियों के श्रम द्वारा पूरी हो जाती हैं तथा जिनको इसके बदले में केवल दयापूर्ण व्यवहार मिलता है।

गेटे के तत्त्वावधान में शासित वाईमार आधुनिक इतिहास में इस आदर्श की मूर्त कल्पना हो सकती है। चतुर्थ शताब्दी के ग्रीक जगत् और उससे पूर्व इतिहास के संदर्भ में अरस्तू का आदर्श अवश्य सराहनीय है। उपर्युक्त आदर्श की सिद्धि के लिए अरस्तू सत्कर्मों के लिए राष्ट्र की ओर से पुरस्कार और दुष्कर्मों के लिए दंड की व्यवस्था द्वारा जनसाधारण को सत्कर्म परायण बनाने का भी विधान करते हैं और व्यावहारिक दृष्टि से यह ठीक भी है।

मनुष्य की अच्छाई उसके मस्तिष्क पर अंकित नहीं होती, इसीलिए अरस्तू ने नितांत निष्पक्ष भाव से सब प्रकार की शासन पद्धतियों की समीक्षा करके यह जानने का प्रयत्न किया है कि उपर्युक्त शासन पद्धतियों में सर्वश्रेष्ठ कौन है। ऐसा लगता है कि अरस्तू का झुकाव जनतंत्रवाद की ओर अधिक है। अच्छे मनुष्यों की अपेक्षा बहुत से साधारण मनुष्य भी सामूहिक रूप से अधिक अच्छे होते हैं। चाहे चतुर व्यक्ति कुछ कहें, पर यह व्यवहार की कसौटी पर कसा हुआ अनुभव है कि पंचों में परमेश्वर बसता है। चतुर-से-चतुर व्यक्ति की योजनाएँ जब बहुत से साधारण व्यक्तियों की सम्मिलित आलोचना का विषय बनती हैं तो उनमें ऐसी त्रुटियाँ दृष्टिगोचर होती हैं, जो चतुर-नेत्रों को नहीं सूझ सकी थीं।

मनुष्य की अच्छाई उसके मस्तिष्क पर अंकित नहीं होती, इसीलिए अरस्तू ने नितांत निष्पक्ष भाव से सब प्रकार की शासन पद्धतियों की समीक्षा करके यह जानने का प्रयत्न किया है कि उपर्युक्त शासन पद्धतियों में सर्वश्रेष्ठ कौन है। ऐसा लगता है कि अरस्तू का झुकाव जनतंत्रवाद की ओर अधिक है।

अरस्तू फिर भी इस तथ्य को शत-प्रतिशत व्यवहार में लाने का आग्रह नहीं करते। उनका कहना यही है कि बहुसंख्यकों की सामूहिक बुद्धिमत्ता और अनुभव समाज में सारवान वस्तु है, उसका उपयोग होना चाहिए, उपेक्षा नहीं। उनका आग्रह यह कदापि नहीं है कि सबकुछ उन्हीं को सौंप दिया जाए। यदि इस उपयोगी सामाजिक योग्यता को शासनाधिकार से पूर्णतया बहिष्कृत किया जाता है तो इससे विशाल एवं व्यापक असंतोष उत्पन्न होता है।

शासक जो कार्य करते हैं, उसका अच्छा या बुरा प्रभाव तो बहुसंख्यक शासितों पर ही पड़ता है। शासक स्वयं अपने कार्यों के विषय में उसी व्यापारी के समान व्यवहार करता है, जो अपने अंगूरों को कभी खट्टा नहीं बतलाता। उसके कार्यों का सच्चा मूल्यांकन शासितों का समुदाय ही कर सकता है, इसीलिए न्यायोचित व्यवहार यही है कि शासकों की नियुक्ति अथवा पदच्युति इत्यादि बहुसंख्यक शासितों की सम्मति के अनुसार होनी चाहिए।

अरस्तू के मतानुसार, बहुसंख्यक जनता व्यक्ति के समान भावविराट भी नहीं होती। यह ठीक नहीं, जनता को उत्तेजित होने में समय अवश्य लगता है, पर उत्तेजित भीड़ की उत्तेजना के समक्ष व्यक्ति की उत्तेजना कुछ भी नहीं है।

क्या किसी राष्ट्र में ऐसे पुरुष की उत्पत्ति कभी संभव नहीं है, जो गुणातिशय के कारण शेष सब नागरिक समदुाय से व्यक्तिशः ही नहीं, समष्टिशः से भी बढ़कर हो? इतिहास के मनन के आधार पर और गंभीर चिंतन के परिणामस्वरूप अरस्तू यह जानते थे कि ऐसा होने का दावा तो न जाने कितनों ने किया है, पर तब भी ऐसे व्यक्ति का होना विरल हो सकता है, असंभव नहीं है।

क्या किसी राष्ट्र में ऐसे पुरुष की उत्पत्ति कभी संभव नहीं है, जो गुणातिशय के कारण शेष सब नागरिक समदुाय से व्यक्तिशः ही नहीं, समष्टिशः से भी बढ़कर हो? इतिहास के मनन के आधार पर और गंभीर चिंतन के परिणामस्वरूप अरस्तू यह जानते थे कि ऐसा होने का दावा तो न जाने कितनों ने किया है, पर तब भी ऐसे व्यक्ति का होना विरल हो सकता है, असंभव नहीं है।

यदि ऐसा व्यक्ति किसी राष्ट्र में उत्पन्न हो जाए तो? अरस्तू ने जिन इतिहास के पृष्ठों को पढ़ा था, उनमें ऐसे व्यक्तियों के लिए जनतांत्रिक राष्ट्रों में निर्वासन, हत्या, विष का प्याला इत्यादि पुरस्कार प्राप्त हुए थे, पर अरस्तू के मत में जनता के लिए कल्याणकारी एवं उचित मार्ग खुशी से उनका अनुसरण करना ही है।

यह है पुरुषोत्तम का एकराजतंत्र। इससे बढ़कर अन्य कोई शासन व्यवस्था नहीं हो सकती, पर इतिहास ने ऐसे पुरुषों को पहले सताकर मारा है और मृत्यु

के पश्चात् उनकी पाषाण प्रतिमाओं और समाधियों को पूजा है और कालांतर में उस पूजा को भी दूसरों को पीड़ित करने का साधन बनाया है। अरस्तू को स्वयं इसी प्रकार की परिस्थिति उत्पन्न होने पर अपने जीवन की संध्या में एथेंस से पलायन करना पड़ा था।

यह तो रही मानव रूप में देवता के एकराजतंत्र की बात, जिसको अरस्तू सर्वश्रेष्ठ, किंतु असंभवप्राय मानते हैं। अन्य प्रकार की व्यवस्थाओं के विषय में अरस्तू का विचार है कि हम उनकी भलाई और बुराई का विचार निरपेक्ष रूप से नहीं कर सकते। किन नागरिकों के लिए, किस प्रकार की व्यवस्था सर्वोत्तम है? इस प्रश्न का सही उत्तर तभी ठीक प्रकार से दिया जा सकता है, जब यह पता चल जाए कि किन नागरिकों का स्वरूप अथवा स्वभाव किस प्रकार का है। यदि नागरिक ऐसे हों, जिनके मध्य में एक व्यक्ति अथवा एक परिवार सद्‌गुणों में सर्वोत्तम हो तो उसके लिए एकराजतंत्र सर्वश्रेष्ठ है। यदि नागरिक ऐसे हों कि स्वतंत्र नागरिक होते हुए वे उत्तमता के कारण शासनादेश की क्षमता रखनेवाले मनुष्यों के शासन को सह सकते हों तो उनके लिए श्रेष्ठ जनतंत्र सबसे अच्छा है।

यह तो रही मानव रूप में देवता के एकराजतंत्र की बात, जिसको अरस्तू सर्वश्रेष्ठ, किंतु असंभवप्राय मानते हैं। अन्य प्रकार की व्यवस्थाओं के विषय में अरस्तू का विचार है कि हम उनकी भलाई और बुराई का विचार निरपेक्ष रूप से नहीं कर सकते। किन नागरिकों के लिए, किस प्रकार की व्यवस्था सर्वोत्तम है?

यदि नागरिक समुदाय में ऐसे योद्धाओं का समूह है, जो धनिकों को उनकी योग्यतानुसार शासक बनानेवाले नियमानुसार पर्याय क्रम में शासन करने और शोषित होने की क्षमता रखता है तो उसके लिए 'पौलितेइया' नाम की व्यवस्था ही ठीक है और यदि नागरिक इन प्रकारों की अपेक्षा अधिक विकृत प्रकार के हों तो उनके लिए विकृत प्रकार की व्यवस्थाएँ ही संभव होंगी।

यदि असंभव स्थिति संभव न हो और पुरुषोत्तम का आविर्भाव न हो तो एकराजतंत्र के अन्य प्रकार तो संभव होते ही हैं। स्पार्टा का राजतंत्र इस प्रकार

का है, जहाँ दोनों राजकुल सीमित नेतृत्व से युक्त हैं, पर यह सच्चा राजतंत्र नहीं है। सच्चा राजतंत्र वहाँ होता है, जहाँ राजसत्ता एक व्यक्ति के हाथ में केंद्रित होती है, पर यदि यह राजा पूर्ण पुरुषोत्तम न हो तो उस एक अच्छे से शासन की अपेक्षा अनेक अच्छों का शासन ही बेहतर होगा।

मान लिया जाए कि राजा पर्याप्त रूप से अच्छा है तो भी यह उसकी हार्दिक इच्छा होगी कि उसके पश्चात् उसके वंशधरों के हाथ में शासन की बागडोर रहे। ये वंशधर भी उसी के समान भले होंगे, इसका क्या पता? यूनान देश के राजाओं के पास व्यक्तिगत रक्षक होते थे और वे चाहते तो इनका मनमाना उपयोग कर सकते थे। एथेंस के संविधान में अरस्तू ने इनके दुरुपयोग के उदाहरण दिए हैं।

पूर्ण पुरुषोत्तम के लिए तो अरस्तू ने नियम बंधन को अनावश्यक माना था, पर अन्य राजा तो पूर्ण होते नहीं, इसीलिए इनके प्रसंग में अरस्तू ने इस समस्या पर भी विचार किया है कि प्राधान्य का नियम होना चाहिए या राजा का। मानव मनोवेगों के वशीभूत होकर न जाने क्या कर बैठे। इसीलिए राजा का प्राधान्य नहीं होना चाहिए, विवेक द्वारा निर्धारित कानून को सर्वोपरिता प्राप्त होनी चाहिए। कठिनाई यह है कि नियम भी किसी शासन व्यवस्था अथवा नियम निर्माता के द्वारा ही बनाया गया होगा और उसके निर्माता की अपूर्णता उसमें प्रतिफलित होगी।

पूर्ण पुरुषोत्तम के लिए तो अरस्तू ने नियम बंधन को अनावश्यक माना था, पर अन्य राजा तो पूर्ण होते नहीं, इसीलिए इनके प्रसंग में अरस्तू ने इस समस्या पर भी विचार किया है कि प्राधान्य का नियम होना चाहिए या राजा का। मानव मनोवेगों के वशीभूत होकर न जाने क्या कर बैठे।

नियम के पास आँखें नहीं होतीं। किस नियम का कहाँ उपयोग हो, यह बात हमेशा शासन सापेक्ष रहेगी। अरस्तू ने जिन नियमों के प्रति पक्षपात दिखलाया है, इसका कारण उनके राजा अथवा शासकों की स्वच्छंद स्वेच्छाचारिता का नियमन करने की इच्छा थी। वह कानूनों में मौलिक परिवर्तन करने के लिए अत्यंत सावधानी बरतने के पक्ष में थे। वह नियमों का स्थायित्व चाहते थे। अरस्तू हृदय

से क्रांतिकारी नहीं थे, इसीलिए वह नियमों के क्षेत्र में परिपूर्ति तो चाहते थे, पर जड़-मूल से क्रांति नहीं।

जनतंत्रों के विविध रूपों में सबसे पहले अरस्तू ने उस व्यवस्था का वर्णन किया है, जिसमें निर्धन और धनवान सबको एक समान माना जाता है। इसके पश्चात् उस व्यवस्था को लिया है, जिसमें शासकों और अधिकारियों को निम्न कोटि की वित्तीय योग्यता के आधार पर चुना जाता है। जिन लोगों में कृषि अथवा पशुचारण के व्यवसाय का प्राधान्य होता है, उनमें इस प्रकार का जनतंत्र स्वाभाविक रूप से पाया जाता है और ऐसी जनता जनतंत्र के लिए उपयुक्त भी होती है।

कारण यह है कि इस प्रकार की जनता को अपने व्यवसाय की विशिष्टता के कारण सुदूर स्थानों पर बिखरे हुए रहना पड़ता है और अवकाश भी कम मिलता है। इसीलिए वे आए दिन शासन के साथ छेड़छाड़ करने से विरत रहते हैं और शासन कार्य को अपने से अधिक योग्य व्यक्तियों को सौंपकर अपने धंधों में लग जाते हैं। योग्य जनता द्वारा चुने जाने के बाद शासन चलाया करते हैं और इस चुनाव के नियंत्रण के अतिरिक्त उन पर अन्य कोई नियंत्रण नहीं रहता।

कारण यह है कि इस प्रकार की जनता को अपने व्यवसाय की विशिष्टता के कारण सुदूर स्थानों पर बिखरे हुए रहना पड़ता है और अवकाश भी कम मिलता है। इसीलिए वे आए दिन शासन के साथ छेड़छाड़ करने से विरत रहते हैं और शासन कार्य को अपने से अधिक योग्य व्यक्तियों को सौंपकर अपने धंधों में लग जाते हैं।

तृतीय प्रकार के जनतंत्र में निर्दोषजन्मा होने के आधार पर सब नागरिकों को शासन कार्य में सहभागिता प्राप्त होती है, परंतु अवकाश के अभाव में उनका ऐसा करना व्यावहारिक रूप से संभव नहीं होता और परिणाम यही होता है कि शासन कार्य में कानून को प्रधानता प्राप्त होती है। इसी से मिलती-जुलती स्थिति स्वतंत्रजन्मा नागरिकों के जनतंत्र में भी उपस्थित होती है।

जिन नगरों में जनसंख्या पूर्वापेक्षा बहुत अधिक बढ़ जाती है और कर वृद्धि के कारण कोष में धन भी अधिक होता है तो वहाँ ऐसे जनतंत्रों की उत्पत्ति

होती है, जिनमें संख्याधिक्य के कारण सबको अधिकार प्राप्त होता है और राष्ट्र के सार्वजनिक अनुदान के कारण सबको राज्य शासन में भाग लेने का मौका भी उपलब्ध होता है। धनिक लोग प्रायः अपने राजनीतिक कर्तव्यों के पालन से विमुख अथवा अनुपस्थित रहते हैं। परिणाम यह होता है कि नियमों के प्राधान्य के स्थान पर निर्धन लोगों के समूह का शासन कार्य में प्राधान्य स्थापित हो जाता है। यह व्यवस्था तानाशाही से बहुत मिलती है एवं इसको एक प्रकार से व्यवस्था का अभाव कहना चाहिए।

इसके उपरांत अरस्तू पॉलिटी नामक व्यवस्था का वर्णन प्रस्तुत करते हैं। अरस्तू से पूर्व के लेखकों ने इस पद्धति की ओर ध्यान नहीं दिया था, इसीलिए इसके लिए कोई विशेष नाम नहीं दिया गया। वास्तव में यह पद्धति धनिकतंत्र और जनतंत्र के उस सम्मिश्रण का नाम है, जिसका झुकाव जनतंत्र की ओर होता है। यदि इस मिश्रण का झुकाव धनिकतंत्र की ओर अधिक होता है तो इसको श्रेष्ठ जनतंत्र कहते हैं।

मिश्रण कई प्रकार से संभव है, पर उन सबका उद्देश्य धनिकतंत्र और जनतंत्र के मध्यवर्ती मार्ग पर चलना है, इसीलिए इस व्यवस्था में न तो पदाधिकार की प्राप्ति के लिए उच्च वित्तीय क्षमता की आवश्यकता होती है और न इसके विपरीत वित्तीय क्षमता का नितांत अभाव ही स्वीकार किया जाता है। परिणामतः इस व्यवस्था में सत्ता मध्यम वर्ग के हाथ में रहती है।

मिश्रण कई प्रकार से संभव है, पर उन सबका उद्देश्य धनिकतंत्र और जनतंत्र के मध्यवर्ती मार्ग पर चलना है, इसीलिए इस व्यवस्था में न तो पदाधिकार की प्राप्ति के लिए उच्च वित्तीय क्षमता की आवश्यकता होती है और न इसके विपरीत वित्तीय क्षमता का नितांत अभाव ही स्वीकार किया जाता है। परिणामतः इस व्यवस्था में सत्ता मध्यम वर्ग के हाथ में रहती है।

अरस्तू के मत में मध्यम मार्ग का जीवन सर्वश्रेष्ठ है। जो लोग बहुत धनवान होते हैं, उनमें निरंकुशता और हिंसा का भाव रहता है और वे अनुशासन नहीं मानते। दूसरी ओर जो निर्धन होते हैं, उनको शासन करना नहीं आता। जिस

समाज में केवल यही दो वर्ग होते हैं—वह स्वामी और दासों का नगर तिरस्कार और द्वेष की ज्वाला में जला करता है। जिस नगर में मध्यम वित्तवाले मध्यम वर्ग का आधिक्य होता है, वही नगर सुखी हो सकता है। इस वर्ग को धनी और निर्धन वर्ग विश्वास की दृष्टि से देखते हैं। यदि इस वर्ग का अभाव हो तो शासन पद्धति बड़ी आसानी से धनिकतंत्र अथवा जनतंत्र को लाँघकर तानाशाही की अवस्था को प्राप्त हो जाती है।

इस प्रकार आदर्श व्यवस्था के उपरांत अरस्तू के मत में वास्तविक व्यवहार में 'पौलितेइया' पद्धति श्रेष्ठ है। इसके उदाहरणस्वरूप उन्होंने किसी नगर की व्यवस्था का उल्लेख नहीं किया है। संभवतया स्पार्टा की व्यवस्था इस आदर्श के समीप पहुँचती है अथवा अगर एथेंस के संविधान पर गौर करें तो ई.पू. 411 की थेरामेनेस की व्यवस्था इस प्रकार की प्रतीत होगी।

विविध प्रकार की व्यवस्थाओं के विकास के ऐतिहासिक क्रम के विषय में अरस्तू का मत है कि वे प्रायः एकराजतंत्र से श्रेष्ठ जनतंत्र, धनिकतंत्र और तानाशाही के रूपों को धारण करती हुई जनतंत्र की अवस्था को प्राप्त होती हैं, पर यह सामान्य प्रवृत्ति का दिग्दर्शन है। इसी प्रकार जनतंत्र की प्रवृत्ति भी सौम्य जनतंत्र से अतिगामी जनतंत्र की ओर रहती है। इसी प्रसंग में अरस्तू ने धनिकतंत्र के चार और तानाशाही के तीन भेद बतलाए हैं।

विविध प्रकार की व्यवस्थाओं के विकास के ऐतिहासिक क्रम के विषय में अरस्तू का मत है कि वे प्रायः एकराजतंत्र से श्रेष्ठ जनतंत्र, धनिकतंत्र और तानाशाही के रूपों को धारण करती हुई जनतंत्र की अवस्था को प्राप्त होती हैं, पर यह सामान्य प्रवृत्ति का दिग्दर्शन है। इसी प्रकार जनतंत्र की प्रवृत्ति भी सौम्य जनतंत्र से अतिगामी जनतंत्र की ओर रहती है।

धनिकतंत्र के प्रथम भेद में पदाधिकार आर्थिक योग्यता के आधार पर प्राप्त होता है। दूसरे भेद में नागरिकों को पदाधिकार प्राप्ति के लिए और भी ऊँची आर्थिक योग्यता की आवश्यकता होती है और पदाधिकारियों का चुनाव भी ऐसे नागरिकों द्वारा किया जाता है, जो आर्थिक योग्यता से संपन्न होते हैं।

धनिकतंत्र के तीसरे भेद में पदाधिकार कुलक्रमागत होता है। अंतिम भेद में कुलक्रमागत शासन पद्धति के साथ ही शासन कार्य में कानून के स्थान पर व्यक्ति का प्राधान्य होता है। तानाशाही के तीन भेदों में से प्रथम दो भेद अर्द्ध एकराजतंत्र और अर्द्ध तानाशाही तंत्र कहे गए हैं। इनमें चुनाव द्वारा शासक बनता है और उसका शासन नियमानुसार चलता है। इसलिए इस सीमा तक उसका शासन एकराजतंत्र पद्धति के तुल्य है। वह अपने को स्वामी समझकर प्रजा पर दासों के समान शासन करता है, इसलिए उसका शासन एक सीमा तक तानाशाही प्रकार का होता है। तानाशाही का असली रूप वह होता है, जिसमें शासक प्रजाजन पर एकमात्र अपने स्वार्थ की दृष्टि से शासन करता है।

राष्ट्र शासन के तीन अंग हैं—

1. विचारक।
2. कार्यसंचालक।
3. न्यायकर्तागण।

इन सबकी नियुक्ति और संघटन के विषय में भी अरस्तू ने विस्तार से विचार किया है। इन अंगों की व्यवस्था विभिन्न शासन पद्धतियों के अनुसार किस प्रकार होनी चाहिए, इस पर विचार करते हुए उन्होंने विचारकमंडल के संबंध में एक महत्त्वपूर्ण सुझाव दिया है कि विचारकमंडल में नागरिकों के समान संख्यक सदस्य चुनकर आने चाहिए।

इन सबकी नियुक्ति और संघटन के विषय में भी अरस्तू ने विस्तार से विचार किया है। इन अंगों की व्यवस्था विभिन्न शासन पद्धतियों के अनुसार किस प्रकार होनी चाहिए, इस पर विचार करते हुए उन्होंने विचारकमंडल के संबंध में एक महत्त्वपूर्ण सुझाव दिया है कि विचारकमंडल में नागरिकों के समान संख्यक सदस्य चुनकर आने चाहिए।

कार्यसंचालक मंडल के संबंध में नियुक्तियों की 27 प्रकार की संभावनाओं पर विचार किया है और यह बतलाया है कि कौन किस प्रकार की व्यवस्था के लिए उचित रहेगा। न्यायालयों में आठ विभिन्न प्रकार गिनाए हैं और उनके संघटन की तीन अलग-अलग विधियाँ बतलाई हैं। ये विधियाँ क्रमशः जनतंत्र, धनिकतंत्र और व्यवस्थातंत्र पद्धतियों के अनुरूप होती हैं। इस प्रकार विविध

व्यवस्थाओं का विवरण समाप्त हो जाता है।

व्यवस्थाओं के स्वरूप के अध्ययन के पश्चात् अरस्तू उनमें होनेवाली क्रांतियों के कारण एवं उनको दूर कर नीति स्थापित करने के उपायों की मीमांसा करते हैं। मानव शरीर की भाँति शासन व्यवस्थाएँ भी रुग्णावस्था को प्राप्त हो सकती हैं और समुचित उपचार द्वारा उनके रोगों का भी निराकरण और उपराम संभव है।

जनतंत्रात्मक मनोवृत्तिवाला जनसमूह समानता का प्रबल समर्थक होता है। वह असमानता को नहीं सह सकता और उसको सभी क्षेत्रों से हटाने का प्रयत्न करता है। धनिकतंत्र के प्रेमी धन-संपत्ति की असमानता के आधार पर यह दावा करते हैं कि जो संपदा में दूसरों से बड़े हैं, वे सभी बातों में अन्य लोगों से बढ़कर माने जाने चाहिए। यदि ऐसा नहीं होता तो वे समझते हैं कि न्याय नहीं हुआ। इसी प्रकार की मनोवृत्ति को क्रांतिकारी मनोवृत्ति कहा जा सकता है। क्रांति के कारणों को पूर्णतया नहीं गिनाया जा सकता।

जनतंत्रात्मक मनोवृत्तिवाला जनसमूह समानता का प्रबल समर्थक होता है। वह असमानता को नहीं सह सकता और उसको सभी क्षेत्रों से हटाने का प्रयत्न करता है। धनिकतंत्र के प्रेमी धन-संपत्ति की असमानता के आधार पर यह दावा करते हैं कि जो संपदा में दूसरों से बड़े हैं, वे सभी बातों में अन्य लोगों से बढ़कर माने जाने चाहिए।

प्रमुख कारण है कुछ लोगों का लाभ और सम्मान को अत्यधिक प्राप्त कर लेना और अन्य लोगों को अन्यायपूर्वक उनसे वंचित रखना। शासकों की धृष्टता, कुछ व्यक्तियों को अत्यधिक महत्त्व की प्राप्ति, प्रजाजनों अथवा महत्त्वाकांक्षी प्रजाजनों का तिरस्कार, राष्ट्र के किसी अंग की असंतुलित वृद्धि, चुनावों में षड्यंत्र और चालबाजियाँ, अविश्वासपात्र लोगों को शासनाधिकार की प्राप्ति, छोटे-छोटे परिवर्तनों के प्रति असावधानी इत्यादि।

यदि इन कारणों को और सूक्ष्मता के साथ देखा जाए तो गेटे की उक्ति से सहमत होना पड़ेगा कि क्रांतियाँ सर्वदा शासकों के दोषों के कारण उत्पन्न होती हैं, शासितों के दोषों के कारण नहीं। क्रांतियों का प्रभाव एक सा नहीं

होता। कभी क्रांतिकारी लोग समग्र व्यवस्था को बदल डालते हैं तो कभी वे सत्ता हस्तगत करके ही संतुष्ट हो जाते हैं। कभी क्रांति के परिणामस्वरूप जनतंत्र अथवा धनिकतंत्र का स्वरूप पहले की अपेक्षा अधिक गहरा हो जाता है तो कभी अधिक हलका हो जाता है। इसी प्रकार कभी-कभी क्रांति का लक्ष्य केवल किसी शासन की विशेष संस्था को ही बदल डालना होता है एवं कभी-कभी क्रांति का रोष किसी व्यक्ति विशेष को ही अपना लक्ष्य बनाता है।

क्रांति के सामान्य कारणों के अतिरिक्त पृथक्-पृथक् व्यवस्थाओं में क्रांति के कुछ विशेष कारण भी होते हैं। उदाहरण के तौर पर—जनतंत्र में लोकनायकों की अतिगामी प्रवृत्तियों के कारण धनिकवर्ग जनतंत्र के विरुद्ध मोर्चा बनाकर उसको उखाड़ फेंकता है और धनिकतंत्र को स्थापित कर देता है अथवा कभी-कभी लोकनायक ही जनतंत्र को समाप्त करके उसके स्थान पर तानाशाही की स्थापना कर देते हैं।

क्रांति के सामान्य कारणों के अतिरिक्त पृथक्-पृथक् व्यवस्थाओं में क्रांति के कुछ विशेष कारण भी होते हैं। उदाहरण के तौर पर—जनतंत्र में लोकनायकों की अतिगामी प्रवृत्तियों के कारण धनिकवर्ग जनतंत्र के विरुद्ध मोर्चा बनाकर उसको उखाड़ फेंकता है और धनिकतंत्र को स्थापित कर देता है अथवा कभी-कभी लोकनायक ही जनतंत्र को समाप्त करके उसके स्थान पर तानाशाही की स्थापना कर देते हैं।

धनिकतंत्र के दुःखदायी एवं पीड़ापूर्ण शासन के विरुद्ध प्रजा विद्रोह खड़ा कर देती है और धनिकतंत्र के भीतर फूट पड़ जाती है, तब कोई धनी व्यक्ति लोकनायक बन जाता है। श्रेष्ठ जनतंत्र में क्रांति उत्पन्न होने का कारण होता है, अत्यल्प संख्यक लोगों का सम्मानभाजन होना, जिससे अन्य महत्त्वाकांक्षी लोगों की द्वेष-भावना भड़कने लगती है। व्यवस्था तंत्र में यदि जनतंत्रात्मक और धनिकतंत्रात्मक तत्त्वों का संतुलित सम्मिश्रण नहीं हो पाता तो क्रांति हो जाया करती है।

यह कहना सर्वदा सरल नहीं होता कि किस प्रकार की व्यवस्था का क्रांति के पश्चात् क्या रूपांतर होगा। व्यवस्था पद्धति प्रायः जनतंत्र के रूप को ग्रहण

कर लेती है, पर कभी धनिकतंत्र में भी बदल सकती है। इसी प्रकार यद्यपि श्रेष्ठ जनतंत्र क्रांति द्वारा प्राय: धनिकतंत्र में परिवर्तित हुआ करती है, पर कभी जनतंत्र भी उसका स्थान ग्रहण कर सकता है।

अरस्तू ने इन सब प्रकार के परिवर्तनों से बचने और सब प्रकार की व्यवस्थाओं को स्थायित्व प्रदान करनेवाले उपाय भी बतलाए हैं। इन उपायों को देखकर कुछ आलोचकों ने अरस्तू को माकियावेली को स्फूर्ति देनेवाला कहा है, पर ऐसा कहना उचित नहीं। जो व्यक्ति परिपूर्ण पुरुषोत्तम के शासन को सर्वश्रेष्ठ मानता है, उसका निकृष्ट पद्धतियों के स्थायित्व की विधि बतलाना केवल राजनीति शास्त्र की पूर्ण वैज्ञानिकता की दृष्टि के कारण है, न कि कुटिलता के प्रचार के निमित्त।

क्रांतियों को रोकने के उपायों में अरस्तू के मत में सर्वप्रथम है—शासकों के द्वारा कानून का पालन और रक्षण। यदि शासक छोटी-से-छोटी बातों में भी नियम का पालन करें एवं मामूली-से-मामूली परिवर्तन की अवहेलना न करें तो उनका शासन उथल-पुथल से मुक्त रह सकता है। जनता के प्रति छल का व्यवहार भी नहीं किया जाना चाहिए, क्योंकि छल का भंडाफोड़ अवश्यंभावी है।

क्रांतियों को रोकने के उपायों में अरस्तू के मत में सर्वप्रथम है—शासकों के द्वारा कानून का पालन और रक्षण। यदि शासक छोटी-से-छोटी बातों में भी नियम का पालन करें एवं मामूली-से-मामूली परिवर्तन की अवहेलना न करें तो उनका शासन उथल-पुथल से मुक्त रह सकता है। जनता के प्रति छल का व्यवहार भी नहीं किया जाना चाहिए, क्योंकि छल का भंडाफोड़ अवश्यंभावी है।

अरस्तू के मत में शासन पद्धति का नाम अथवा बाहरी रूप उसके स्थायित्व से विशेष संबंध नहीं रखता। शासन पद्धति किसी भी प्रकार की हो, यदि शासक जनता के प्रति समझदारी का व्यवहार करे, उसके प्रति अच्छे संबंध बनाए रहे, महत्त्वाकांक्षी व्यक्तियों के सम्मान को ठेस न पहुँचाए, सामान्य जनता के धन का दुरुपयोग न करे, यथासंभव जनता को अथवा कम-से-कम उसमें से मुख्य-

मुख्य व्यक्तियों को शासन कार्य में कुछ भाग प्रदान करे तो किसी भी नाम और प्रकार वाली पद्धति स्थायी हो सकती है। जनता के सम्मुख किसी प्रकार के भय को, विशेषकर विदेशी शत्रुओं के आक्रमण के आतंक को बनाए रखना भी लाभदायक होता है।

शासक दल के बीच एकजुटता का होना आवश्यक है। प्रजा के बीच भेदनीति को इस सीमा तक बरतना चाहिए कि किसी भी एक दल को अत्यधिक सबल नहीं बन जाने देना चाहिए। यदि प्रजाजनों में किसी कारण से संपत्ति के वितरण में परिवर्तन उपस्थित हो तो इन परिवर्तनों का बड़ी सावधानी से निरीक्षण करना चाहिए। यदि कोई व्यक्ति एक साथ निर्धन से धनवान अथवा धनवान से निर्धन हो जाता है तो इसका प्रभाव राष्ट्र के लिए भयावह हो सकता है।

शासक दल के बीच एकजुटता का होना आवश्यक है। प्रजा के बीच भेदनीति को इस सीमा तक बरतना चाहिए कि किसी भी एक दल को अत्यधिक सबल नहीं बन जाने देना चाहिए। यदि प्रजाजनों में किसी कारण से संपत्ति के वितरण में परिवर्तन उपस्थित हो तो इन परिवर्तनों का बड़ी सावधानी से निरीक्षण करना चाहिए।

सबसे अधिक क्रांति का भय कोष संबंधी गड़बड़ियों से होता है, इसीलिए राजकीय आय-व्यय का लेखा-जोखा बिल्कुल ईमानदारी और स्पष्टता के साथ तैयार किया जाना चाहिए। यदि शासन पद्धति धनिकतंत्र हो तो उसको जनतंत्रात्मक जनता के प्रति द्वेषपूर्ण नहीं, वरन् न्यायपूर्ण व्यवहार करना चाहिए। जो अपने विरोधियों को संतुष्ट कर सकता है, वह सब भयों से मुक्त हो जाता है।

उच्च पदों पर योग्य व्यक्तियों की नियुक्ति से भी जनता में अशांति नहीं फैलती। प्रमुख शासकों में शासन पद्धति के प्रति श्रद्धा, शासन कार्य की क्षमता और प्रामाणिकता—ये तीन गुण पाए जाने चाहिए। यदि तीनों गुण एक साथ न मिल सके तो दो मिलें और यदि किसी पद के लिए विशिष्ट प्रकार की योग्यता एवं क्षमता आवश्यक हो तो उस क्षमता का विशेष विचार किया जाना चाहिए, शेष दो गुणों का अधिक ख्याल नहीं किया जाना चाहिए।

वैसे तो अरस्तू प्रायः सदाचार अथवा सद्वृत्ति पर ही अधिक बल देते हैं, पर वह अच्छे अर्थ में यथार्थवादी हैं और सद्वृत्ति में आचरण और बुद्धि दोनों की उत्तमता सम्मिलित है। जैसाकि बताया जा चुका है—अरस्तू जनतंत्र और धनिकतंत्र का त्राण विरोधीवाद के साथ समझौता करने में ही समझते हैं।

उनके अनुसार, विशुद्ध प्रकार की व्यवस्थाओं की अपेक्षा मिश्रित व्यवस्थाएँ अधिक स्थायी हो सकती हैं। तानाशाही शासन को दो प्रकार से सुरक्षा प्राप्त हो सकती है। बुरा उपाय तो यह होगा कि तानाशाह जनता को इतना दीन-हीन और अपंग बना दे कि वह सिर न उठा सके। अच्छा उपाय यह है कि तानाशाह केवल अपने स्वार्थ छोड़कर राजा के समान प्रजा का हितैषी बन जाए।

उनके अनुसार, विशुद्ध प्रकार की व्यवस्थाओं की अपेक्षा मिश्रित व्यवस्थाएँ अधिक स्थायी हो सकती हैं। तानाशाही शासन को दो प्रकार से सुरक्षा प्राप्त हो सकती है। बुरा उपाय तो यह होगा कि तानाशाह जनता को इतना दीन-हीन और अपंग बना दे कि वह सिर न उठा सके।

राजनीति की अंतिम दो पुस्तकों में अरस्तू ने आदर्श नगर व्यवस्था की रूपरेखा प्रस्तुत करने का प्रयास किया है। वास्तव में वह आदर्श व्यवस्था के संबंध में सामान्य विचारों को व्यक्त करके उसकी शिक्षा की रूपरेखा ही प्रस्तुत कर सके हैं। शासन पद्धति केवल शासन प्रबंध का ही नाम नहीं है, वह एक जीवन पद्धति भी होती है, इसीलिए आदर्श शासन पद्धति की रूपरेखा प्रस्तुत करने से पूर्व अरस्तू ने वांछनीय जीवन की झाँकी प्रस्तुत करने का प्रयत्न किया है।

हर तरह की संपदाएँ तीन भागों में बाँटी जा सकती हैं—

1. भौतिक संपदाएँ।
2. शारीरिक संपदाएँ।
3. आध्यात्मिक संपदाएँ।

अपने सदाचारशास्त्र में अरस्तू ने अनुभव के आधार पर इस सिद्धांत का प्रतिपादन किया था कि यद्यपि इन संपदाओं में से उपेक्षणीय कोई नहीं है, फिर भी उच्चकोटि की सद्वृत्ति के योग में भौतिक संपदाओं की साधारण मात्रा की

प्राप्ति से भी मनुष्य को उससे अधिक सुख प्राप्त होता है, जो भौतिक संपदाओं की अत्यधिक मात्रा और थोड़ी सी सद्वृत्ति के योग से उपलब्ध होती है।

सच तो यह है कि भौतिक संपदाएँ एक सीमा तक ही संपदा रहती हैं, पर सीमा का उल्लंघन करने पर विपदा बन जाती हैं। सद्वृत्ति की मात्रा जितनी अधिक हो, उतनी ही अच्छी, इस दिशा में 'अति' वर्जित नहीं है। भौतिक और शारीरिक संपदाएँ आत्महित के लिए अभीष्ट हैं, अन्यथा उनका कोई महत्त्व नहीं है। राष्ट्र जीवन में सद्वृत्ति के साथ-साथ भौतिक संपदाओं की भी पर्याप्त मात्रा होनी चाहिए जिससे सत्कर्म परायण जीवन पद्धति संभव हो सके।

सद्वृत्तिमय जीवन को सर्वोत्तम मान लेने पर भी अरस्तू व्यवसाय और राजनीति में संलग्न जीवन की अपेक्षा चिंतन एवं मननपरायण जीवन को ही अधिक वरेण्य मानते हैं। उनके मत में कर्मठता अनेक प्रकार की हो सकती है। वह जो व्यक्ति दूसरों पर शासन करना और अधिक-से-अधिक राजनीतिक सत्ता को अपनी मुट्ठी में रखना ही कर्मठता का आदर्श मानते हैं, अरस्तू उनसे सहमत नहीं।

सद्वृत्तिमय जीवन को सर्वोत्तम मान लेने पर भी अरस्तू व्यवसाय और राजनीति में संलग्न जीवन की अपेक्षा चिंतन एवं मननपरायण जीवन को ही अधिक वरेण्य मानते हैं। उनके मत में कर्मठता अनेक प्रकार की हो सकती है। वह जो व्यक्ति दूसरों पर शासन करना और अधिक-से-अधिक राजनीतिक सत्ता को अपनी मुट्ठी में रखना ही कर्मठता का आदर्श मानते हैं, अरस्तू उनसे सहमत नहीं।

इसी प्रकार वह उनसे भी सहमत नहीं, जो यह मानते हैं कि वैधानिक शासन भी व्यक्ति कल्याण का विरोधी है। सर्वोपरि सत्ता तभी अच्छी होती है, जब उसका व्यवहार दासतुल्य जनों के प्रति किया जाता है, अन्यथा वह बुराई में परिणत हो जाती है। दूसरी ओर यद्यपि स्वतंत्र जीवन परतंत्र जीवन की अपेक्षा अधिक बेहतर होता है, पर सभी शासन व्यवस्थाएँ प्रभु शासन स्वरूप नहीं होतीं। कर्मठ जीवन का तात्पर्य केवल उस जीवन से नहीं है, जिसमें इतरजनों का संपर्क अनिवार्य हो। स्वयं विचार भी

क्रिया है और साधारण क्रिया नहीं, दिव्य क्रिया है।

इस प्रकार अभीष्टतम जीवन के स्वरूप का निर्धारण करके अरस्तू आदर्श नगर के चित्र की रूपरेखा प्रस्तुत करते हैं। ऐसे नगर की प्रथम शर्त है—पर्याप्त जनसंख्या, जो न सुखी जीवन की आवश्यकताओं के लिए कम हो और न अत्यधिक। अरस्तू ने कृषक, व्यवसायी, शिल्पी और श्रमिकों के अतिरिक्त स्वतंत्र नागरिकों की जो न्यूनतम और अधिकतम संख्या का संकेत किया है, वह उभय पक्ष में अस्पष्ट है। अधिक-से-अधिक संख्या इतनी होनी चाहिए कि उसको एक नजर में देखा जा सके और एक व्यक्ति की आवाज उन सबको सुनाई पड़ सके।

अरस्तू को विशाल नगरों की कल्पना प्रिय नहीं थी एवं उनके शिष्य ने जो साम्राज्य निर्माण आरंभ किया था, उसके प्रति उनकी सहानुभूति नहीं थी। वह तो राजनीतिक चरम विकास के रूप में ऐसे नगर को ही देख रहे थे, जिसके स्वतंत्र नागरिक एक-दूसरे से परिचित हों। उनके मतानुसार, जिस नगर के नागरिक परस्पर परिचित न हों, वहाँ श्रेष्ठ शासन और निर्दोष न्याय संभव नहीं है, पर भविष्य ने उनकी इस प्रकार की आशंकाओं को निर्मूल सिद्ध कर दिया।

अरस्तू को विशाल नगरों की कल्पना प्रिय नहीं थी एवं उनके शिष्य ने जो साम्राज्य निर्माण आरंभ किया था, उसके प्रति उनकी सहानुभूति नहीं थी। वह तो राजनीतिक चरम विकास के रूप में ऐसे नगर को ही देख रहे थे, जिसके स्वतंत्र नागरिक एक-दूसरे से परिचित हों।

राज्य की भूमि के विषय में उनका मत यह था कि उसका क्षेत्रफल इतना होना चाहिए कि उसकी उपज से स्वतंत्र एवं आरामदायक जीवन का पोषण संभव हो सके, पर इतना अधिक नहीं होना चाहिए, जिससे विलासिता का विकास संभव हो। युद्ध की संभावना को ध्यान में रखते हुए नगर का स्थान शत्रु के प्रवेश के लिए दुर्गम एवं नगर निवासियों की आवाजाही के लिए सुगम होना चाहिए। अच्छा हो, यदि समग्र क्षेत्रफल एक नजर में देखा जा सके। यदि स्थिति समुद्र के करीब हो तो युद्ध और जीवन की आवश्यकताओं की प्राप्ति के लिए सुविधा रहती है। यह नगर व्यापार की मंडी भी होना चाहिए, जिससे नगर की

आवश्यकताएँ अन्य स्थानों से पूर्ण की जा सकें और अपनी आवश्यक वस्तुएँ दूसरे स्थानों को भेजी जा सकें।

व्यापार का उद्‌देश्य अमर्यादित धन कमाना नहीं होना चाहिए। ग्रीक जाति के चरित्र के विषय में भी अरस्तू की अपनी धारणा थी कि यह जाति उत्साह एवं बुद्धिमत्ता दोनों से ही युक्त है। यदि यह किसी प्रकार से एक राष्ट्र में संघटित हो सके तो सारे संसार पर शासन कर सकती है।

व्यापार का उद्‌देश्य अमर्यादित धन कमाना नहीं होना चाहिए। ग्रीक जाति के चरित्र के विषय में भी अरस्तू की अपनी धारणा थी कि यह जाति उत्साह एवं बुद्धिमत्ता दोनों से ही युक्त है। यदि यह किसी प्रकार से एक राष्ट्र में संघटित हो सके तो सारे संसार पर शासन कर सकती है।

शासन व्यवस्था का विचार करने से पूर्व यह देख लेना आवश्यक है कि इस आदर्श नगर-राष्ट्र में कितने प्रकार के कार्य आवश्यक होंगे और उनको पूर्ण करने के लिए किस-किस वर्ग के व्यक्तियों की आवश्यकता होगी। इस दृष्टि से नगर को निम्नलिखित वर्गों की आवश्यकता होगी—

1. कृषक वर्ग।
2. शिल्पकार वर्ग।
3. योद्धा वर्ग।
4. धनिक वर्ग।
5. पुरोहित वर्ग।
6. न्यायकर्ता गण।

इन वर्गों में से कृषक अवकाश के अभाव के कारण एवं शिल्पकार सद्‌वृत्ति के अभाव के कारण राजनीतिक जीवन में भाग नहीं ले सकते। शेष वर्गों की व्यवस्था इस प्रकार की होनी चाहिए कि जब वे युवा हों तो योद्धा दल में रहें, युवावस्था पार कर चुकने पर शासक बना दिए जाएँ और वृद्ध होने पर पुरोहित।

स्थावर संपत्ति भी इन्हीं लोगों के हाथ में रहनी चाहिए, न कि कृषकों के। इस प्रकार अरस्तू के आदर्श नगर में भी लगभग उसी प्रकार का सामाजिक भेद

होगा, जैसाकि भारतीय समाज में द्विज और द्विजेतर वर्गों में था। हालाँकि अरस्तू को भू-संपत्ति पर सबके समान अधिकार का सिद्धांत मान्य नहीं था, फिर भी उन्होंने सार्वजनिक पूजा-अर्चना के व्यय और सम्मिलित भोजों के व्यय के लिए भू-संपत्ति के एक भाग को सार्वजनिक संपत्ति बनाने का सुझाव अवश्य दिया था।

सम्मिलित भोज उनकी दृष्टि में नागरिक एकता की वृद्धि में सहायक होते हैं। शेष भू-संपत्ति पृथक्-पृथक् नागरिकों की व्यक्तिगत संपत्ति के रूप में इस प्रकार बँटी होनी चाहिए कि प्रत्येक व्यक्ति को एक भूखंड बस्ती के समीप और दूसरा सीमा के पास मिले, जिससे विभाजन न्यायसंगत हो और युद्ध होने पर सब उसको जीतने के लिए समान रूप से उद्यम कर सकें।

इस प्रकार नगर के बस जाने पर यह प्रश्न सामने आता है कि नगरवासियों को सुखी होने का सबसे महान् अवसर किस प्रकार की शासन व्यवस्था से उपलब्ध हो सकता है ? यह तो पहले कहा जा चुका है कि सुख की उपलब्धि मुख्यतया सद्वृत्ति से एवं गौणतया भौतिक पदार्थों से होती है और सद्बुद्धि का संबंध प्रकृति, आदत और तर्कसंगत जीवन नियम से है।

इस प्रकार नगर के बस जाने पर यह प्रश्न सामने आता है कि नगरवासियों को सुखी होने का सबसे महान् अवसर किस प्रकार की शासन व्यवस्था से उपलब्ध हो सकता है ? यह तो पहले कहा जा चुका है कि सुख की उपलब्धि मुख्यतया सद्वृत्ति से एवं गौणतया भौतिक पदार्थों से होती है और सद्बुद्धि का संबंध प्रकृति, आदत और तर्कसंगत जीवन नियम से है।

अंतिम दो उपाय शिक्षा से संबंधित हैं। सर्वथा निर्दोष परिपूर्ण पुरुषोत्तम की उत्पत्ति न तो मनुष्य के वश की बात है और न शिक्षा द्वारा ही उसका निर्माण संभव है। जब कोई एक नागरिक अथवा कुछ नागरिक इतने निर्विवाद रूप से योग्य होंगे ही नहीं तो उनके स्थायी शासक बनने का प्रश्न भी नहीं उठ सकेगा। इसीलिए यही उपाय शेष रह जाएगा कि नागरिकों को ऐसी शिक्षा दी जाए, जिससे वे आरंभ में आज्ञाकारी और अच्छे नागरिक बन सकें और कालांतर में इस आज्ञाकारिता को सीखकर अच्छे शासक भी बन सकें।

इस प्रकार शासित होने में कोई गिरावट की बात नहीं है, क्योंकि इसका उद्देश्य उत्तम है। मानव जीवन का उद्देश्य है विवेक, जो मानव जीवन के नियमों का निर्माता है। यह विवेक भी व्यवहारात्मक और चिंतनात्मक दो प्रकार का होता है। प्रथम प्रकार के विवेक का संबंध युद्ध और व्यवसाय से है और दूसरे का संबंध शांति और अवकाश से। दूसरे प्रकार का विवेक प्रथम प्रकार के व्यवसायात्मक विवेक से बढ़कर है, क्योंकि व्यवसाय और युद्ध का भी प्रत्यक्ष उद्देश्य शांति और अवकाश को उपलब्ध करना ही है। इसीलिए युद्ध और अधिकार जमाने को ही राष्ट्रीय सत्ता का चरम उद्देश्य मानने से बढ़कर और अधिक बड़ी भूल नहीं हो सकती।

हमारे साहस और बल का प्रथम उपयोग यह होना चाहिए कि हमको कोई दास न बना सके। तदुपरांत यदि जीतकर साम्राज्य की प्राप्ति कर सकें तो हमारा शासन शासितों के हित के लिए होना चाहिए। हमें प्रभुता केवल उन लोगों पर जतानी चाहिए, जो दास हैं। अरस्तू के मत में व्यक्ति और राष्ट्र दोनों के लिए सदाचार के नियम एक समान हैं, इसीलिए उसकी तुलना माकियावेली से कदापि नहीं की जानी चाहिए।

हमारे साहस और बल का प्रथम उपयोग यह होना चाहिए कि हमको कोई दास न बना सके। तदुपरांत यदि जीतकर साम्राज्य की प्राप्ति कर सकें तो हमारा शासन शासितों के हित के लिए होना चाहिए। हमें प्रभुता केवल उन लोगों पर जतानी चाहिए, जो दास हैं।

शिक्षा का उद्देश्य विवेक का साधन है, पर विवेक की उपलब्धि वासनाओं पर संयम प्राप्त करती है। वासनाओं का संयम शरीर के संयम द्वारा उपलब्ध होता है और शरीर के संस्कार बहुत कुछ माता-पिता से प्राप्त होते हैं। इसीलिए अरस्तू ने शिक्षा के संबंध में व्यापक दृष्टि रखी है और सुप्रजनन एवं विवाह इत्यादि के संबंध में और शरीर के विकास के संबंध में भी उपयोगी सुझाव उपस्थित किए हैं।

बच्चों के भोजन, व्यायाम और मनोरंजन के विषय में भी उन्होंने उत्तम सीख दी है। आपकी व्यवस्था के नागरिकों का आचरण भी आदर्श होना चाहिए और एक समान आदर्श होना चाहिए। ऐसा तभी संभव है, जब बच्चों की शिक्षा

व्यक्तिगत रूप से उनके माता-पिता के ऊपर न छोड़ी जाए, बल्कि राष्ट्र ही सबको समान रूप से अपना अंग मानकर एक समान शिक्षा का सबके लिए प्रबंध करे।

नगर की भौतिक आवश्यकताओं की पूर्ति करनेवाले वर्ग तो नागरिक होते नहीं, इसलिए अरस्तू ने शिक्षा का जो स्वरूप प्रस्तुत किया है, उसमें उद्योग-धंधों की शिक्षा के लिए कोई स्थान नहीं है। यह शिक्षा मुख्य रूप से सदाचार और सद्वृत्ति की शिक्षा है। शिशुओं के अंग संचालन से लेकर 5 वर्ष की अवस्था तक की शिक्षा में शिशुओं के पोषण इत्यादि की चर्चा है, जब वे भाषा समझने लगें तो उनको सदाचारपरक कहानियाँ सुनाने और कुसंगति से बचाने का विधान किया गया है।

पाँच से सात वर्ष तक की अवस्था के बच्चों को अपने से बड़े बच्चों को कार्य करते हुए देखना चाहिए, क्योंकि आगे चलकर उनको भी वही करने होंगे। इसके उपरांत पढ़ने, लिखने, चित्रांकन करने, व्यायाम करने और संगीत का अभ्यास करने की शिक्षा का समय आता है, जो 21 वर्ष की अवस्था तक चलता है। अरस्तू अत्यधिक व्यायाम का भी समर्थन नहीं करते। संगीत शिक्षा की विविध प्रकार की उपयोगिता पर विचार करके अरस्तू उसके आचार-संबंधी महत्त्व पर ही बल देते हैं, पर संगीत की शिक्षा का उद्देश्य पेशेवर संगीतज्ञ बनाना नहीं, आत्मा को संस्कृतिवान बनाना है।

पाँच से सात वर्ष तक की अवस्था के बच्चों को अपने से बड़े बच्चों को कार्य करते हुए देखना चाहिए, क्योंकि आगे चलकर उनको भी वही करने होंगे। इसके उपरांत पढ़ने, लिखने, चित्रांकन करने, व्यायाम करने और संगीत का अभ्यास करने की शिक्षा का समय आता है, जो 21 वर्ष की अवस्था तक चलता है। अरस्तू अत्यधिक व्यायाम का भी समर्थन नहीं करते।

राजनीति की समाप्ति एक समस्या है। आदर्श व्यवस्था की चर्चा संगीत शिक्षा के विवरण के साथ समाप्त हो जाती है। निश्चय ही पाठक यह सोचने के लिए विवश हो जाता है कि इस ग्रंथ का कुछ भाग या तो नष्ट हो गया है अथवा लेखक उसको पूरा नहीं कर सका।

आठवीं पुस्तक के छोटे आकार से भी इस धारणा को बल मिलता है, पर यह भी संभव है कि यदि शिक्षा ठीक प्रकार की हो तो और सब बातें अपने आप ठीक हो जाती हैं, पर वास्तव में शिक्षा का वर्णन भी तो पूरा नहीं हो पाया है। जिस प्रकार अन्य एकाधिक स्थलों पर अरस्तू के विवेचन अचानक अधूरे रह गए हैं, इसी प्रकार यहाँ भी हुआ है।

इस प्रकार यूनानी नगर-राष्ट्र की परंपरा के माध्यम से अरस्तू ने अपने राजनीति संबंधी विचारों को व्यक्त किया। यह परंपरा स्वतंत्र नागरिकों, दासों तथा कृषकों के और ग्रीक तथा बर्बर के भेद को मानकर चलती है।

अरस्तू ने अपने शिष्य सिकंदर को इस भेद को बनाए रखने का उपदेश दिया, पर उसने इस विषय में अपने गुरु के उपदेश को नहीं माना और ऐसे साम्राज्य की नींव डाली, जिसमें उसने स्वयं को ग्रीक और पर्शियन दोनों का समान रूप से स्वामी माना और अपने अधीन ग्रीक और पर्शियन में कोई भेद नहीं किया।

इस प्रकार नगर-राष्ट्र की धारणा के साथ ही विश्व-राष्ट्र की भावना का उदय हुआ। ग्रीक और बर्बर को और स्वतंत्र नागरिकों एवं श्रमिकों को एक समान समझने की भावना अंकुरित हुई। यह भावना यूरोप में ई.पू. 300 से 1500 ईस्वी तक बनी रही।

□

एथेंस का संविधान

एथेंस का संविधान अरस्तू की रचनाओं में एक महत्त्वपूर्ण पुस्तक है। अरस्तू के संबंध में प्रचलित परंपरागत कथाओं में यह बात प्रसिद्ध थी कि उन्होंने ग्रीक जगत् के नगरों के 158 संविधानों का संग्रह किया था। संभव है कि इनमें से अनेक संविधानों को उसके सहयोगियों और शिष्यों ने प्रस्तुत किया हो। इन्हीं में एक संविधान एथेंस का भी था, जिसको संभवतया स्वयं अरस्तू ने ही लिखा था।

सातवीं शताब्दी ईस्वी तक एथेंस के संविधान के अस्तित्व के प्रमाण मिलते थे, पर सातवीं शताब्दी के कुछ समय पश्चात् यह लुप्त हो गया। 19वीं शताब्दी के अंत में मिस्र में इस पुस्तक की एक प्रति उपलब्ध हो गई। इसमें चार अलग-अलग व्यक्तियों की लिखावट थी और संभवतया यह प्रति प्रथम शताब्दी की थी। इसको ब्रिटिश म्यूजियम के ट्रस्टियों ने खरीद लिया और केंयॉन ने सन् 1891 में इसको प्रथम बार प्रकाशित किया।

बर्लिन के मिस्रदेशीय म्यूजियम ने इससे कुछ पहले सन् 1880 में किसी एक अत्यंत खंडित प्रतिलिपि के कुछ भाग प्रकाशित किए थे। जिस प्रकार भारतवर्ष में कौटिल्य के अर्थशास्त्र और भास के नाटकों का प्रकाशन अत्यंत महत्त्वपूर्ण घटना मानी जाती है, उसी प्रकार इस ग्रंथ का प्रकाशन ग्रीक साहित्य और इतिहास के संबंध में विशेष महत्त्व रखता है।

आरंभ में तो इसके रचनाकाल और रचयिता के संबंध में पर्याप्त विवाद रहा, पर धीरे-धीरे विद्वानों के परिश्रम के परिणामस्वरूप यह बात सिद्ध हो गई कि यह संविधान अरस्तू की ही रचना है और इसका रचनाकाल भी एथेंस में अरस्तू के द्वितीय निवासकाल की सीमाओं के भीतर निश्चित हो चुका है।

जब टीकाकारों और वैयाकरणों के ग्रंथों में पाए जानेवाले अरस्तू के लुप्त ग्रंथों के उद्धरणों की तुलना इस पुस्तक से की गई तो उनमें से बहुत से इस पुस्तक में मिल गए। इसी प्रकार अरस्तू के संविधान संबंधी बहुत से विचार भी इसमें मिल गए। जो नहीं मिले, उनके विषय में यह अनुमान किया जाता है कि उनमें से कुछ इस रचना के आरंभ में रहे होंगे, जो ब्रिटिश म्यूजियमवाली प्रति में नहीं हैं और कुछ अंत में रहे होंगे, जो उपलब्ध प्रति में बुरी तरह खंडित हैं।

इसमें एथेंस की जिस व्यवस्था का वर्णन विद्यमान संविधान कहकर किया है, उसको जनतंत्र कहा है। ई.पू. 322 में अंतिपातेर के शासनकाल में जनतंत्र को समाप्त कर दिया गया था। इस संविधान में सामॉस को एथेंस के अधीन कहा गया है। यह तथ्य ई.पू. 338 की स्थिति की ओर संकेत करता है। ई.पू. 322 के लगभग सामॉस एथेंस के हाथ से निकल गया था।

नौसेना से संबंध रखनेवाले कुछ संकेत ई.पू. 334 के बाद की घटनाओं की ओर संकेत करते हैं। एक घटना ऐसी भी वर्णित है, जिसका संबंध ई.पू. 329 से है। इससे यह निष्कर्ष निकलता है कि इसकी रचना ई.पू. 329 और ई.पू. 322 के मध्य हुई होगी। यह समय पॉलिटिक्स की रचना के पश्चात् का है, क्योंकि इसमें मेसेडोनिया के शासक फिलिप की मृत्यु (ई.पू. 336) के उपरांत की किसी घटना का उल्लेख नहीं है।

नौसेना से संबंध रखनेवाले कुछ संकेत ई.पू. 334 के बाद की घटनाओं की ओर संकेत करते हैं। एक घटना ऐसी भी वर्णित है, जिसका संबंध ई.पू. 329 से है। इससे यह निष्कर्ष निकलता है कि इसकी रचना ई.पू. 329 और ई.पू. 322 के मध्य हुई होगी। यह समय पॉलिटिक्स की रचना के पश्चात् का है, क्योंकि इसमें मेसेडोनिया के शासक फिलिप की मृत्यु (ई.पू. 336) के उपरांत की किसी घटना का उल्लेख नहीं है।

इस पुस्तक की शैली एवं अनेक महत्त्वपूर्ण तथ्यों के विषय में इसका राजनीति से विरोध होने के कारण आरंभ में कई विद्वान् इसको अरस्तू की रचना नहीं मानते थे। उनका यह भी विचार था कि इस पुस्तक के लेखक को तथ्यों

के महत्त्व के अनुपात का भान नहीं था और ऐतिहासिक अंतर्दृष्टि भी प्राप्त नहीं थी। बस कहानियाँ कहने की रुचि उसमें आवश्यकता से अधिक थी।

जैसे-जैसे इसका अधिक सूक्ष्म अध्ययन किया गया, विद्वानों की आस्था इसकी प्रामाणिकता के विषय में अधिक दृढ़ होती गई। प्राचीन काल में जहाँ भी इसका उल्लेख मिलता है, इसको निश्चित रूप से अरस्तू की रचना बतलाया गया है। इसका रचनाकाल, जो कि अंत:साक्ष्य से सिद्ध होता है, वह भी इसी तथ्य की पुष्टि करता है। वह समय अरस्तू के दूसरे एथेंस निवासकाल से भिन्न है। जब इसकी तुलना 'राजनीति' से करते हैं तो समता और विरोध दोनों ही दृष्टिगोचर होते हैं।

इसका समाधान यह है कि एथेंस का संविधान राजनीति के अनेक वर्ष पहले प्रस्तुत किया गया था और कालांतर में अरस्तू का मत अनेक विषयों में बदल जाना स्वाभाविक है। इसमें तो कोई संदेह नहीं कि अरस्तू ने जो 158 संविधानों का संग्रह किया था, उसमें से अनेक संविधान उनके शिष्यों और सहयोगियों द्वारा प्रस्तुत किए गए होंगे। एथेंस का संविधान उन सबमें सबसे अधिक महत्त्वपूर्ण था, इसीलिए अधिक संभावना इसी बात की है कि इसको स्वयं उन्हीं ने लिखा हो। इसकी शैली में मिश्रण का आभास नहीं मिलता।

इसका समाधान यह है कि एथेंस का संविधान राजनीति के अनेक वर्ष पहले प्रस्तुत किया गया था और कालांतर में अरस्तू का मत अनेक विषयों में बदल जाना स्वाभाविक है। इसमें तो कोई संदेह नहीं कि अरस्तू ने जो 158 संविधानों का संग्रह किया था, उसमें से अनेक संविधान उनके शिष्यों और सहयोगियों द्वारा प्रस्तुत किए गए होंगे।

अरस्तू इतिहास के प्रति गंभीर दिलचस्पी रखते थे। इस क्षेत्र में उन्होंने स्वयं भी बहुत सामग्री का संग्रह किया था। इस सामग्री का उपयोग उन्होंने अपनी रचनाओं में यथास्थान समुचित तरीके से किया है। एथेंस के संविधान में उन्होंने ऐतिहासिक सामग्री को कहाँ से ग्रहण किया, इसके विषय में विद्वानों ने पर्याप्त शोध किया है। इस पुस्तक की सामग्री हेरोडोट्स, यूथिदमस, सिनोफॉन की ऐतिहासिक रचनाएँ और सौलॉन की कविताएँ हैं। इन सबकी अपेक्षा संभवतया

अरस्तू ने आंद्रातियौन की पुस्तक 'अरिथस' का प्रयोग अधिक किया था। इसके अतिरिक्त कुछ और ऐतिहासिक पुस्तकों का उपयोग अरस्तू ने इसको लिखने में किया होगा जैसे ऐफोरस, खैदेमस और फानोदमस की रचनाएँ।

एथेंस का संविधान दो भागों में विभक्त है। प्रथम भाग ऐतिहासिक विकास का विवरण प्रस्तुत करता है और आरंभ से लेकर 41वें खंड के अंत तक चलता है। इसमें एथेंस के मौलिक संविधान और उसमें समय-समय पर हुए परिवर्तनों का विवरण है, पर प्रारंभ का भाग खंडित है, इसीलिए यह कहना कठिन है कि अनुपलब्ध भाग में क्या था।

संभव है कि उसमें मौलिक संविधान का संक्षिप्त रूप और एक-दो शासकों द्वारा किए गए परिवर्तनों का वर्णन रहा हो। शेष भाग में ट्राफो, सौलॉन, पैइसिसत्रातस, क्लैइस्थैनस सिरक्षस का अभियान, अरियौपागस की महत्ता और अफियाल्ते द्वारा उसकी महत्ता का अपहरण, पेरीक्लीज, लोकनायकों का उत्थान, 400 की क्रांति एवं 30 का शासन इत्यादि व्यक्तियों और विषयों का वर्णन है।

एथेंस का संविधान दो भागों में विभक्त है। प्रथम भाग ऐतिहासिक विकास का विवरण प्रस्तुत करता है और आरंभ से लेकर 41वें खंड के अंत तक चलता है। इसमें एथेंस के मौलिक संविधान और उसमें समय-समय पर हुए परिवर्तनों का विवरण है, पर प्रारंभ का भाग खंडित है, इसीलिए यह कहना कठिन है कि अनुपलब्ध भाग में क्या था।

दूसरे भाग में एथेंस के उस संविधान का विवरण दिया गया है, जो इस पुस्तक की रचना के समय (ई.पू. 329-322) तक विद्यमान था। एथेंस के नागरिक होने की शर्तें, युवा नागरिकों की शिक्षा-दीक्षा, संसद् का स्वरूप और कार्य, शलाका द्वारा चुने जानेवाले पदाधिकारी, नौ आर्खन और उनके कार्य, मतदान से चुने जानेवाले सैनिक अधिकारी और न्यायालयों के न्यायकर्ताओं की नियुक्ति और कर्तव्य इत्यादि विविध विषयों का वर्णन दूसरे भाग में पाया जाता है।

प्रारंभिक भाग के समान पुस्तक का अंतिम भाग भी बहुत खंडित है। यह कहना कठिन है कि शेष भाग में क्या था। अरस्तू ने इस पुस्तक में अनेक

कथाओं एवं प्राचीन परंपराओं की गाथाओं को सम्मिलित करके सर्वसाधारण की रुचि के योग्य बना दिया है।

'एथेंस का संविधान' का महत्त्व अनेक दृष्टियों से आँका जा सकता है। प्रथम तो अरस्तू के नाम से जिसका संबंध हो, ऐसी किसी भी रचना का पुनरुद्धार स्वत: महत्त्वपूर्ण हो जाता है। दूसरे, एथेंस के इतिहास के विषय में—विशेषकर वैज्ञानिक इतिहास के विषय में भी इस रचना का महत्त्व कम नहीं है। इस रचना का वह भाग जो अरस्तू के समय के संविधान का वर्णन करता है, सर्वथा विश्वसनीय है, क्योंकि अरस्तू की वैज्ञानिक दृष्टि से प्रस्तुत किया हुआ विवरण सारवान होना ही चाहिए। जो घटनाएँ अरस्तू के लिए भूतकाल की हैं, उनका विवरण अरस्तू के अपने अनुभव पर आश्रित नहीं है, वह तो तत्कालीन समय के लेखकों के साक्ष्य पर आधारित है। उनमें भी कुछ लेखक ऐसे थे, जो अत्यधिक विश्वसनीय थे और शेष लेखक उतने अधिक विश्वसनीय नहीं थे, इसीलिए समग्र पुस्तक की सामग्री पूर्णतया प्रामाणिक है, ऐसा नहीं कह सकते।

हालाँकि इसकी शैली सीधी-सादी और सरल है और ग्रंथकार की आलोचनाएँ भी समझदारी की परिचायक हैं, फिर भी यह कोई महान् रचना नहीं कही जा सकती। अरस्तू का काव्यशास्त्र भी छोटे आकार की पुस्तक है, पर वह महत्त्व में 'संविधान' की अपेक्षा अधिक महत्त्वपूर्ण है। पॉलिटिक्स की तुलना में यह पुस्तक आकार में ही नहीं प्रकार में भी कम है। जो सूक्ष्म दार्शनिक नजरिया पॉलिटिक्स में नजर आता है, उसका इसमें सर्वथा अभाव है। अनेक स्थलों पर लेखक के कथनों में भी विरोधाभास नजर आता है।

इसकी शैली सीधी-सादी और सरल है और ग्रंथकार की आलोचनाएँ भी समझदारी की परिचायक हैं, फिर भी यह कोई महान् रचना नहीं कही जा सकती। अरस्तू का काव्यशास्त्र भी छोटे आकार की पुस्तक है, पर वह महत्त्व में 'संविधान' की अपेक्षा अधिक महत्त्वपूर्ण है। पॉलिटिक्स की तुलना में यह पुस्तक आकार में ही नहीं प्रकार में भी कम है।

इन सब दोषों के होते हुए भी 'एथेंस का संविधान' का महत्त्व असाधारण

ही माना जाता है। पश्चिमी देशों के इतिहास में उपलब्ध होनेवाला यह सबसे पुराना संविधान है। जब से (सन् 1891) में इसका पता चला है, उससे पूर्व की एथेंस के संविधान से संबंध रखनेवाली सब रचनाएँ निरर्थक सिद्ध हो गई हैं। इस पुस्तक से इस विषय में सर्वोत्तम कोटि का साक्ष्य हस्तगत हो गया है।

पाश्चात्य जगत् के प्रमुख जनतंत्र का संविधान तकरीबन पूर्ण रूप में हमारे सामने आ गया है। अरस्तू की 'राजनीति' के अध्ययन के लिए भी यह पुस्तक बहुत सहायक हो सकती है। यह संभव है कि द्वितीय भाग की अपेक्षा प्रथम भाग कम विश्वसनीय हो, तथापि उससे भी जो जानकारी प्राप्त होती है, वह भी सामान्य नहीं है।

पाश्चात्य जगत् के प्रमुख जनतंत्र का संविधान तकरीबन पूर्ण रूप में हमारे सामने आ गया है। अरस्तू की 'राजनीति' के अध्ययन के लिए भी यह पुस्तक बहुत सहायक हो सकती है। यह संभव है कि द्वितीय भाग की अपेक्षा प्रथम भाग कम विश्वसनीय हो, तथापि उससे भी जो जानकारी प्राप्त होती है, वह भी सामान्य नहीं है।

एथेंस नगर यूरोप के दक्षिण में अत्तिका प्रदेश में स्थित है। समुद्र से इसकी कम-से-कम दूरी तीन मील है। नगर की चारदीवारी के भीतर ऊँचे स्थान हैं, अक्रोपोलिस, जो एथेंस का गढ़ अथवा किला था, नगर के मध्य भाग में स्थित था। अरेयोपागस अक्रोपोलिस से पश्चिम की ओर है और प्रीक्स जो अक्रोपोलिस से उत्तर-पश्चिम दिशा में है।

नगर की मंडी का नाम अगोरा था। यह नगर के कैरामिकस भाग में थी, जो अक्रोपोलिस और अरेयोपागस से पश्चिम और उत्तर-पश्चिम की ओर था। इसी के पास दो अलग-अलग स्तंभांकित मार्ग थे। बाहरी कैरामिकस चारदीवारी के बाहर था, इसमें नगर का श्मशान था। अक्रोपोलिस के दक्षिणी ढाल की ओर दियोनीसियस का रंगस्थल था। दक्षिण-पूर्व दिशा में जिउस का मंदिर था, जो अपूर्ण पड़ा हुआ था।

चारदीवारी में वैसे तो अनेक द्वार थे, पर मुख्य द्वार नगर के उत्तर-पश्चिम में था और दिपीलॉन कहलाता था। यहाँ से कौलोनस और प्लेटो की अकादमी

नामक महाविद्यालय की ओर सड़कें जाती थीं। इसी द्वार के समीप एक दूसरा द्वार था, जो धर्मद्वार कहलाता था, जिससे एल्यूसिस की ओर मार्ग जाता था। अन्य द्वारों से पिराएयस फालेरस और सूनियम इत्यादि स्थानों की ओर सड़कें जाती थीं। संभवतया छठी शताब्दी में पिसिस्त्रातस के शासनकाल में सारे नगर के जल-संकट का निवारण करने के लिए एक जलागार बनाया गया था।

नगर निवासियों के भवन धूप में पकाई हुई ईंटों के बने होते थे और अक्रोपोलिस के आसपास तंग टेढ़ी-मेढ़ी गलियों के दोनों ओर ये भवन बने रहे होंगे। ये मकान देखने में अच्छे नहीं लगते थे। नगर के पश्चिम में कैफीसस नामक नदी बहती थी एवं इलीसस नदी दक्षिण-पूर्व और दक्षिण की ओर, पर यह नदी प्रायः सूखी पड़ी रहती थी।

नगर निवासियों के भवन धूप में पकाई हुई ईंटों के बने होते थे और अक्रोपोलिस के आसपास तंग टेढ़ी-मेढ़ी गलियों के दोनों ओर ये भवन बने रहे होंगे। ये मकान देखने में अच्छे नहीं लगते थे। नगर के पश्चिम में कैफीसस नामक नदी बहती थी एवं इलीसस नदी दक्षिण-पूर्व और दक्षिण की ओर, पर यह नदी प्रायः सूखी पड़ी रहती थी।

अत्यंत प्राचीनकाल में यहाँ ग्रीक जाति के लोग नहीं बसते थे। उस समय यहाँ की सभ्यता मीकेनाइ की सभ्यता थी। उसमें इयोनिया से ग्रीक लोगों ने आकर अपनी सभ्यता का मिश्रण आरंभ कर दिया था और कालांतर में पुरानी सभ्यता का अंत हो गया। आठवीं शताब्दी तक सारा नगर एक इकाई नहीं बना था। आठवीं शताब्दी में विभिन्न बस्तियाँ मिलकर एक बड़ी नगरी बन गई। कहते हैं कि यह एकता थ्रीसियस के समय में स्थापित हुई थी। अक्रोपोलिस इस नगरी की राजधानी थी। नगर का नाम अथेना देवी के नाम पर पड़ा।

कहते हैं कि अत्यंत प्राचीनकाल में अथेना देवी और प्रोसेरस नामक देवता के बीच में अत्तिका प्रदेश पर आधिपत्य प्राप्त करने के लिए विवाद छिड़ गया। अन्य देवताओं ने यह निश्चय किया कि विवाद करनेवालों में से जो भी अत्तिकावासियों के लिए अधिक उपयोगी वस्तुओं की भेंट देगा, उसी

का अधिकार अत्तिका पर हो जाएगा। पोसेइदन ने अपने त्रिशूल को पृथ्वी पर पटक दिया, जिससे एक घोड़ा उत्पन्न हुआ, पर अथेना देवी ने जैतून का वृक्ष उत्पन्न किया। देवताओं ने जैतून के वृक्ष को अधिक उपयोगी समझकर एथेना को विजयश्री प्रदान की।

साहित्य, कला, दर्शन और इतिहास के क्षेत्र में एथेंस नगर की देन अतुलनीय है। पाँचवीं और चौथी शताब्दी में इस नगर ने जो सर्वतोन्मुखी उन्नति की, उसके कारण इसका नाम विश्व के इतिहास में अमर हो गया। राजनीति के क्षेत्र में एथेंस अधिक उन्नति नहीं कर सका, उसका साम्राज्य टिकाऊ नहीं रहा, पर संस्कृति के क्षेत्र में उसको शाश्वत गौरव प्राप्त है।

□

महत्त्वपूर्ण तिथियाँ

ई.पू. 384 स्टेजीरा में अरस्तू का जन्म।

ई.पू. 367 एथेंस गए और प्लेटो से शिक्षा ग्रहण करने लगे।

ई.पू. 356 सिकंदर महान् का जन्म।

ई.पू. 347 प्लेटो का निधन हुआ। अरस्तू एथेंस छोड़कर अटरनियस के शासक हरमियस के दरबार में गए और अस्सौस में रहने लगे।

ई.पू. 345 मिटिलेन गए और बाद में स्टेजीरा लौट आए।

ई.पू. 343 मेसेडोनिया के शासक फिलिप ने सिकंदर को शिक्षा देने के लिए अरस्तू को आमंत्रित किया।

ई.पू. 341 हरमियस का निधन।

ई.पू. 336 फिलिप की हत्या हुई। सिकंदर राजा बना।

ई.पू. 335 एथेंस लौटकर अध्यापन करने लगे।

ई.पू. 323 सिकंदर का निधन।

ई.पू. 322 एथेंस से खाल्किस गए, जहाँ देहांत हो गया।

□

संदर्भ ग्रंथ

1.	ग्रीक थिंकर्स	गोम्पर्ज
2.	द लिजेसी ऑफ ग्रीस	आर.डब्ल्यू. लिविंगस्टोन
3.	द ग्रीक व्यू ऑफ लाइफ	जी.एल. डिफिनसन
4.	प्लेटो एंड एरिस्टोटल	ई. बर्कर
5.	एरिस्टोटल	डब्ल्यू.डी. रोज
6.	हिस्ट्री ऑफ पॉलिटिकल थॉट	पी. डोएल
7.	इंट्रोडक्शन टू एरिस्टोटल	रिचर्ड मेकन
8.	एरिस्टोटल	ए.ई. टेलर
9.	एरिस्टोटल्स कंशेप्शन ऑफ द स्टेट	ए.सी. ब्रेडली
10.	प्लेटो एंड एरिस्टोटल	भंडारी एंड सेठी
11.	द स्टोरी ऑफ फिलॉस्फी	ड्रटंट विलड

□□□